古代歷史文化 研究輯刊

十七編

王明蓀主編

第 1 冊

《十七編》總目

編輯部編

秦漢史探微（上）

王剛著

國家圖書館出版品預行編目資料

秦漢史探微（上）／王剛 著 — 初版 — 新北市：花木蘭文化
出版社，2017〔民 106〕
目 4+182 面；19×26 公分
（古代歷史文化研究輯刊 十七編：第 1 冊）
ISBN 978-986-404-941-7（精裝）
1. 秦漢史
618   106001378

ISBN-978-986-404-941-7

9 789864 049417

古代歷史文化研究輯刊
十七編 第 一 冊   ISBN：978-986-404-941-7

秦漢史探微（上）

作 者 王 剛
主 編 王明蓀
總 編 輯 杜潔祥
副總編輯 楊嘉樂
編 輯 許郁翎、王筑 美術編輯 陳逸婷
出 版 花木蘭文化出版社
社 長 高小娟
聯絡地址 235 新北市中和區中安街七二號十三樓
　　　　 電話：02-2923-1455／傳眞：02-2923-1452
網 址 http://www.huamulan.tw 信箱 hml810518@gmail.com
印 刷 普羅文化出版廣告事業
初 版 2017 年 3 月
全書字數 340150 字
定 價 十七編 34 冊（精裝）台幣 68,000 元   版權所有・請勿翻印

《十七編》總目

編輯部　編

《古代歷史文化研究輯刊》
十七編　書目

《古代歷史文化研究輯刊》十七編
各書作者簡介・提要・目次

第一、二冊　秦漢史探微

作者簡介

　　王剛，男，1971 年生，江西南昌人。現爲江西師範大學歷史文化與旅遊學院副教授，兼任校古籍所副所長。師從謝維揚教授，1998 至 2004 年就讀於華東師範大學歷史系，先後獲歷史學碩士、博士學位。長期以來從事於先秦兩漢史、古代思想與文化、古文獻與學術史、近代學術史等領域的教學與研究，著有《學與政：漢代知識與政治互動關係之考察》、《古文獻與學術史論稿》，並在海內外發表學術論文 50 餘篇。

提　要

　　《秦漢史探微》是作者近二十年來秦漢研究成果的一個結集。所收論文涉及政治、經濟、思想文化等諸方面，對於秦漢的制度、人物、意識形態、農商問題等，力圖引入新視角，提出了自己的一些獨有見解。如作者關注到了相權在秦漢間的轉折與發展；注意到了秦漢假官與守官的不同，對它們的緣起、職責與類型等問題做了細緻分析；以《尚書》學爲視角，對光武朝政治鉤沉抉隱。又如作者在研究劉秀帝業問題與意識形態的建構時，將《赤伏符》這一重要的讖緯文獻進行了還原，確證其本爲高帝讖。再如作者提出了西漢商品經濟的發達爲一種變態的假象，它由賦稅貨幣化所推高，並對漢代的市租、市籍、關稅、行錢等問題進行了新的考訂，提出了自己的見解。總之，此書中的每篇論文都力圖以專題式的研究，對某些或某組問題進行歷史剖析，注重由小處著手，從大處著眼，希冀在紮實考訂的基礎上，以鮮明的

問題意識爲引導，在復原史實的過程中，將自己的理論思考貫穿其間。希望
本書的出版能引起學界的批評與共鳴，以推進秦漢史研究的進一步深入。

目　次

上　冊

第三、四、五冊　北魏與南齊、南梁戰略關係研究

作者簡介

蔡金仁，臺灣省苗栗縣人，1970 年生於臺灣省嘉義縣。1982 年畢業於臺中市光復國小；1985 年畢業於臺中市光明國中；1988 年畢業於臺中縣立人高中。1992 年獲淡江大學中國文學系學士，旋即考取預官 42 期並入伍服役，1994 年自金門退伍，並於同年考取淡江大學國際事務與戰略研究所，開啟對戰略研究的興趣，1997 年獲法學碩士學位。2000 年有感於所學的不足，為追求更高深的學術研究，參加中國文化大學史學研究所博士班考試並獲錄取，2005 年獲文學博士學位，研究領域為魏晉南北朝，特別是北魏部份著力頗深。2004 年起任教於樹人醫護管理專科學校通識教育中心，教授歷史、地理、歷史與文化等課程，並兼任行政職務，2004～2006 任教務處出版組長；2006～2009 任學務處學務長，2016 年再任學務長一職迄今。著有《北宋與遼、西夏戰略關係研究——從權力平衡觀點的解析》、《北魏皇位繼承不穩定性之研究》、《北魏與劉宋戰略關係研究——從國家戰略觀點的解析》等書，均由花木蘭文化出版社出版。另有三十餘篇學術論文刊登於各期刊、學報。

提　要

　　北魏與南朝對立可分爲兩大階段，第一階段乃北魏與劉宋六十年的南北對峙；第二階段則是與南齊、南梁的五十六年。本書是在研究北魏與劉宋戰略關係的成果與基礎上，持續深入探討北魏與南齊、南梁的戰略關係，將北魏與南齊、南梁戰略關係之樣貌與樣態完整呈現。

　　北魏與南齊、南梁長期的戰爭衝突與疆域爭奪，成爲南北朝學術研究的焦點，不過歷來多以歷史角度集中在和戰關係的探討。本書以科際整合方式，結合「歷史研究」與「戰略研究」，深入考察北魏與南齊、南梁的戰略關係。而戰略關係的主要表現乃戰爭行爲，因此本書之研究，首先論述北魏與南齊、南梁的重要戰爭及衝突並予以評析，並以此爲基礎探討雙方的戰略關係。之後運用戰略觀點與觀念，剖析北魏君主對南齊、南梁的戰略設計與運籌。由於封建王朝以君主爲中心，因此君主成爲主導國家戰略的核心，而北魏諸帝對南齊、南梁的戰略思維與態度均不同，所以呈現出來的戰略關係也不同。爲解析北魏諸帝對南齊、南梁的戰略關係，本書透過北魏與南齊、南梁衝突的歷史演變軌跡，深入考察北魏諸帝面對南齊、南梁不同階段時的戰略作爲及戰略關係的轉變過程，並檢討其戰略運籌及得失，藉以勾勒出北魏與南齊、南梁戰略關係之全貌。

　　本書分上、中、下三冊，除緒論、結論外，內文共分十二章，上冊探討北魏與南齊的戰略關係，中冊、下冊則是北魏與南梁。而其時與南齊、南梁對立的北魏君主則是戰略研究核心，上冊一至四章乃魏孝文帝；中冊五至九章爲魏宣武帝；下冊十至十二章則是魏孝明、孝莊、孝武三帝。由於本書是以戰略觀點研究北魏與南齊、南梁的戰略關係，故於緒論中先論述戰略的涵義，並闡述「戰略研究」的學術價值。一至十二章則是將北魏每位君主和南齊、南梁的戰略關係，分章論述，研究該君主對南齊、南梁的戰略思維及具體戰略作爲。而戰略關係的表現主要在戰爭行爲上，因此每章的內容，皆先敘及該君主任內和南齊、南梁的戰爭與衝突，將其過程作完整敘述，每場戰爭或衝突均分成戰略環境分析、戰略規畫與作戰經過、戰爭檢討三個部分。詳細論述完所有戰爭與衝突後，即進入該君主對南齊或南梁戰略關係的討論，將該北魏君主與南齊或南梁的戰略關係做全面性考察與解析。

　　本書研究之主題爲歷史與戰略，以歷史敘述爲經、戰略分析爲緯，從北魏對南齊、南梁戰略關係出發，運用戰略觀念做爲概念架構，解析北魏與南齊、南梁的戰略關係，並從歷史中得到驗證。易言之，本書即是從歷史研究、

戰略研究、現代戰略觀念等三個面向，運用科際整合方式，對北魏與南齊、南梁相互對峙時之關係與衝突進行深入的探討。相信藉由這般的嘗試，不僅有利於「戰略研究」與「歷史研究」的結合，更為歷史研究提供新的取向——戰略研究取向。

目 次
上 冊

第六冊　陷於政治矛盾中的宇文護

作者簡介

　　龍柏濤，中國文化大學史學研究所博士（2014）。現任銘傳大學通識教育中心兼任助理教授、健行科技大學通識教育中心兼任助理教授。曾任景文科

技大學通識教育中心兼任助理教授、德明財經科技大學通識教育中心兼任助理教授。中國歷史學會研究生論文發表會第二名（2009）。

提　要

　　宇文護不僅在北周歷史上是重要的人物，同時也是相當爭議的人物。雖然幫助宇文氏順利度過宇文泰病逝後的政權危機，也促使宇文氏取代元氏建立北周，甚至於安定了當時的民生經濟，並穩定「軍國所資」的益州局勢，而且他挖掘與吸收的人才對北周的武、宣兩朝以及隋代也有相當的貢獻；然而在這些貢獻以外，他也犯下了連續殺害二位當朝皇帝的罪行，不過宇文護既然會連續殺害兩位皇帝，就表示宇文護想要鞏固權力，有掌控朝政的野心，甚至於可能還有進一步的意圖，可是宇文護卻沒有篡位。

　　傳統對於宇文護這種陷於政治矛盾的解釋，有「令人深思」或是「放棄篡位」的兩種看法，因此本文將藉由宇文護朝政運作的狀況試論宇文護沒有篡位的原因。

　　第一章「緒論」敘述本文研究緣起與目的；第二章「宇文護執政前的局勢」在說明宇文護的出身與成長背景，略述宇文護叔父宇文泰在關中的發展，說明宇文護逐漸成為宇文泰體系中重要的角色，以及宇文護如何面對與處理宇文泰病逝後的局勢；第三章「宇文護執政後的衝突」是說明宇文護執政後開始面臨到的權力衝突與宇文護如何藉由朝中六官與霸府幕僚運作朝政；第四章「宇文護執政時期綜論」則是討論宇文護的心態，以及他的親信與幕僚，並且略述宇文護的貢獻；第五章「結論」總結宇文護執政期間的政治局勢，可以發現宇文護並不是沒有篡位的意願，只是在朝臣支持度不夠與禁軍控制力不足的情況下，宇文護篡位的時機尚未成熟。

目　次

第七冊　唐代女性理想人格研究——以兩《唐書》爲中心的考察

作者簡介

　　胡海桃，1984 年生，女，湖南桃江人，哲學博士。軍事交通學院講師，中共中央黨校博士，軍事科學院博士後。近年來在《學習時報》《解放軍報》《中國婦女報》《揚州大學學報》等刊物上發表論文數十篇，主編、參編著作、教材多部，負責、參研國家社科基金多項。目前主要研究方向是中國傳統文化、社會性別和軍事文化。

提　要

　　唐代女性理想人格研究涉及歷史學、社會學、倫理學、文獻學和哲學等多個學科，因爲研究的是女性理想人格，而正史中的女性傳文是較爲典型的研究材料，能反映出一個時代主流社會對女性理想人格的期待和設定，所以本書主要以《舊唐書》和《新唐書》爲中心展開研究討論。唐代女性結構階層複雜，主要有后妃、公主、命婦、商婦、征婦、農婦、女冠、女尼、娼妓、婢女等，社會對各個階層女性的理想人格品質期待不同，女性個體和群體間的人格理想也存在差異，而且女性在唐代前期與後期境遇不同，本書無法一一論述這些差異，主要選取了兩《唐書》中收錄的「后妃」「公主」「列女」（列女主要包括命婦、平民女子等）等女性事跡，盡可能地探討她們所反映的女性理想人格的共

通之處，這一點也體現了理想人格的超越性，能超越不同階層的特殊性發現其中共同的精神內核，以揭示其文化內涵，深化我們對於傳統女性特別是唐代女性的認識。本書按「三從之義」，將女性分為女兒、妻子、母親三種角色，並以這三種角色為中心分別探討其理想人格所具備的人格品質。

第一章，中國傳統女性理想人格概述。本章重點在釐清概念，為唐代女性理想人格研究打下理論基礎。第一節，梳理了下不同學科對「人格」一詞的不同認識，指出中國傳統意義上的人格是從倫理道德角度出發，指的是道德人品。第二節，首先重新界定了「理想人格」的概念，狹義地理解，理想人格是某一社會某種文化中人們最為推崇的人格模型，集中體現了當時社會文化的基本特徵和價值標準，廣義地理解，理想人格是全面實現人的本質後的存在狀態，是某一時代社會理想和個人理想的人格化身，是合規律性與合目的性的統一，是真善美的統一。理想人格雖具有超越性，但仍很難擺脫其時代性和區域性，理想人格不是唯一的，不具有普適性。其次簡要地介紹了中國傳統理想人格的三大類型，分別是儒家內聖外王的聖賢人格，道家與道合一的聖人人格和佛家覺行圓滿的佛陀人格，並指出唐代理想人格與先秦慕儒家之德風、魏晉慕莊老之灑脫相比，唐人又增加了成佛這一理想。第三節，首先，從考察女性人格發展的理論基礎中發現，男尊女卑文化並沒有天然合理性；其次，重點介紹了唐代女教書中倡導的三種女性理想人格範型，並以新的視角去解讀「窈窕淑女」「賢內助」「女以弱為美」這三種範型，在瞭解過去女性理想人格範型的基礎上澄清人們對它們的誤解。通過研究發現，女性理想人格與男性理想人格所應具有的人格品質，並非兩套不同的標準，其內涵皆是仁義禮智，是對真善美的一致追求。

第二章，理想的女兒人格。本章從曲從娛親、不婚養親和哀毀過禮三個方面來瞭解唐代女性孝行的特徵：在第一節中，圍繞女兒如何「致其樂」探討何謂「孝」，認為娛親不只是以聲音笑貌哄父母一時高興，而是貴在有誠敬之心，然而為了讓父母「樂其心，不違其志」，在從父母之令時，難免父母之志與己志相矛盾，在己志不得伸時，難在曲從，要懂得變通順從，無法變通的時候只能委屈順從，不主張忤逆力爭，事父母之道，應著眼於「有隱而無犯」，「三諫而不聽，則號泣而隨之」。而兩《唐書》中強調女兒在娛親之時，要機靈，察言觀色，鼓勵女兒讀書識字,明理善諫。在第二節中，圍繞「從父」與「從夫」的兩難選擇展開討論，若夫家妻母的角色與本家女兒的角色相衝

突，唐代統治階級鼓勵以孝親爲重，使那些爲了奉養親人而不結婚或是結了婚特意離婚的女性名留青史。很顯然，唐人更注重血親關係，認爲孝親之情要重過夫婦之義，所以史書中才會出現鼓勵女性不婚養親、離婚養親等孝舉。在第三節中，圍繞女兒爲父母居喪展開討論，與前後代相比，唐代開啓了孝道實踐極端化的孝烈之風，史官偏愛哀毀滅性的極端孝舉，認爲女兒付出的生命健康以及幸福的代價越大，越能彰顯孝心之懇切。

第三章，理想的妻子人格。本章主要從事常之道和事變之道兩大方面來闡述唐人理想的妻子人格。因爲「妻子」稱謂較爲符合現代人的理解，但並非唐人稱謂，而且唐代不同階層「妻」之「名」不同，在不同場合，「妻」之含義也不同，所以本章第一節重在梳理不同階層之人對「妻」的不同稱謂，而古代的「名」不僅僅是稱謂，「名」中蘊涵了地位、責任與品德，分析「妻」之「名」，也可察知對不同階層之「妻」的理想人格期待。第二節從在夫家日常家務中考察理想妻子的人格品質要求，「備百姓」講的不僅是希望妻子生兒育女傳宗接代，還期望妻子有「不妒忌」的美德，爲了夫家能廣後嗣要寬容地接納丈夫之妾室；「備酒漿」包含著對妻子勤儉美德的期待，妻子操持炊飲等家務事要勤勞節儉，既要用酒食善事舅姑與夫君，也要用酒食款待客人，還要納酒漿，禮相助奠，其中特意指出，唐代的妻子與現代不同，「同財共居」的制度使得唐代妻子與舅姑長期生活在一起而不能分家而過，而事舅姑之道雖如事父母，但又有不同，事舅姑強調恭謹順，不主張諫爭；「備埽灑」講的不僅是妻子要從事灑水掃地、清除髒污等粗淺活計，而且是儒家慎始文化之體現，從生活環境的潔淨上升到了道德潔淨，是對妻子「清貞」品格的期待。第三節從應對丈夫非常狀況時考察理想妻子的人格品質要求，理想的妻子應在逆境、困境和險境中「扶助其君」；唐人主張女子應讀書解文字，這樣才能知禮明德，「夫非道則諫」，而非盲從，然而妻子的「枕邊風」有時是忠言，使夫不陷於非義，有時也會是讒言，陷夫於不義，然而女子是否禍於人關鍵在聽信她們意見的男性而非紅顏之禍；唐人再嫁觀念開放，強調的貞潔觀念主要指的是婚後貞潔，而且在貞潔與忠義發生矛盾時，史官所錄傳文崇忠義輕貞潔，褒獎失節委屈伺機勇殺賊寇的女性。

第四章，理想的母親人格。本章主要從「從子」與訓子兩大方面來考察唐人理想的母親人格。因爲唐代是一夫一妻多妾的婚姻制度，所以對於子女來說，生活中不只是有生母，還有嫡母、繼母、庶母、慈母、養母、出母、

嫁母以及保傅乳母等諸母，諸母的不同稱謂代表著她們與子女親疏關係不同，所以第一節重在梳理諸母與子女間的關係以及地位。第二節和第三節其實是從兩個角度來考察寡母與子女的關係問題，唐人雖因為孝道需尊母，但是「從子」說並非毫無意義，只是「從子」之「從」與「從父」「從夫」不同，尤其在母子意見相左時，弱勢的母親曲從於子，強勢的母親不僅可主動斷絕母子關係，還可如武則天一般廢黜其子伸張自己的意志。母親在子女面前的這種權威，既來自於教養之恩，也源於母親自身德行的感化以及禮法的教化。理想的母親應該在「從子」與「訓子」中找到合適的相處方式，母從子體現的是婦道，子尊母之訓體現的是孝道，只有婦道與孝道有機統一才能構建出和諧的母子關係，用現代的話說就是母子應協商處事，母親應徵求兒子的建議，兒子也應聽取母親的教誨。

目　次

第八、九冊　近世社會的形成——宋代的士族與民間信仰

作者簡介

　　王章偉，1965 年生，廣東省潮州市人，香港中文大學文學士（一級榮譽）、哲學碩士，香港大學哲學博士，專攻宋代史和民間信仰研究。師承著名宋史學者羅球慶教授與陶晉生院士。曾任《香港社會科學學報》副編輯，現爲香港理工大學中國文化學系客席講師。著作有《文明世界的魔法師——宋代的巫覡與巫術》（臺北：三民書局，2006 年）、《在國家與社會之間——宋代巫覡信仰研究》（香港：中華書局，2005 年），編有《奇蹟背後——解構東亞現代化》（香港：牛津大學出版社，1997 年，與羅金義合編），並發表論文數十篇，刊於《新史學》、《九州學林》等臺、港學刊。

提　要

　　宋代是中國近世社會形成的關鍵時期，本書從「士族」與「民間信仰」兩大範疇分析其中的巨大變化。

　　〈士族篇〉以宋代最重要的大族「河南呂氏家族」爲研究對象，探討中古門第大族沒落、科舉制度代興後，宋代形成了一種「新門閥」。作者從朝廷政治的起伏、科舉制度對家勢維持的異化、姻親關係的利弊和新宗族組織的重組等幾方面，精彩地析論了宋代士族精英和社會結構轉變的情況。此外，透過呂氏家族婦女的墓誌銘、及對一部宋代兒童史和一部中國教育史的討論，作者也檢討了關於近世社會中的婦女、兒童和科舉教育等問題，讓讀者更了解從「唐宋變革」到宋元以後中國社會的發展。

　　〈民間信仰篇〉延續了作者對宋代巫覡信仰的權威研究，分別從研究方法、史料、新視角及新議題透視宋代的民間信仰。作者以一個「薩滿」溝通古今的志向，兼用了歷史學、人類學、宗教學等不同理論和方法，重現宋代民間巫覡信仰的眞像，引領讀者探討宋代中原文明隨著國土拓展，對南方巫覡巫術的了解、想像與對策。「邪神信仰」一章，更是過去史家所忽略的近世民俗信仰，其中呈現近世社會文化發源的多樣性，是作者最新的重要研究。

目　次

上　冊

第十冊　宋朝兒童收養

作者簡介

　　洪倖珠，出生於高雄，小時候生活在臺南、嘉義邊界鄉下地區，長大後回到高雄生活，是土生土長的南部小孩。畢業於國立中正大學歷史系、歷史所，論文指導教授為楊宇勛教授，此篇論文能夠付梓印刷也非常感謝指導教授的推薦和花木蘭文化出版社的協助。作者目前任教於臺南市立南寧高級中學，教授歷史科，望能透過歷史講授，讓學生體會人類過去活動的軌跡，歷史是過去、是現在，也是未來。

提 要

　　宋朝兒童收養，討論包含宋朝法律、荒政以及因職業需求收養兒童的情形。除追溯兒童收養起源外，就北宋到南宋的收養法律變化作探討，荒政中的兒童收養以及特殊兒童收養。

　　首先討論宋朝從北宋到南宋期間的收養法律，北宋法律主要承襲隋唐五代的律法，至北宋哲宗時期開始奠基兒童收養機構設置的法律，徽宗時期擴大收養機構的設置以及收養的年齡，南宋設置專門兒童收養機構的律法以及兒童收養的專門流程與施行細則。

　　第二，討論宋朝養子與養家的責任與義務，身為收養家有義務為養子女提供姓氏、財產繼承以及相關的生活所需。養子女具有孝養長輩及承繼宗祧的責任，而實際掌握雙方擬制血親關係的主導權在養父母手中。

　　第三部分討論宋朝荒政中兒童收養的情形，包含綜合收養機構的設置、專門兒童收養機構的設置、而專門兒童收養機構的設置也成為宋朝兒童收養的最大特色之一。並且討論一般士人、婦女及寺觀在兒童收養中所提供的幫助。最後部分討論特殊情況的收養，包含皇宮中宦官與宮女的收養，以及因職業需求而收養兒童的情況。呈現出宋朝兒童收養承上啟下的關鍵性特色。

目 次

第十一冊　宋代轉運使與地方控制研究

作者簡介

　　靳小龍，山西新絳人。1999 年畢業於西北師範大學政法學院，獲法學學士學位。2002 年畢業於西北師範大學文學院，獲歷史學碩士學位。2002 年師從廈門大學歷史學系陳明光教授攻讀博士學位，研習中國古代經濟史，2005 年獲得博士學位，同年進入廈門大學歷史學系工作。現爲廈門大學歷史學系助理教授，主要從事隋唐史、中國古代經濟史的教學科研工作。

提　要

　　宋朝是中國古代社會具有轉折意義的朝代，其承上　下的時代特色，越來越受到治史者重視。宋代轉運使制度，雖前承唐代之制，但在宋代朝廷極其關注如何加強中央對地方控制的特定歷史背景之下，其創設和運作呈現出與唐代迥然不同的特色。學界對宋代轉運使制度研究成果夥頤，圍繞著財政、民政、司法、監察諸方面，發表了不少具有較高質量和品味的學術論著。不過，就宋代轉運使制度運行以及對地方政治的影響這一方面而言，多數研究雖有論及，但不甚集中和系統。筆者以地方控制爲契入點，選取轉運使在宋代國家機器中的地位與組織性質，結合前輩時賢的學術成果，對宋代轉運使與地方控制的關係這一專題做些不成熟的探討，希冀對宋代轉運使制度及其歷史地位的研究能有些許助益。

　　全書共分五章。

　　第一章《緒言》論述學術史、本選題意義、個人對選題的思考等問題，交待文章基本結構、研究方法，以及相關材料說明。第二章《宋代轉運使的組織性質問題再探》從中央政府和地方政府的關係入手，通過闡述宋代轉運使設置的歷史背景，分析轉運使的主要職能，考察轉運使與並立監司之間的互動關係，闡明筆者所認爲的宋代轉運使具有中央政府派出機構的組織性質的觀點。第三章《宋代轉運使履職方式與地方控制》以巡歷制度爲重點，論述轉運使履職的

具體方式，討論宋代轉運使制度運作過程及其對地方控制的影響。重點在於闡述轉運使巡歷制度及其對地方控制的實際效果。第四章《宋代監司並立與地方控制》以轉運使與提刑司、提舉司的關係爲考察中心，闡述宋朝中央建立監司並立制度是出於分權制衡和行政實務的兩方面考慮，並分析監司並立制度對地方控制的雙重影響。第五章《結語》對全文觀點作出歸納和總結。

目 次

第十二冊　南宋宗室與包容政治

作者簡介

　　梅哲浩，1983 年生於臺北市，中國文化大學史學系學士，中國文化大學文學碩士，現就讀中國文化大學史學研究所博士班，主要研究領域領域專長

為南宋政治史、制度史、宗室史、文化史、城市史等。

提　要

　　宗室是皇帝的親屬，皇室家族的成員，出身高貴的天潢貴冑，隨中國歷史的演變而各有評價。

　　由於他們和皇帝具有血緣關係，歷代君主對宗室的安置方式莫衷一是。西漢以封建和廢黜疏屬的方式對待宗室；南北朝以宗室典兵，委以方鎮之權，直到唐初；唐中葉以後，或以宗室為外官，或軟禁於大宅內，直至唐末。

　　宋朝軟禁宗室的政策大體承襲武則天和唐玄宗，並加以制度化。宋太祖優待文官，甚至有「誓不殺大臣與言事者」之語，對宗室的教育格外重視，此點為太宗以後的皇帝繼承；賜名授官的制度，豐厚的俸祿和賞賜，使宗室從出生到死亡均有保障，不必如凡夫俗子般為生計奔波。菁英式教育和紙醉金迷的生活，培養出宗室亟欲肩負責任的渴望，光是南班官奉朝請的義務已難以滿足他們，神宗熙豐變法讓宗室重新獲得出任外官的權力，該政策持續到南宋滅亡為止。

　　包容政治是劉子健的概念，施行條件共分為四點：一為名實兼顧，二是統治方法，三乃充裕的財力，四是思想上的信念。其中二、四兩點均運用於宗室制度，南宋才徹底推廣到所有官員。

　　本文共分為七章。「緒論」回顧相關研究概況，敘述研究動機、方法和研究成果。第一章「北宋的宗室地位與包容政治」簡述北宋的宗室制度沿革、包容政治的施行條件。第二章「南宋前期的宗室官員和一般官員」簡述分期的方式、政局發展和宗室官員的貢獻。第三章「南宋中期的宗室官員和一般官員」簡述政局發展、宗室官員對政治戒約的挑戰。第四章「南宋晚期政局和宗室官員」簡述晚宋政治、軍事、經濟困境、包容政治的難以為繼、宗室官員的風範。第五章「南宋宗室官員的特權與特色」說明宗室在經濟、法律、考試等方面擁有的特權，以及在包容政治運作之下，如何用高於每況愈下的水準維持政府運作。「結論」總結南宋宗室官員在包容政治運作下，如何運用自身的才學，以及與皇權的關係鞏固王朝基石，使南宋成為中國最大的家族企業。

目　次

第十三冊　遼金史論稿

作者簡介

　　周峰，男，漢族，1972 年生，現任中國社會科學院民族學與人類學研究所研究員，主要從事遼金史、西夏學的研究。1993 年畢業於北京聯合大學文理學院，獲得歷史學學士學位。2010 年考入中國社會科學院研究生院攻讀博士學位，導師史金波先生，2013 年 6 月獲歷史學博士學位。1993 年 7 月至 1994 年 2 月，在北京市文物研究所工作。1994 年 2 月至 1999 年 8 月在北京遼金城垣博物館工作。1999 年 8 月至今在中國社會科學院民族學與人類學研究所工作。主要代表作：《完亮評傳》，民族出版社 2002 年；《金章宗傳》（與范軍合作），中國廣播電視出版社 2003 年；《21 世紀遼金史論著目錄（2001—2010年）》（上下），花木蘭文化出版社 2016 年；《西夏文〈亥年新法・第三〉譯釋與研究》，花木蘭文化出版社 2016 年。發表論文 70 餘篇。

提　要

　　本書是作者學習、研究遼金史 20 年的階段性總結，共收入已發表論文 29篇，涉及遼金政治、經濟、文化、民族、人物等方方面面的問題。

目　次

第十四冊　金朝宰相制度研究

作者簡介

　　孫孝偉，1972 年生於遼寧省建平縣，歷史學博士，營口理工學院副教授，研究方向為遼金史、中國政治制度史、文化史。曾師從吉林大學武玉環先生攻讀碩士、博士學位，在中國大陸《學習與探索》、《北方論叢》、《北方文物》等學術期刊發表論文近 20 篇。

提　要

　　一、緒論：界定基本概念，分析選題的原因和價值，述評研究現狀，總

結創新點和難點，闡釋研究思路。

二、正文：對金朝宰相制度進行全面的研究。

金朝宰相制度有兩個來源，其一是女眞舊制，其二是唐、宋、遼三朝的宰相制度。金朝宰相制度經過了長期的演變過程。

金朝宰相，實際任職人數，是 159。皇帝掌握宰相的任命。金朝宰相的出身，在入仕途徑、前任職務、民族宗族、地域分佈上，有所不同。金朝宰相任職過程中，以逐級升遷爲主。金朝宰相的去職，有出任其它職官、削職爲民、致仕和死亡四種情況。

金朝宰相有議政權和行政權。金朝宰相行使議政權的途徑，是御前奏事和御前議事，尚書省會議，主持百官集議和個人疏奏、接受咨詢、諫諍、封駁。金朝宰相行使行政權的途徑，是發佈命令、監督執行、親自處理政務和兼領其它職務。

金朝宰相間、宰相與左右司、六部、樞密院（元帥府）、臺諫、近侍的關係，以及金朝宰相與皇帝的關係，是由皇帝控制、以宰相群體爲中心、推動朝政運行的關係。

綜上所述，金朝時期，宰相制度是政治制度的中心。金朝宰相制度的特點有三：一是宰相多級多員，種族交參，堅持女眞至上的原則；二是議政和行政合一；三是君主臣輔，君定臣行。金朝宰相制度是中國古代宰相制度史上的一環，具有重要的地位。

目 次

第十五、十六冊　晚明中西文化的碰撞與融合——以利瑪竇時代爲中心

作者簡介

　　張宗鑫（1984～），男，山東聊城人，2012 年畢業於山東大學歷史系，現任職於山東師範大學，講師職稱。目前主要從事高校德育工作，現主要研究方向爲中國傳統文化、公民教育等。

提　要

　　本書主要通過對利瑪竇時代中西文化交往的景象，解析晚明中西文化的碰撞與融合的獨特歷程。利瑪竇作爲適應政策的集大成者，深入中國內地，在對中國傳統文化細緻觀察的基礎上，調整傳教策略，積極向儒家士人靠攏，形成了以「友道」和「書教」爲主要方式的適應策略，取得了巨大成功。在利瑪竇規矩的積極引導下，中西文化進行了實質性的碰撞，涉及中西文化的各個層面。面對晚明複雜多變的文化環境，利瑪竇對中西文化作了卓有成效的調和，爲中西文化在相對平等的平臺上積極對話做了開創性的探索，深刻地影響著中西雙方社會文化變革進程。利瑪竇調和儒耶，有策略地排斥佛教，對儒家思想做出

一定讓步，使超越性的天主教思想更加呈現出倫理化和世俗化的一面，迎合了晚明經世致用的社會思潮，為明清之際思想文化變革注入了新的活力。同時，通過翻譯書籍，奠定了漢文西學科技原典的基礎，促使發展緩慢的中國科技積極變革，成了有別於傳統的格物窮理之學。在利瑪竇等耶穌會士積極努力下，中西方相互認知逐步加深，中西方形象呈現出多元化的趨勢。

目　次

上　冊

第十七、十八冊　明清士紳家訓研究（1368～1840年）

作者簡介

　　王瑜，女，漢族，1969 年生於湖北十堰。獲華中師範大學歷史學博士學位。現爲廣東石油化工學院文法學院歷史系教師。主要研究方向爲文化史、家訓史。曾在《北方論叢》等刊物發表核心論文多篇。先後主持《明清官僚士大夫女訓文化研究》等省、市、校級多個課題。

提　要

　　家訓是明清士紳實施家庭教育的重要途徑，尤以經濟文化發達、習文好學的江南地區爲重。他們普遍寄希望於家訓，將階層優勢和文化基因代代相傳，實現「修齊治平」的家國情懷。概言之，明清士紳家訓對男女規約各有側重：針對男性子弟，輒以治家、修身、治學爲主，強調內聖外王之道和治生隆家之策，體現程朱理學及科舉制度的要求；做順女、賢妻、孝媳、良母，則爲訓女核心要義，強調「三從四德」的修煉和相夫教子的擔當，凸顯男權社會中士紳階層對女性特有的規範約束。

　　明清士紳家訓特色鮮明。科舉取士標準使修身治學成家訓主旋律，而人口激增、求生謀食等現實又迫使他們不得不關注治生問題；國家意識形態的儒家化使儒家思想成爲家訓的精神內核，而宗法制的強化又使家訓在家人子弟面前呈現循序善誘和恩威並施兩幅面孔。明清士紳家訓還表現出強烈階層優越感：只有來自士紳家庭，男性才能心無旁騖地追求修身治學，女性才能責無旁貸地遵從「三從四德」、才更有學識和能力相夫教子。一方面，敦促子弟修身治家、努力向學以確保穩居社會中上層；另一方面，強調女性居於內、嚴男女之別、防內外之嫌等宗法理念，明清士紳得以進一步彰顯和維護階層優勢。

目　次

上　冊

第十九冊　狐媚燕京：海之王國占城對明朝的朝貢策略與影響

作者簡介

張正諺，2014 年取得國立清華大學歷史所碩士學位後，協助臺灣省諮議會史料科處理議會史料。2015 年前往西班牙塞維亞印地亞斯總檔案館（Archivo General de Indias, Sevilla, AGI）擔任澳門史料調查計畫專任助理，現爲國立清華大學歷史所計畫助理、《季風亞洲研究》學術期刊編輯助理。

提　要

占城，一個被日本占城史專家桃木至朗稱之爲「海之王者」的國家，在 14 世紀時，因王室聯姻與邊境問題，與北方的安南結下不解之仇，卻不敵安

南的入侵，被迫簽下城下之盟。正所謂時勢造英雄，占城國王制蓬莪靠著傑出的外交手腕，朝貢北方的大明，「假中國之威，以制服其仇」，成為了安南人眼中的「占城項羽」。

明成祖時期，安南與明朝關係極度惡化，占城遂順水推舟，配合明朝南北夾擊安南，將之消滅。但局勢瞬息萬變，隨著明成祖逝世，安南最終擺脫明朝的控制建立黎朝，再度出現於歷史的舞台上。有「天南洞主」之稱的黎聖宗，文滔武略被越南史家比擬為漢之武帝、唐之太宗，他記取了前朝外交失敗的經驗，致力於與明朝的朝貢關係上。同時期的占城，在外交上卻墨守成規，一昧抱守著「狐媚燕京」的縱橫策略，最終不敵安南入侵，國破家亡。占城王子古來被迫親自前往明朝告御狀，卻於事無補，占城遂逐漸消失於歷史的洪流之中。

目　次

第二十冊　清儒從祀孔廟研究

作者簡介

　　姜淑紅（1983～），女，漢族，山東濰坊人。2006 和 2009 年先後畢業於山東師範大學，獲歷史學學士與碩士學位，2012 年畢業於北京師範大學，獲歷史學博士學位。現任淄博職業學院稷下研究院業務部副主任，講師，主要致力於近代文化和齊文化的相關研究。曾參與編寫《民國思想文叢》，並擔任《現代評論派、新月人權派》一卷的主編。在《學習與實踐》、《學術論壇》、《船山學刊》、《江南大學學報》等學術刊物上發表論文多篇。

提　要

　　隨著儒學地位的提高，孔廟逐漸由私廟發展成為官廟。「廟學合一」制形成後，孔廟既是國家祭祀的禮儀性建築，又成了國家推行政教措施的象徵，具備了政治與文化的雙重功能。歷代統治者通過在孔廟中舉行的祭孔儀式，強化了儒家的獨尊性和神聖性。統治者還利用掌握孔廟從祀人選的決定權，引導儒生言論，制約儒學發展方向，並將儒家理念滲透到具體社會生活中，從而保障「治統」的穩定性。

　　歷代統治者對孔廟從祀都非常重視，清軍入關並確立在全國的統治後，為化解因長期對抗造成的精神緊張，盡快恢復社會基本倫理秩序，在為孔子上尊號的同時，不斷增加從祀人員。在清代的孔廟從祀中，清儒從祀尤為重要，與清代的文化政策聯繫最為密切。雍正時期實行崇儒重道的文化政策，反映在孔廟從祀上，便是批准多位理學名儒從祀孔廟。雍正還首開從祀本朝

理學名儒的先例，將陸隴其推上孔子廟堂。

　　乾嘉時期漢學鼎盛，程朱理學雖高居廟堂，卻趨於衰退。道光以後，清統治者出於挽救危局的需要，繼續提倡和強化崇儒重道的文化政策，採取了一些提高理學地位的措施，如從祀清代理學名儒。在統治者政策支持下，相繼有陸隴其、孫奇逢、張履祥等清代理學大儒登上孔子廟堂。孫奇逢從祀孔廟，反映了道光年間「真理學」興起和漢宋趨於調和的社會思潮。張履祥從祀，是在其理學名儒形象逐漸被社會認可的基礎上，在國家急於推崇「正學」以加強象徵權威的背景下，通過浙江官紳的不懈努力，最後取得成功。光緒末年，顧、黃、王三大儒從祀孔廟，則是特定時代背景下清廷的非常之舉。清廷允准三大儒從祀，主要是因為三大儒學說既合乎時代變革，又不離乎中國固有的經史之學，能滿足清政府在新政時期既要求變革又要守住國粹進而穩定統治的願望。

　　總之，清儒從祀作為清統治者文化政策的重要內容，既能反映清代文化政策之演變，又能體現不同時期社會思潮的變化，與清代社會變遷之大勢緊密相連。

目　次

第二一冊　清代喪葬法律與習俗──以《大清律例》的規定爲主要依據

作者簡介

　　劉冰雪，女，1981 年 9 月出生，2009 年畢業於中國政法大學，取得中國法律史博士學位，同年進入國家圖書館立法決策服務部工作，2013 年評副研究館員。

　　曾參與《爲政箴言》《爲政鏡鑒》的編輯及古文翻譯；參與《國外圖書館法律選編》的翻譯；參與《圖書館立法決策服務工作調研報告》的編撰，目前承擔國家圖書館館級課題《晚清民國時期國法與家法關係研究──以館藏家譜文獻爲中心》，預計 2017 年 12 月結題。

　　發表論文有《清代法律文獻中的習俗規制》《清代學者許槤著述及刻書考

察》《清代風水爭訟研究》等。

提　要

　　生養死葬是人生大事，喪葬問題是個有著深厚歷史文化背景的社會問題，它經歷了從「俗」到「禮」，從「禮」到「法」的過程。在清代法律體系中，喪葬是個重要的法律問題。本文通過考察清代法律對喪葬習俗的規制，把研究的視線深入至法律背後的民間社會，研究清代法律與喪葬習俗的關係，以及傳統法律與社會的互動情況。

　　第一章概括敘述了清代法律對喪葬習俗的規範情況。不同等級效力的法律文本有著內容與功能的區別。

　　第二章敘述了清代停柩不葬習俗的社會狀況及其法律實踐。停柩不葬既違反法的規定也違反禮的規定，但在具體法律實踐中，司法手段具有一定的被動性。地方官對停柩行為也並不嚴格依法嚴懲，而是普遍採用勸導及風化禮教的方式。

　　第三章敘述了清代火葬習俗的社會狀況及其法律實踐。火葬習俗在清代經歷了從「合法」到「不合法」的過程，法律對火葬的規範和調整也有多種樣態。

　　第四章敘述了盜葬習俗的概況、國法與家法族規的雙重調整機制，及盜葬案件的司法實踐。

　　第五章敘述了居喪嫁娶習俗、洗骨葬習俗的概況、法律規範及實踐狀況。

　　結論部份顯示：一方面，清代法律對喪葬習俗的調整，呈現出多層次、多方位的特點；另一方面，清代法律對喪葬習俗的調整和規範，基本以禮為依據，不過法律所維護的禮是禮的原則與精神，是有彈性的禮。

目　次

第二二冊　載灃與宣統政局

作者簡介

　　李學峰，男，2011 年獲中國社會科學院研究生院中國近現代史專業博士學位，現就職於河南大學馬克思主義學院，研究方向主要爲中國近代政治史，在《史學月刊》、《二十一世紀》、《明清論叢》等學術期刊發表學術論文十餘篇，出版著作一部，先後參加「辛亥革命與百年中國國際學術研討會」、「中國辛亥革命百年紀念暨第十四屆清史學術研討會」、「義和團 110 週年國際學術討論會」等重要國際學術會議，參與國家社科基金一般項目一項，教育部社科基金項目兩項。

提　要

　　載灃深受其父奕譞影響，形成了謹愼、膽小畏事的性格特點。辛丑條約簽訂後，載灃奉命出使德國謝罪，開始爲中外各種政治勢力矚目。光緒三十二年官制改革，載灃開始參預要政。在參議官制改革的過程中，載灃反對奕劻、袁世凱急進的主張，與主張設立責任內閣、改革八旗制度的袁世凱、端方發生激烈衝突。在丁未政潮中，奕劻、袁世凱與瞿鴻機、岑春煊兩大政治勢力在爭鬥中兩敗俱傷，載灃進入軍機處，成爲政爭的最大獲益者。監國攝政後，載灃對上層統治結構進行了調整，驅逐袁世凱，打擊袁世凱餘黨，削弱奕劻權力，同時重用載洵、載濤、毓朗、載澤等年輕親貴，不僅造成了政治的混亂，而且大失人心，引起了列強的不滿。載灃疑忌漢人，扶滿抑漢，漢大臣在清政府最高層失去了話語權，滿漢上層之間聯盟宣告解體。在執政的前一年多的時間裏，載灃對預備立憲是認眞、積極的，隨著諮議局、資政院的成立，立憲派與政府衝突不斷，爲維護皇權，載灃竭力壓制諮議局、資政院，引起了立憲派的很大不滿。載灃不允立憲派速開國會的請求、對國會請願運動的鎮壓以及推出皇族內閣，一步步把立憲派推到了與政府決裂的邊

緣。載灃崇尚武力，採取了成立禁衛軍、設立軍諮處、復興海軍、編練新軍裁撤綠營、歸併防營等以強軍集權為目的重大舉措。由於用人不當、財政困難、求變過急等原因，這些舉措非但沒有鞏固而且削弱清王朝的統治。在鐵路政策方面，載灃犯下了錯誤支持商辦、草率推出幹路國有、不恤民隱一味壓制等一系列錯誤，最終激成川亂。武昌起義爆發後，載灃方寸大亂，為了鎮壓革命，有病亂投醫，起用袁世凱。為了挽回人心，挽救王朝命運，載灃以皇帝名義下罪己詔、開黨禁、頒佈《重大憲法信條十九條》、解散皇族內閣，然而為時已太晚。在袁世凱的逼迫下，載灃辭去監國攝政王位，結束了短暫的監國攝政生涯，清王朝不久滅亡。

目　次

第二三冊　京師大學堂科學教育研究

作者簡介

　　白天鵬（1984～），遼寧丹東人，北京師範大學歷史學院中國近現代史專業博士，中國科學院自然科學史研究所博士後，研究方向為中國近代科學史，中國近代文化史。

提　要

　　近代中國的科學教育發軔於洋務運動，直至 1898 年京師大學堂成立，科學教育的發展才邁出了重要的步伐。

　　京師大學堂科學教育在近代中國的發展歷程，以庚子事變為界分為前後兩個階段。前一個階段是大學堂科學教育的籌備、初創時期。大學堂科學教育以普通學與專門學的形式進行了初步實施。其間雖經歷戊戌政變與保守勢力的阻撓，大學堂科學教育終究被保留下來。

　　庚子事變中，大學堂科學教育被迫中斷，直至 1902 年才重新開學授課。在大學堂恢復重建的過程中，管學大臣張百熙做出了重要貢獻。庚子事變後，大學堂科學教育的發展進入了新的階段。隨著奏定大學堂章程的頒行，大學

堂科學教育開始向著正規化、效率化的方向轉變。此一時期，京師大學堂相
繼創辦了師範館、預備科、博物實習科以及分科大學、譯學館等教學部門，
京師大學堂的科學教育體系逐漸形成。大學堂科學教育在開辦過程中也流露
出種種缺陷與弊端，但是它作爲近代早期，特別是清末時期中國大學的典範，
不僅是近代中國科技發展史、教育發展史中的一座里程碑，更爲重要的是，
它以直接間接的方式改變人們的知識結構、更新人們的思想觀念來推動了近
代社會的整體進步。

目　次

第二四冊　顧炎武的著述體系與學術思想

作者簡介

趙暘，男，1980 年生於天津，回族，畢業於北京師範大學歷史學院，歷史學博士，研究方向爲中國史學史，現爲天津師範大學歷史文化學院講師。天津市青聯委員。代表性論文有《顧炎武對明代空疏學風痼疾的深層認識》，發表於《史學集刊》2009 年第 6 期；《論日知錄的史論性質》，發表於《河北學刊》2014 年第 2 期；《顧炎武關於「人盡其才」的史論》發表於《史學理論與史學史學刊》2013 年卷。

提　要

顧炎武是明末清初著名的思想家。他一生著述頗豐，其中《日知錄》代表了顧炎武學術成就的最高峰。他以非常嚴謹的態度、以科學實證的方法來撰寫《日知錄》。《日知錄》凝聚了顧炎武畢生的心血。《日知錄》集中表現了顧炎武思想體系。《日知錄》是一部批判封建專制和理學空談的史論著作。它以「下學而上達」作爲基本表述原則，並以儒家思想爲指導思想，對明朝何以會以「天崩地解」的方式滅亡這一歷史命題，展開論述，對明朝封建專制的實質以及空疏學風都進行了深入地分析。《日知錄》各部份之間、各卷之間都存在著一定的聯繫，這又說明《日知錄》是一部具有一定體系的史論著作。《日知錄》明確地表達了顧炎武幾乎貫徹一生的治學方法「下學而上達」。他對問題的認識是從事物感性認識入手，逐步推進而上升到對事物的理性認識。而他對事物的闡釋也是通過最直觀的形式表現出來的。《日知錄》是顧炎武貫徹「下學而上達」治學之法集中的體現。他對問題的深入認識是在大量的閱讀書籍，並在不斷觀察求證中而獲得的。

《日知錄》是顧炎武整個著述體系中的高峰。《天下郡國利病書》和《肇域志》中的成就在《日知錄》那裏得到了集中的體現。《日知錄》可以看作是顧炎武晚年對自己一生學術活動的總結。《日知錄》具有一定的著述體系，這回應了有人將顧炎武的著作看成是考據式、札記式的著作，回應了對顧炎武是否可以稱爲思想家的質疑。

　　顧炎武對具體問題的論述正是通過「下學而上達」的著述形式表現出來的。顧炎武對重大歷史問題以及主要社會問題都作了闡釋，而重點是揭示明朝滅亡的原因。他從行政體制、財政貨幣政策、以及科舉教育制度等等方面，論述了這些制度的危害，揭示了封建專制剝削人民、與民爭利的實質。他又對當時出現的種種社會問題進行了分析，指出君主對於社會風俗所產生的影響。他通過敘述歷史，批評了明朝封建專制體制。他批評了明代空疏學風，強調了士人應該履行社會責任。他寄希望於通過學術活動改造士人腐朽墮落的習氣，使學術活動回到經世致用這個根本目的中去。

　　顧炎武是中國學術史上承前啓後的關鍵人物。他批判了宋明理學，爲新學術的建立，掃清了榛杌，同時他建立了新的學術體系，強調了眞理來源於現實生活，來源於科學嚴謹的實證，這爲清代樸學的興起奠定了堅實的基礎；同時他強調了學術應該經世致用，應該能爲社會生活服務，這又爲嘉道時期的「經世學風」的興起指明了方向。他的學術思想值得後人不斷發掘探討。

目　次

第二五冊　突厥鐵勒史探微

作者簡介

　　陳懇，1973 年出生於重慶，理學碩士，畢業於北京大學計算機科學技術系，現爲北京大學中國文字字體設計與研究中心工程師。主要從事突厥史、中古北方民族史及內亞古代史研究，在《文匯報・學人》、《中西文化交流學報》、《中國邊疆史地研究》等刊物上發表學術論文多篇。

提　要

　　該書稿是目前突厥史學界關於突厥、鐵勒與迴紇等部族構成和演變軌跡考證的最新研究成果。作者以漢文史料爲根基，有效運用古突厥文與古藏文

史料，充分吸收國內外學界最新的相關研究成果，在嚴格遵循歷史比較語言學相關規則的基礎之上，對不同語言史料中出現的有關聯的專名進行盡可能細緻和精確的審音勘同，提出了關於「三窟」、「九姓」、「十姓」、「十二姓」及「三十姓」等漢文史料中用以指稱突厥、鐵勒與迴紇等部族的一系列專名涵義的最新見解。其中，關於薛延陀同迴紇阿史德部及突厥第二汗國關係的研究、關於迴紇藥羅葛部兩次建立漠北汗國的研究、關於中古時期東西方史料共同出現的可薩與卑失部落的研究、關於後突厥復國元勳暾欲谷家世的研究、關於兩姓阿跌進入後突厥核心集團的研究、關於突厥執失部落在早期東突厥對隋唐關係中獨特地位的研究以及關於亡國後突厥十二姓餘眾流亡避難在北庭附近區域的研究等，都立足於細緻入微的考證，並得出了與以往研究不同的結論。該書稿對於進一步推動突厥史學界的相關研究具有重要的學術價值與學術貢獻，同時對於唐代前期的政治史、民族史和軍事史研究，對於唐代的蕃將研究、藩鎮研究和安史之亂的研究，以及對於中古時期的北方民族史及內陸歐亞史等研究的推進也具有重要的啟迪與參考價值。

目 次

第二六冊 戰國玉器研究

作者簡介

俞美霞，簡歷：文化大學中文研究所博士，文化大學藝術研究所美術組碩士，台灣師範大學國文系學士。現任台北大學民俗藝術與文化資產研究所副教授兼所長。研究主題：書畫、篆刻、玉器、畫像石、美術考古、民俗學、文化資產等項目。主張以文字、文物、文獻「三重辯證法」為研究依據，重視田野調查，出土考古挖掘，強調跨領域研究，俾便理論與實務並行，傳統與創新兼具。

著作：《戰國玉器研究》、《東漢畫像石與早期道教暨敦煌壁畫之研究》、《玉文化探秘》、《壇壝文化考》、《台灣最美麗的風華是人文》等書，暨研討會、期刊論文約 70 篇。

提 要

中國是世界上崇玉、愛玉、用玉最早也最久遠的民族國家。而且，早自新石器時代以來，玉器便一直是祭祀及禮俗中最高規格的物質符號並精神文明呈現。

這樣的現象及至戰國時期，縱使禮壞樂崩，周天子權力式微，然而，珍貴華美的玉器，在卸下了禮制的束縛之餘，卻反而更能展現其自由、精湛的藝術特質與技巧，並成為身分、地位、財富的象徵。尤其是戰國玉器的紋飾及形制，很能真實反映時代的美學風格並脈動，恣意奔騰的氣勢，使戰國玉器成為中國玉器史上最為躍動而又輝煌的重要器物。

至於本書內容則是以戰國時期出土的玉器為主軸，並就其紋飾與形制予以剖析，使見其沿革及演化。尤其值得注意地是，玉器、青銅器都是當時重要的貴重物質，然而，其紋飾與形制卻是各有所本，且不相混淆。例如：穀紋與乳丁紋、雲紋與雷紋等，這樣的現象及特質，是研究器物學必須審慎之處，並也是欣賞或鑑定玉器時，所不可不熟知且辨明的關鍵原則。

目 次

第二七冊　東漢畫像石與早期道教暨敦煌壁畫之研究

作者簡介

俞美霞，簡歷：文化大學中文研究所博士，文化大學藝術研究所美術組碩士，台灣師範大學國文系學士。現任台北大學民俗藝術與文化資產研究所副教授兼所長。研究主題：書畫、篆刻、玉器、畫像石、美術考古、民俗學、文化資產等項目。主張以文字、文物、文獻「三重辯證法」為研究依據，重視田野調查，出土考古挖掘，強調跨領域研究，俾便理論與實務並行，傳統與創新兼具。

著作：《戰國玉器研究》、《東漢畫像石與早期道教暨敦煌壁畫之研究》、《玉文化探秘》、《壇墠文化考》、《台灣最美麗的風華是人文》等書，暨研討會、期刊論文約 70 篇。

提　要

　　畫像石是中國傳統藝術中極爲璀燦而輝煌的珍貴文物，自有宋以來，即廣受重視，及至清朝，由於山東武梁祠的發現，轟動金石學界，遂引起中外學者爭相研究，並留下許多篇帙浩繁的鉅著。

　　本書的研究，即在於結合出土文物與典籍文獻，進而揭櫫東漢畫像石與早期道教發展的關係。尤其對早期道教宣揚的地區、人物，以及信仰內容的闡述，本書都有詳盡的說明與比附，並歸結出畫像石的藝術呈現，正是早期道教墓葬思想及習俗的反映，而這種民間信仰的墓葬制度，流傳之餘，並在敦煌與外來的佛教思想相結合，以至衍生出舉世聞名的敦煌壁畫。這樣的假設與發現，是前人所未見，也是本書小心求證處，不僅顛撲許多前人的想法，更提出明確的立論，是學術研究打破藩籬，跨領域研究的最佳例證。

目　次

第二八、二九冊　美術考古學語境下的唐代石槨研究

作者簡介

　　李杰，本科、碩士畢業於西安美術學院中國畫專業，博士畢業於西安美術學院美術學專業，現爲西安外國語大學藝術學院副教授，藝術學理論學術帶頭人，美術研究所所長。陝西省美術博物館理論家委員會委員、中國工藝美術家協會會員、陝西漢唐藝術研究會副會長、陝西省大明宮唐代藝術研究會副會長、陝西省藝術類高考專家組專家。

　　近年來在《美術觀察》、《藝術研究》、《美術》、《人大複印》、《山西大學學報》、《文藝評論》、《人民日報》等專業期刊發表論文 30 餘篇，出版專著 2 部。獲陝西省第十一次哲學社會科學優秀成果著作類二等獎；獲 2013 年陝西

高校人文社會科學優秀成果獎著作類二等獎；獲 2015 年陝西高校人文社會科學優秀成果獎論文類三等獎。主持國家社科基金項目 1 項；主持教育部重點課題 1 項（DLA150264）；主持省級重大理論課題 1 項（15JK1597）；主持地廳級專項課題 1 項；第一參與人教育部項目 1 項（12YJC760112），參與國家、教育部、省市級課題多項。

提 要

石槨是中國古代喪葬觀念中體現「視死如生」的重要載體之一，是墓葬中棺材的延展形式，並處在所有墓葬的核心位置，其形制是仿造現實中的堂室而造。

作為唐代人物畫的重要組成部分，唐代石槨人物線刻集中出現在初唐至盛唐的 117 年間，並且其分佈主要集中於唐代都城長安京畿，即關中地區。唐代石槨人物線刻的消費主體基本為正二品以上的高官或皇族，其樣本的創作主體是當時的高官畫家或皇家畫師，代表了這一時期統治階層的審美取向。也可以說，唐代石槨人物線刻代表了在這一百多年間唐代人物繪畫的主流形式與風格變遷。

現已發現的唐代 29 具石槨，現可取樣的唐代石槨線刻人物共計 275 人。最早的李壽墓石槨成於貞觀五年（631 年），最晚的一具為出自天寶五年（748 年）的武令璋墓，年代集中在初唐至盛唐的 117 年間，時間序列較為完整。

為了更加清晰的展現唐代石槨人物線刻的時代藝術風格，本文將其從古代墓葬文化中剝離開來，放置於唐代人物畫發展演變的背景之內，以繪畫風格學為基礎，以美術考古學研究方法為構架，以中國傳統人物畫的三要素——造型、形式、線型為切入點，力圖在對傳統人物畫整體風格演變的分析當中，引代出唐代石槨人物線刻的時代藝術特徵。

目 次
上 冊

第三十冊　敦煌莫高窟吐蕃後期經變畫研究

作者簡介

　　劉穎，1972 年出生於四川省資中縣。1995 畢業於四川大學外語系英語專業。2002 年考入四川大學藝術學院研究中國美術史，2005 年獲得文學碩士學位。2007 年考入中央美術學院人文學院，師從羅世平教授，研究中國宗教美術，2010 年獲文學博士學位。目前任教於成都大學美術與影視學院。近年出

版譯著牛津藝術史叢書之《中國藝術》和著作《中國古代物質文化史·高昌壁畫卷》，發表《敦煌莫高窟吐蕃後期密教菩薩經變研究》、《莫高窟吐蕃後期的報恩經變及其信仰》、《莫高窟吐蕃時期的維摩變及其信仰》、《張大千敦煌畫稿與敦煌壁畫的比較研究》等數篇論文。

提　要

本書在多次考察敦煌莫高窟吐蕃時期的石窟寺和壁畫的基礎上形成。公元 786 至 848 年間，敦煌淪落爲吐蕃的屬地，在吐蕃人的統治下，敦煌進入到一段特殊的歷史時期，政治、經濟、軍事、文化等各方面都發生了較大的變化。815 年赤祖德贊登上贊普位，他主張與唐通好，扶持佛教。821 年唐蕃盟會之後，在較長的一段時間內，唐蕃之間保持著友好往來的關係。吐蕃統治者與唐王朝交好的行爲給敦煌也帶來了影響，在莫高窟的造像活動中有突出表現，在石窟形制、壁畫構成形式、壁畫題材等方面形成吐蕃時期獨特的樣式和風格。本書以 821 年爲界，將吐蕃統治時期營建的洞窟分爲前後兩期，重點討論 821～848 年的石窟藝術。

本書共分六章。第一章分析敦煌莫高窟吐蕃窟的窟龕形制、壁畫構成形式和題材特徵，從其演變、發展的情況以及壁畫的細部特徵進行了考證，劃分出 821 年以後興建的吐蕃後期洞窟 22 個。821 和 822 年唐蕃政權在長安城外和拉薩舉行會盟，蕃漢民族關係進入相對融洽的時期，致使以漢傳佛教藝術爲主導的吐蕃後期洞窟壁畫中，出現了新的繪畫因素。第二章至第六章專注於研究吐蕃後期具有突出時代特徵的經變畫，以密教菩薩經變、金剛經變、報恩經變、維摩詰經變等題材爲主，探討密教菩薩經變圖像樣式，金剛經變脅侍菩薩新樣式的來源，吐蕃時期的密教菩薩信仰特點，以及經變中的故事畫及其體現的信仰思想。

從洞窟的整體設計原則分析，吐蕃統治後期，石窟內壁畫題材的配置形成較爲固定的模式，淨土類經變是最常見的題材，與其它經變題材一起，營造出想像中的佛國淨土世界。從信仰思想方面來看，建造石窟的供養人將爲唐蕃雙方祈福、祈盼唐蕃通好、避免征戰之苦、免除親人分離之痛等世俗的現實願望隱含在壁畫中。

目　次

第三一冊　神秘靈動——古滇國青銅雕刻藝術特徵研究

作者簡介

隴藝梅，女，彝族　西安美術學院美術學博士，雲南藝術學院美術學院教授，美術史論系系主任。

獲獎：

2004 年「雲南民族美術資源在教學創作中的應用與實踐」項目獲得雲南藝術學院優秀教學成果一等獎

2005 年「雲南民族美術資源在教學創作中的應用與實踐」項目獲得雲南省高教育教學成果一等獎

2008 年《天籟之音》陶藝作品獲得雲南省首屆現代陶藝展覽優秀獎

2013 年獲得「紅雲紅河園丁獎」

著作：《民間天空——雲南當代美術檔案》，雲南人民出版社出版，2005年

《匠心獨運——雲南民族民間工藝美術藝人記》，雲南人民出版社出版，2011年

學術研究論文發表於國家級、省級專業刊物數十篇，藝術作品經常參加省級展覽

提 要

本文選取中國雲南古滇國文化中的青銅器藝術作爲研究對象，主要以形式分析和文化符號學的方法，從美術學的角度進行研究。

考古學、社會學、民族學、宗教學、民俗學、冶金科學等諸學科領域，對古滇國青銅文化的研究已經非常豐富，但是，立足於藝術學本體的研究卻相對欠缺，特別是從美術學的視角，微觀地把握雕塑語言的細節，追尋其風格特質和美學價值的研究，還有待深入進行。本書從梳理古滇國本土文明的源流及其文明基因所導引的審美觀念開始，以現代美術學的研究方法，圍繞青銅器的藝術語言、符號內涵等問題，來解析古滇國青銅雕刻的藝術魅力所在——因爲原始宗教和方國統治氛圍的籠罩，它是神秘奇異的；而多元的文化營養，又生成了它獨特的靈動風格。

古滇國的地理和歷史，見證了幾千年來的多民族融合過程；而多民族的融合致使古滇國文明具有著多元化的文化基因，這也是古滇國青銅雕刻獨特、成熟的文明支撐和審美基礎。以古滇國青銅雕刻的形式分析和符號學的研究作爲基點，可以導引出古滇國文明與周邊文明的藝術語言和審美觀念的交叉研究。本文還對比分析了古滇國青銅雕刻與周邊多種青銅雕刻的異同，對古滇國青銅文化與周邊民族文化的關係進行了分析。

本文汲取了民俗學、神話學、民族學、文學等領域的研究成果，主要運用形式分析法、符號學、完形心理學等學術研究方法來切入分析，力圖使研究觸及到古滇國青銅器所蘊含的美學內涵、文化內涵和功能意義，並力求剖析古滇國青銅器所包含的文化內蘊的各種文明之間的關係，以及著重就其中的雕刻藝術的藝術特徵加以梳理與探討。以此證明，古滇國青銅器作爲古滇國文明的精神符號，正是多種文化的碰撞與交流的結果。

目 次

第三二、三三、三四冊　道易惟器——宋以來宮調理論變遷及與音樂實踐關係研究

作者簡介

李宏鋒（1977～），男，漢族，唐山豐南人，文學博士，中國藝術研究院音樂研究所副研究員，碩士研究生導師，《中國音樂學》副主編，中國音樂學院北京民族音樂研究與傳播基地兼職研究員。著有《禮崩樂盛——以春秋戰國爲中心的禮樂關係研究》、《六朝音樂文化研究》（合）、《中國古代物質文化史・樂器卷》（合）、《藝術中國・音樂卷》（合）等，發表學術論文四十餘篇；獨立主持完成國家社會科學基金藝術學青年項目「宋以來宮調理論變遷及其與音樂實踐的關係」，參與國家藝術科學「十五」規劃項目「六朝音樂文化研究」、教育部重大項目「音樂類非物質文化遺產保護的理論與實踐研究」等。

提　要

本著以中國古代音樂歷史發展爲背景，立足傳統戲曲、詞曲、笙管樂等實踐，以專題形式梳理唐宋以來以俗樂調理論爲代表的宮調系統變遷，探討各時期的宮調應用特點、歷史淵源及其與音樂實踐的互動關係。初步研究表明，唐俗樂調理論是建構於管色之上的宮調系統，「敦煌樂譜」宮調邏輯是二十八調的具體應用，唐宋間俗樂二十八調理論一脈相承。這一宮調系統的歷史淵源，可追溯至先秦「陰陽旋宮」思維；「管色實踐、陰陽旋宮」是制約宋以來宮調理論變遷的主線之一。元雜劇宮調是特定時期音樂體裁對唐宋俗樂二十八調體系的擷取，期間外來文化對傳統音樂形態的影響不容忽視。明代流行的「正宮調工尺調名體系」，是唐宋俗樂宮調向工尺七調轉化的第一階段；同時，肇始自唐的俗樂宮調理論在明代實踐中依然應用。清代以來各地戲曲與器樂不斷豐富，工尺調名出現「正宮調系統」到「小工調系統」再到「乙字調系統」的演化歷程，並進一步訛變出多種新型宮調體系，它們是唐宋以來宮調歷史變遷的必然結果。本研究重視古代音樂作品在探討宮調理論問題中的價值，對《瑟譜・詩新譜》、《魏氏樂譜》等代表性古譜，均據作者

對歷史調名的認知予以重新解譯。總體而言，本著屬於傳統樂律學基礎理論研究，對深入認知中國古代音樂藝術風格，推進樂律學和音樂形態學建設有一定參考價值。

目　次

上　冊

中　冊

秦漢史探微（上）

王　剛　著

作者簡介

王剛，男，1971 年生，江西南昌人。現爲江西師範大學歷史文化與旅遊學院副教授，兼任校古籍所副所長。師從謝維揚教授，1998 至 2004 年就讀於華東師範大學歷史系，先後獲歷史學碩士、博士學位。長期以來從事於先秦兩漢史、古代思想與文化、古文獻與學術史、近代學術史等領域的教學與研究，著有《學與政：漢代知識與政治互動關係之考察》、《古文獻與學術史論稿》，並在海內外發表學術論文 50 餘篇。

提　　要

　　《秦漢史探微》是作者近二十年來秦漢研究成果的一個結集。所收論文涉及政治、經濟、思想文化等諸方面，對於秦漢的制度、人物、意識形態、農商問題等，力圖引入新視角，提出了自己的一些獨有見解。如作者關注到了相權在秦漢間的轉折與發展；注意到了秦漢假官與守官的不同，對它們的緣起、職責與類型等問題做了細緻分析；以《尙書》學爲視角，對光武朝政治鈎沉抉隱。又如作者在研究劉秀帝業問題與意識形態的建構時，將《赤伏符》這一重要的讖緯文獻進行了還原，確證其本爲高帝讖。再如作者提出了西漢商品經濟的發達爲一種變態的假象，它由賦稅貨幣化所推高，並對漢代的市租、市籍、關稅、行錢等問題進行了新的考訂，提出了自己的見解。總之，此書中的每篇論文都力圖以專題式的研究，對某些或某組問題進行歷史剖析，注重由小處著手，從大處著眼，希冀在紮實考訂的基礎上，以鮮明的問題意識爲引導，在復原史實的過程中，將自己的理論思考貫穿其間。希望本書的出版能引起學界的批評與共鳴，以推進秦漢史研究的進一步深入。

目
次

秦漢間的政治轉折與相權問題探微

一、問題的提出：「大變局」下的宰相及相權問題

　　清人趙翼在《廿二史劄記》中，將「秦漢之間」視爲「天地一大變局」，他指出：

> 蓋秦、漢之間爲天地一大變局。……（至秦）開布衣將相之例，而兼併之力尚在有國者，……高祖以匹夫起事，角群雄而定一尊。其君既起自布衣，其臣亦自多亡命無賴之徒，立功以取將相，此氣運爲之也。天之變局，至是始定。……於是三代世族、世卿之遺法始蕩然淨盡，而成後世徵辟、選舉、科目、雜流之天下矣。〔註1〕

細讀此段文字，再結合秦漢間〔註2〕的歷史，可以獲得如下認識：

　　秦漢之間巨變的起點，在秦滅六國、行帝制；而漢則是此一趨勢的最終完成。由此言之，秦漢間就成爲了聯結三代世襲社會與後世帝制時代的一個樞紐。也就是說，討論早期帝國的政治及制度架構，不能僅著眼於秦，更要看到秦漢間的變化。雖說「百代都行秦政法」，其實「行」的，乃是繼承與發展了秦的「漢政法」。它們在具體的政治實踐中，以「大變局」爲歷史契機，

〔註1〕 趙翼著、王樹民校訂：《廿二史劄記校正》（訂補本），中華書局，1984年，第36～37頁。

〔註2〕 所謂秦漢之間，在時間上固然以秦統一後至高祖時代爲核心。但由於歷史的延續性，筆者在論證中，一般來說，上限主要延至與秦始皇時代前後延續的秦王政時代，下限則主要至相權極盛的西漢高后、惠、文時代，即漢初時段。

通過「漢承秦制」與「懲秦之敗」〔註3〕的兩面，相反相成地推動著歷史的轉化。從一定意義上來說，「大變局」成為了早期帝國的制度生發與整合點，帝制政治由此確定，早期帝國的制度建設初步實現。

就本論題而言，在這一進程中，倘要對「布衣將相」及「大變局」有更深入的理解，則宰相及相權的作用特別值得注意。具體說來，主要體現在以下幾個方面：

一、宰相機構的成立與發展，是劉邦集團得以壯大的基礎

揆之於史，這一進程的具體時間點在滅秦之後。史載，劉邦入關後，不滿足於做「富家翁」，而「欲有天下」，遂「還軍霸上」。〔註4〕開始了「由承楚制向襲秦制的轉化過程。」〔註5〕從此，劉邦沿用秦的職官制度來治理秦地，由王關中、據漢地為起點，「不期而然地居於當年秦始皇滅六國的地位，……步秦始皇的後塵，再造帝業。」〔註6〕事實上，此點也為時人所看穿，據《史記‧項羽本紀》，范增憂心於劉邦的「天子氣」，勸項羽「急擊勿失」；而背叛劉邦陣營的曹無傷則向項羽檢舉：「沛公欲王關中，使子嬰為相。」以上言論，雖都不乏揣測，但值得注意的是：1、劉邦欲有帝業，已為時人所體認。2、帝業以關中，即秦故地為據點。3、作出這樣的選擇，就必然會出現「承秦」的局面，並與楚制漸行漸遠。4、要用「秦制」，就必須依賴原來的那套以宰相為核心的官僚系統，而不能拋棄或打散它們。

總之，從制度層面來看，劉邦得天下，首先就在於對秦制的承接與整合，在於沿用和改造秦職官系統，而這其中，沿襲於秦的宰相制度顯得至關重要。

二、從事實層面來看，在漢初，「漢承秦制」的發生與實現，極大地得益於宰相及其機構，這裡面的關鍵性人物是漢初第一相——蕭何。而這樣的歷史走向，無疑加重了漢初宰相的政治分量。先來看《史記‧蕭相國世家》中的一段敘述：

> 及高祖起為沛公，何常為丞督事。沛公至咸陽，諸將皆爭走金

〔註3〕「漢承秦制」已為學界常識，而關於「懲秦之敗」，《漢書》中也多有相關論述，如《刑法志》：「懲惡亡秦之政」；《藝文志》：「漢興，改秦之敗。」《梅福傳》：「循高祖之規，杜亡秦之路。」

〔註4〕《史記》卷55《留侯世家》，中華書局，1959年，第2038、2037頁。

〔註5〕卜憲群：《秦漢官僚制度》，社會科學文獻出版社，2002年，第75頁。

〔註6〕田餘慶：《說張楚》，氏著：《秦漢魏晉史探微》（重訂本），中華書局，2004年，第27頁。

帛財物之府分之。何獨先入收秦丞相、御史律令圖書藏之，沛公爲

漢王，以何爲丞相。……漢王所以具知天下阨塞，戶口多少，強弱

之處，民所疾苦者，以何具得秦圖書也。

從一定意義上來說，蕭何「收秦丞相、御史律令圖書」，乃是承接秦以來的宰相資料。正是因爲他「具得秦圖書」，才有了「漢王所以具知天下阨塞，戶口多少，強弱之處，民所疾苦者」。這不僅爲楚漢戰爭的最後勝利提供了堅強的政治保證和行政支持，更重要的是，自此，「漢承秦制」才算有了載體和基礎，眞正邁開了漢王朝制度建設的步子。

習史者皆知，秦的政治管理模式，乃是依憑著嚴密的制度加以展開，而這些制度的載體則是政府文書，即所謂「以文書御天下」。基於此，所謂的文法吏、文吏政治等得以生成，成爲了秦帝國頗具特色的政治樣式，而這些又被漢加以承接與改造。從這個角度來看，「漢承秦制」主要在於承接文書管理，並以之爲載體，對社會進行制度及政治控制。故而，《論衡・別通》感慨道：「蕭何入秦，收拾文書，漢所以能制九州者，文書之力也，以文書御天下。」閻步克指出：「在漢承秦制上，這批文書有承前啓後之功。……經戰國而秦漢，無文書則不足以御天下了。」〔註7〕總之，由宰相所主持的承秦制工作，既爲漢家天下奠定了行政基礎，也使得宰相及相權成爲漢初政治中舉足輕重的一部份，與整個漢王朝的建立、發展及行政運作密不可分，融成一體。

三、就「大變局」的底定，以及「漢家天下」的最終實現來說，在「布衣將相」中，「相」是主導，「將」則是輔從。

首先，從面上來看，「將」在前線衝殺，似乎是他們殺出了一片天下，然而，就質而言，在王朝方向性的把控上，則明顯是「相」高於「將」，因爲相攬全局；將在局部。關於這一點，劉邦有著清醒的認識。據《史記・蕭相國世家》，當天下已定，諸將爭功之時，高祖認爲蕭何「功最盛」，結果激起了武將們的反詰：「今蕭何未嘗有汗馬之勞，徒持文墨論議，不戰，顧反居臣等上，何也？」劉邦以「功狗」、「功人」來加以解釋，他認爲，諸將們的貢獻如同獵狗，其功勞在於「追殺獸兔」；而丞相蕭何的貢獻如同獵人，以「發蹤指示」爲特點，二者之高下不言而喻。也正因爲如此，高祖在給功臣定位次時，諸將中「身被七十創」，被公認「功最多」的曹參列在蕭何之後，形成「蕭

〔註7〕閻步克：《波峰與波谷：秦漢魏晉南北朝的政治文明》，北京大學出版社，2009年，第62頁。

何第一、曹參次之」的排序。劉邦的傾向性不是針對個人而發，其實質是對宰相貢獻的肯定。不僅如此，據《史記・曹相國世家》，曹參本與蕭何相善，「及爲將、相，有郤。」本來將、相矛盾使得二人愈行愈遠，然而，當曹參接續蕭何爲相後，不僅「蕭規曹隨」，處處遵行蕭何所定的規矩，且坦承不如前任，認定是「高帝與蕭何定天下。」作爲由將入相的曹參，他的改變，實質上是對「大變局」中宰相地位及價值的體認，在他看來，在「定天下」方面，「文墨論議」已超乎「汗馬之勞」。

其次，高祖一朝幾乎都處於戰爭環境中，但無論是「楚漢之爭」還是其後的平叛戰役，戰場皆在關東，根據地則在關中。當時的基本格局是，劉邦主要在關東一帶指揮作戰，關中之事無暇顧及，〔註8〕主要由宰相蕭何全權掌控，《史記・蕭相國世家》載：「專屬任何關中事」，「搖足則關以西非陛下（劉邦）所有」。我們可以看到，在與項羽戰事正酣的時候，劉邦屢敗屢戰，但此地的一次次補給使其重振旗鼓，贏得了最後的勝利，所謂「蕭何常全關中以待陛下，此萬世之功。」誠如有學者所指出的：「漢初功臣，蕭何居首，就因爲他成功地治理了巴蜀關中地區。」〔註9〕從這個意義上來說，關中乃是孕育漢王朝的所在，贏得天下從這裡起步。而此地的組織制度及社會基礎，由宰相蕭何及其所轄機構建立，所以，所謂「萬世之功」，乃是宰相之功，在此地得以建立及展開的宰相與相權，關係全局。

要之，從制度層面來看，漢家基業的開創，乃是從宰相及宰相制度開始，進而逐次展開。可以說，在「大變局」下，漢初脫胎於秦，又被加以改造了的宰相及宰相制度，既是「大變局」的重要後果，又是此局得以實現的基本力量。故而，要對此一變局有深入瞭解，宰相及相權問題就不可不察。長期以來，學界對於宰相問題的研究，多集中於西漢之後，近年來，秦相問題雖有論及，但對秦漢間相權的變化與演進作動態考察的專題研究，尚有不足。有鑒於此，筆者不揣淺陋，對此問題作一初步的分析，以就正於同道。

〔註8〕據陳蘇鎮的考證，在入都關中前，劉邦在此地「停留的時間加在一起也不過兩個月左右」，而此後至其去世的七年間，亦有「兩年七個月以上不在關中。」見氏著：《〈春秋〉與「漢道」：兩漢政治與政治文化研究》，中華書局，2011年，第58、59頁。

〔註9〕羅新：《從蕭曹爲相看所謂「漢承秦制」》，《北京大學學報》（哲社版），1996年第5期，第81頁。

二、秦漢間宰相地位陞降與事權伸縮

　　由前已知，秦漢政治與制度之間，呈現出既有延續性，又有差異性的特點。這種特點表現在相權問題上，使得宰相地位的陞降與事權的伸縮，具有鮮明的時代性。

　　習史者皆知，在中國官制史上，宰相一名只是一種慣稱。在漢代，以西漢成帝綏和元年爲界，此前的宰相，其官稱爲丞相、相國；「綏和改制」後，則爲「三公」。與「三公」時代分割相權不同，漢初屬於獨任宰相，此種制度直接移用於秦，《漢書·百官公卿表》載：「相國、丞相，皆秦官，金印紫綬，掌丞天子助理萬機。」

　　然而，秦漢之間雖都是獨任丞相，它們的差異又是巨大的，在相權最盛的西漢前期，遵循的是：「漢典舊事，丞相所請，靡有不聽。」〔註10〕而秦則是：「丞相諸大臣皆受成事，倚辨於上。……天下之事無小大皆決於上。」〔註11〕也即是說，在宰相獨任制下，秦相與漢相在地位及事權方面很不一樣，變化的總趨勢是，漢相的地位與事權大大超越了秦，爲此有學者將其稱之爲「丞相集權」。〔註12〕那麼，這種狀況具體表現在哪些方面？其原因何在？影響如何呢？下面，具體論之。

　　由地位來看，在相權「最高峰」的漢初，相位之尊崇，主要體現在兩大方面：一是君王的禮遇；二是擁有實際權益。而秦則反之。

　　所謂尊崇，表現在面上的，就是禮遇與尊重。漢初的宰相們，或許是帝制時代中最得君王禮遇的群體。需指出的是，此種現象的出現，並非因君臣私人關係而臨時發生，而是有著嚴格規範的制度保證。《漢舊儀》載：皇帝見丞相時，要爲之起立行禮，而且「丞相有病，皇帝法駕至親問病，從西門入。即薨，移居第中，車駕往弔。賜棺、殮具、贈錢、葬地。葬日，公卿以下會送。」〔註13〕而秦相不僅沒有以上待遇，甚至難得善終。

　　當然，地位的高下，最終還需落實到實際權益上去。而在帝制時代，這種權益的獲得，實質上乃是皇權讓渡部份權力和利益的問題。因爲從法理上來說，權力的最終來源在於君王。因爲天下本就是皇帝的，倘以今日的經濟

〔註10〕《後漢書》卷46《陳忠傳》，中華書局，1965年，第1565頁。
〔註11〕《史記》卷6《秦始皇本紀》，第258頁。
〔註12〕周道濟：《漢代宰相機關》，《大陸雜誌》社印行：《秦漢史及中古史前期研究論集》，1960年，第21頁。
〔註13〕孫星衍等輯、周天遊點校：《漢官六種》，中華書局，1990年，第66、71頁。

學理念來加以比擬，將國家看作一個大的公司，皇帝接近於產業所有人的角色，而且是唯一法人，具有獨佔性，不可僭越。換言之，天下為皇帝所獨有，他人不可染指。但此外，還有管理權與收益權的問題。它主要關聯著帝制時代那支龐大的管理團隊——官僚隊伍。由於整支團隊擔負著重要權責，為了使得工作及效益更為有效、持久，在管理過程中，所有的權力未必都要操弄於君王之手，在成果的享有方面，也不一定不可以廣納眾人。也即是說，在必要情況下，皇帝需要讓渡部份權益，以實現與群臣的共治、共享，如此，江山社稷才能擁有更為牢固、寬廣的支撐。而就宰相來說，作為群臣之首，君權首輔，皇帝如果是「董事長」的話，他就相當於「總經理」，是整個管理團隊中最應該授權與受益者，為了「公司」的長久發展，他的權力和地位，應該具有穩定的保障。

所以，比之於秦之皇權強大、功臣勢弱；漢初則是皇權威勢相對弱化，群臣力量增強。雖也有矛盾存在，但君臣之間的合作共存卻是主要的。職是故，朱東潤提出了「高帝與功臣共天下之局」〔註14〕的概念。從本質上來看，所謂「共天下之局」，實為秦漢間「大變局」的成果，或者說就是它的一部份。其典型表現，濃縮為漢初以來君臣之間所達成的「非私之」與「共安利之」的觀念。〔註15〕在這種權益的輸出與讓渡中，君臣之間的交流呈現出雙向性，而在這其間，宰相是最重要的聯結點。

按照這樣的思路，再來比較秦漢之間的政治，就可以發現，秦、漢皆為帝制時代，在皇權獨有天下這一點上毫無二致，所不同的只是，與漢初的「有限皇權」相比，秦代是皇權高度集中的時代，甚至擴張至無所不包，毫無限度。〔註16〕從特定視角來看，秦收權於上，最大限度地擴張著皇帝的獨治、獨享，在這一政治形態下，所有權與管理權不分，臣下的收益權沒有穩定的保障。而漢初則是共治、共享，以宰相為首的官僚隊伍，有著古代世界中極為充分的裁量權。也即是說，皇權掌控所有權，官僚隊伍擁有穩定的管理權及收益權，在權責上存在著較為良好的界定與分離。就漢與秦的差別來看，

〔註14〕朱東潤：《史記考索（外二種）》，華東師範大學出版社，1996 年，第 57 頁。

〔註15〕關於此點，可參看《漢書·高帝紀下》所載的高祖五年的諸侯勸進書，及十一年二月、十二月三月的詔書。

〔註16〕關於漢初的「有限皇權」及秦的「絕對專制皇權」，可參看李開元：《漢帝國的建立與劉邦集團：軍功受益階層之研究》，生活·讀書·新知三聯書店，2000 年，第 249～250 頁。

它不僅是承認現實，水到渠成的後果，更有漢反思秦政，進行糾偏的考量。它在使得漢政治生命力超過秦的同時，也帶來了漢初相權之盛。周道濟指出：「天子對於丞相敬信有加，可說將處理國家庶政的大權完全付於丞相。」並呈現出「曲君伸臣」的政治態勢。〔註17〕

秦則不然。由前已知，在秦政下，「天下之事無小大皆決於上」，以宰相為首的群臣集團，幾乎毫無實權可言，他們的利益，乃至生命，皆可隨時剝奪。質言之，由於君權或皇權的過份強大，秦相權力有限且地位不穩。或許有人會說，呂不韋、趙高等作為秦相，不也一度權勢衝天嗎？但前已論及，所謂秦漢間，主要指的是，秦統一前後至漢初這一過渡時段。所以，一則呂不韋所擁有的權力，不僅在帝制確立，甚至在秦始皇親政之前，那時相權尚有空間。但以始皇親政乃至確立皇帝制度為分水嶺，相權及官僚權力呈現的狀態卻是「屈臣伸君」，即君權越來越大，相權日益萎縮，直至在制度安排上，發兵五十人都需經過君王。〔註18〕二則從一定意義上來看，呂不韋和趙高的權勢，更多的是非制度性的安排所致，並非由相位所帶來。要之，秦的總趨勢是，君王日益集眾權於一身，而少有分權之事。在強大的君權面前，秦相之位極為脆弱。尤其是伴隨著秦始皇統一中國的完成，秦代專制政治進入了高峰，在秦帝制下，官僚機構的運行完全是圍著皇帝一人而來，屬下幾乎沒有主動權。所以，李斯雖自詡：「人臣之位無居臣上者」，〔註19〕但他一則事事仰賴於上，揣測上意；二則作為百官之長，往往要代皇帝受過，做替罪羊，〔註20〕但即便如此，最終還是逃不過一死。總之，在皇權的獨治、獨享下，秦相難有禮遇之事，其地位與漢初宰相有著極為鮮明的反差。

地位的高下，也決定了秦相與漢相在事權方面的表現很不一樣，具體說來：

〔註17〕周道濟：《西漢君權與相權之關係》，《大陸雜誌》社印行：《秦漢史及中古史前期研究論集》，第 12 頁。

〔註18〕關於這點，可參看陳直：《秦兵甲之符考》，《西北大學學報》（哲社版）1979年第 1 期。

〔註19〕《史記》卷 87《李斯列傳》，第 2547 頁。

〔註20〕《史記・蕭相國世家》載：「李斯相秦皇帝，有善歸主，有惡自與。」按：此種作為非個體表現，而是法家理論的基本要求。《韓非子・主道》曰：「有功則君有其賢，有過則臣任其罪。」《八經》則說：「事成則君收其功，有過則臣任其罪。」

1、事權的性質不同。簡言之，秦、漢宰相之事權雖都來自皇權，但前者是皇帝歸總一切的宰相代辦制；後者則是皇帝領導下的宰相負責制。

眾所周知，宰相是帝制時代的「大管家」，大量的軍國大事需經他們之手得以具體的處理，但放多大的權，給他們什麼類型的處置權力，則由皇權決定。在秦代，「丞相諸大臣皆受成事，倚辨於上。」所以，秦相的基本面就是做一名重要辦事員，即天下最大的吏，或者說，最大的監工而已，其間並無多少自主權。而漢自建基以來，宰相在處理政務中就有很大的自主性，從「專屬任（蕭）何關中事」開始，一直到景武時代，皆是如此。與後世限制相權不同，總的來說，劉邦雖也有所猜忌、防範，但自楚漢相爭以來，專注於軍事的劉邦，在具體的政務及組織系統內，不得不依靠宰相，也不得不使得相權得以擴張。而高后、惠、文沿襲著高祖時代的傳統，放手讓宰相處理各項事務，它由此成為了一種政治習慣，乃至漢制的一部份。

基於秦漢的這種不同，有學者評述道：「如果說由於秦始皇極端獨裁專制，躬自理政，秦之丞相往往被至於皇帝幕僚長的地位，那麼西漢前期的丞相就有所不同了，西漢皇帝之下大體是實行丞相負責制的。」〔註 21〕筆者以為，西漢作為皇帝領導下的宰相負責制那是毫無疑問的，而將秦相比之為幕僚長，卻未必道盡了全部內容，或者核心所在，因為幕僚多有「務虛」性質，實際政務相對涉及較淺。而宰相則在「掌丞天子處理萬機」中，必須面對大量繁雜的事務，有時往往要深入一線，而不能僅僅坐而論道。加之秦代權收之於上的特殊性，秦相以「辦事」為主，與其說他是幕僚長，不如說更像執行官，或者也可以說，秦相之權責，近似於後世的內閣與軍機處的職能疊加，而且還更為傾向後者。〔註 22〕從這個角度來看，筆者以為，在事權類型方面，秦應為代辦制，即替皇帝辦事而已。與責任制相較，治權極不充分。

2、在事權廣度上，秦不如漢。「西漢宰相的職權，無所不統，無所不包，

〔註21〕 李治安、杜家驥：《中國古代官僚政治》，書目文獻出版社，1993 年，第 27 頁。此外，李俊也認為：「宰相之官，其性質，如從其史的發展上觀之，乃係君主之幕僚長，完全對君主負其責任。」氏著：《中國宰相制度》，商務印書館，1947 年，第 1 頁。

〔註22〕 據《史記·李斯列傳》，李斯下獄後向朝廷上書，以所謂「七罪」，來歷數自己的宰相之功，雖不乏誇大其詞，但七點都是討論執行具體事務，而沒有涉及或點明與幕僚最為相關的參謀籌策。

受君主之命，統領百官，實擁有統治國家的完整權力。」〔註23〕而秦相不僅不存在「無所不包，無所不統」的事權，而且時時被提防猜忌，他們的權限完全取決於上意，及君臣間的政治博弈。

據《史記・秦始皇本紀》，始皇晚年時，「莫知行之所在，聽事，群臣受決事，悉於咸陽宮。」在群臣見不到皇帝的情況下，宰相與其它臣子一樣不過是「受決事」，皇帝給什麼事，就做什麼，治事的範圍，完全取決於皇帝一人之心。至秦二世時，則不與公卿議，「常居禁中，與（趙）高決諸事。」宰相李斯等完全被閒置，事權被剝奪。不僅如此，即便在宰相用事，事權完備的時段，秦相也時時被提防。如李斯車騎過多，始皇震怒，當李斯聞知後折損車騎，始皇則追查泄密者，並為此殺盡身旁隨從。在這樣的政治狀態下，宰相治事的範圍只能呈壓縮之勢。總之，秦相的事權範圍遭皇權擠壓，漢初宰相則事權擴張，範圍極廣。

3、在事權的力度上，秦漢之間不可同日而語。

倘將事權進行細化，或許可分為議事、治事、監事三大部份。就議事權來說，一般應由百官之長的宰相領銜主持，這一點在漢初早已成為制度。而且，宰相不僅領銜議事，他們還可不請而治事，反之，宰相不「請事」，皇帝竟不能主動「治事」，〔註24〕治事權之大令後世瞠目。秦是否也是如此呢？當然不是，由前已知，他們往往「受決事」，根本沒有參與討論大政的餘地，由此一點，則秦相是否有充分的議事權，都是一個疑問。即便是議事，秦相也不能與漢相併論。《史記・秦始皇本紀》載，在議帝號時，丞相具名在前，有學者遂認為，其與西漢一樣，可領銜議事。〔註25〕然而，在《秦始皇本紀》所載的琅琊刻石中，丞相不僅排在通侯、倫侯之後，而且明言道：「從，與議於海上。」則在秦朝政治中，領銜議事者，不一定非宰相不可。而在監事權上，秦相大致只限於對「成事」的監督而已，所遵循的所謂「督責」之法，只對下不對上，對於參與其事的皇帝，則毫無權力加以諍諫，所謂「臣不敢不竭能以徇其主矣。」〔註26〕加之皇權意志事事掣肘，則其監事權之逼仄，

〔註23〕 周道濟：《西漢君權與相權之關係》，大陸雜誌社印行：《秦漢史及中古史前期研究論集》，第 11 頁。

〔註24〕 祝總斌：《兩漢魏晉南北朝宰相制度研究》，中國社會科學出版社，1998 年，第 28 頁。

〔註25〕 安作璋、熊鐵基：《秦漢官制史稿》（上冊），齊魯書社，1984 年，第 33 頁。

〔註26〕 《史記》卷 87《李斯列傳》，第 2554 頁。

可想而知了。而漢初宰相不僅監臨百官，對於皇帝成命亦可行使封駁權，〔註27〕在具體政務中，可謂全面監臨，毫無滯礙。

總之，雖都是丞相獨任制，但秦、漢之相權，輕重不同，前者地位不穩，毫無禮遇，不過是高度皇權下的一個監工而已，或者說，秦相只是代辦制下的首吏。而後者則地位尊崇，禮遇備至，在宰相責任制下深入政務的每一層面。因而，在事權方面，比之於秦，漢初宰相擁有完備的治權，無論在廣度和深度方面都不可同日而語。這些差異，與秦君主獨享、獨治；而漢君臣共享、共治的理念深有關聯，並由秦漢之間的政治鬥爭所拉動，深刻地影響了當時的歷史走向及後世的政治精神。

三、從「主事」到「主臣」：由秦漢之際的政治看漢相性格的形成

在前面，我們已經對秦漢間的宰相事權作了初步的分析。但必須指出的是，倘以政務或具體事務來討論全部相權問題，則容易流於事務主義的考察。筆者以為，一項制度必須要有其精神歸宿或文化積澱，才能具有活潑的生命力與內在動能，否則，這一制度就是徒具形式的軀殼。職是故，筆者特別關注秦漢之間宰相精神或政治性格的重構，因為它才是制度遞嬗的發動機。而且因這一自覺意識的產生，宰相權力在帝制時代的合理性才能得以確立，它既來源於當時的政治實踐，又反過來驅動著政治的走向。而這其中最為重要的，就是由「主事」向「主臣」的意識轉換。史載：

> （漢文帝與丞相周勃、陳平朝會），問右丞相勃曰：「天下一歲決獄幾何？」平謝曰：「不知。」問：「天下一歲錢穀出入幾何？」勃又謝不知，汗出沾背，愧不能對。於是上亦問左丞相平。平曰：「有主者。」上曰：「主者謂誰？」平曰：「陛下即問決獄，責廷尉；問錢穀，責治粟內史。」上曰：「苟各有主者，而君所主者何事也？」平謝曰：「主臣！陛下不知其駑下，使待罪宰相。宰相者，上佐天子理陰陽，順四時，下育萬物之宜，外鎮撫四夷諸侯，內親附百姓，使卿大夫各得任其職焉。」孝文帝乃稱善。右丞相大慚，出而讓陳平曰：「君獨不素教我對？」陳平笑曰：「君居其位，不知其任邪？且陛下即問長安中盜賊數，君欲強對邪？」〔註28〕

〔註27〕關於此點，可參看安作璋、熊鐵基：《秦漢官制史稿》（上冊），第33～34頁。

〔註28〕《史記》卷56《陳丞相世家》。第2061～2062頁。對於「主臣」的解釋，《集解》引孟康曰：「主臣，主群臣也，若今言人主也。」韋昭曰：「言主臣道，

所謂「臣」有廣狹二義，廣義包括天下所有的臣民百姓，狹義則是官僚隊伍，當然在具體執行中，以後者為核心。那麼「主臣」，就是對官僚隊伍的掌控，並由此推至管理和服務百姓。筆者以為，這段著名的宰相故事，與其說反映的是對職守的體認，莫若說體現了漢初之人對宰相精神或政治性格的追問。可注意的是，當文帝提出「君所主者何事」的時候，他的觀念還停留於事務主義之中，說白了，還拖著秦意識的尾巴，單純以「事」為核心來考核宰相工作。而陳平的著眼點與此不同，由「知其事」轉為「知其任」，也即是說，對宰相的職任、責任進行定位。這種認識不是陳平一人一時之見，乃是在長期的實踐中逐步形成的理念，並與由秦入漢的政治走向密切相關。

事實上，當宰相制度確立以來，其職掌的範圍及具體內容就難以指標化。宰相具體管什麼，在《漢書·百官公卿表》中，被很籠統地概述為「掌丞天子助理萬機」。對於這種沒有明確權力界定的狀況，西方漢學家評述道：「除了一些籠統的詞彙，丞相的真正職責如何，毫無交代。」〔註29〕然而問題是，一旦陷入具體事務中，宰相就不再是「無所不統」的君王首輔了。因為就具體政務的處理來說，如果不能有所放棄，「無所不統」，必至於「無所統」，或者只能轉而為事實上的治「決獄」之廷尉，管「錢穀」之治粟內史，或這些職能之疊加。更何況，事物繁雜之下，任何細事都要過問，如「長安中盜賊數」等問題，宰相怎能一一顧及過來呢？有鑒於此，漢人遂逐漸形成了這樣的認識：宰相不應限於政務細節之中，應更加務虛，所謂「宰相器」者，應「知大體」，有寬仁的「長者之風」。〔註30〕

這種認識與陳平「主臣」的路子一脈相承，是懲戒「秦政之失」的必然。從一定意義上來說，作為對「主事」的糾偏，「主臣」主義乃是對秦制中法家意識的消解，對制度進行精神重構的直接後果。尤為重要的是，由「事」的完成，移向對「人」的關注，遂使得政治中的人文主義得以抬升。

不敢欺也。」按：「主臣」乃承接上句「君所主何事也」而來，應該說意義本是十分明確的。但或許由於「主臣」有著擬於人主的威勢，故後世常常難以接受。所以《集解》又引張晏曰：「若今人謝曰『惶恐』也。」然而，與後世不同的是，漢初宰相權力威重，君主禮遇備至，在宰相負責制下，對於其它朝臣具有極大的裁量權，所以，「主臣」應以前者之意為是。

〔註29〕 Hans Bielenstein, *The Bureaucracy of Han times*（New York: Cambridge University Press, 1980），pp.7～8.

〔註30〕 參見《漢書·丙吉傳》、《後漢書·寇恂傳》。

　　由前已知，在秦政中，宰相就是最大的主事者，或者也可以說，秦政的一大特色就是事務主義，宰相處於諸種事務的中心。從本質上來看，它反映的乃是法家精神。《韓非子・忠孝》說：「盡力守法，專心於事者爲忠臣。」在法家看來，「忠臣」就是做事的，做什麼事呢？君主所交代的政務。怎麼做？或者做好的標準是什麼呢？以法衡之。故而《韓非子・定法》說：「賢者之爲人臣，無有二心。朝廷不敢辭賤，軍旅不敢辭難，順上所爲，從主之法，虛心以待令，而無是非。」要之，法家政治下的標準臣子，乃是置道義於一旁，每日忙碌於人主分派，法令來衡定之的所謂事務即可。秦相作爲最大的吏，就只不過在金字塔的頂端直承上意，層層督責而已。毫無疑問，在秦政之下，秦相併不好當，諸般事務皆在其問責範圍內，一事不濟，皆可爲過。如李斯爲相時，「使者覆案三川相屬，誚讓斯居三公位，如何令盜如此。」〔註31〕這與陳平所譏諷的：「即問長安中盜賊數，君欲強對邪？」直五十步與百步之別耳，在精神上是完全相通的。

　　毫無疑問，這種事務主義有著理性與可操作性的一面，但其事、其法走入極端，則往往走向異化，甚至反面。這種異化至少帶來兩大負面效應：1、爲政苛細，對於國家及政治的大勢認識不清。所謂：「俗吏之所務，在於刀筆筐篋，而不知大體。」〔註32〕這種狀況如不加以改進，就會在具體政務中刻剝百姓，徒具形式，形成「稅民深者爲明吏」、「殺人眾者爲忠臣」的局面。〔註33〕漢初，秦的前車之鑒猶在，時人對於秦政的苛細感觸極深，所以，不計較細事，「知大體」遂成爲官吏，尤其是「宰相器」的重要元素。2、在秦政下，埋頭於事務主義之中的秦吏們多是一些技術型官僚，《鹽鐵論・刑德》評價韓非「不通大道而小辯」，移之於秦吏亦恰如其分。在這樣的目標取向下，漢人已經注意到，秦政下的官僚們執著於「事」，而「道」則缺失嚴重。在「獨尊儒術」後，漢人往往喜歡將重「事」的吏與重「道」的儒生加以比較，如《論衡・程材》說：「儒生所學者，道也；文吏所學者，事也。」漢初，儒術雖尚未全面佔據政壇，但「尋道」之路卻已開始展開。就宰相制度而言，人們在反思事務主義的進程中，「知大體」、「體大道」已日益成爲趨勢。

　　固然，「政事」就是要辦「事」的，世上哪有不辦「事」的政治呢？從這

〔註31〕《史記》卷87《李斯列傳》，第2554頁。
〔註32〕《漢書》卷48《賈誼傳》，中華書局，1962年，第2245頁。
〔註33〕《史記》卷87《李斯列傳》，第2557頁。

個角度來看，「事務主義」之弊，其本質不在「事」之上，而是「事」的苛細對人本、人文的扭曲，以及由此產生的文牘主義、徒具形式、寡恩少義。它最終造成了爲政之道的失墜與異化，也遮蔽了宰相之道，漢人非得更張不可。因而，陳平所謂：「宰相者，上佐天子理陰陽，順四時，下育萬物之宜，外鎮撫四夷諸侯，內親附百姓，使卿大夫各得任其職焉。」本質上就是對法家事務主義的拋棄，是宰相之道的新闡揚。

那麼，如聯繫秦漢間的政治，這種宰相之道或者漢相性格，應主要落實在哪些層面？與「主臣」理念有何密切的關聯呢？

首先，陳平之言的核心在於：由宰相工作，造就出「天人和合」的局面，這就與秦相的「主於事」劃開了界限。由前已知，陳氏以上、下、外、內四大方面來概論宰相職任，而其中所謂的「下」，並沒有實際內容，即便有，也可由「上」發之，即天地陰陽是也；所謂的「外」，固然是實際政務之所繫，但如比較秦政治，可以發現，秦、漢在這點上毫無二致。也就是說，對於秦，它並無創新與推進。真正不同於秦，又有實際意義的，乃是「上佐天子理陰陽，順四時」，「內親附百姓，使卿大夫各得任其職焉。」二者的良性結合，即是「天人和合」。

或許有人會說，此套說辭已類「天人災異」，該理論不是董仲舒之後流行起來的嗎？然而，理論成果歸根結底來自於實踐，且都有其內在的歷史連續性。董氏的理論，乃是「在尚力的政治需求遭遇普遍反思」〔註34〕的背景下累積而來，所以，其災異說並非個人心血來潮的發明創造，倘追其直接的緣起，漢初的政治積纍及反思爲重要基點，董氏的貢獻主要在於：理論化、系統化、儒家化。具體說來，漢初之人普遍相信天命的意義及對人事的指導，在政治上戰戰兢兢，奉天行事，如漢文帝詔令中就曾有：「人主不德，布政不均，則天示之災以戒不治。」〔註35〕這實質上已爲後世的「天人災異」說導夫先路。爲此，趙翼在《廿二史箚記》中提出「漢詔多懼詞」的見解。要之，懼怕天譴，成爲了漢初以來，乃至整個漢代政治的一大特色。

毫無疑問，這種特色深刻地影響了漢代及後世政治，與此同時，它又是秦政的反動，及對斷裂傳統的接續與闡揚。

〔註34〕黃曉軍：《董仲舒天人架構王道政治哲學新解》，《人文雜誌》2014 年第 3 期，第 23 頁。

〔註35〕《漢書》卷 4《文帝紀》，第 116 頁。

　　習文史者皆知，「天命論」在三代以來即已流行，並成爲統治者的至高戒律。至戰國時代，在諸子的渲染之下，「五帝三王」成爲了尊崇天命的最大代表。然而，崇尚法家的秦統治者，不僅對此理論嗤之於鼻，而且譏諷道：「古之五帝三王，知教不同，法度不明，假威鬼神，以欺遠方，實不稱名，故不久長。」他們認爲，只要「法令由一統」，就可以天下大治，「上古以來所未有，五帝所不及。」〔註36〕要之，現實中的威勢才是力量之源，只要「久處尊位，長執重勢」〔註37〕，就可以擁有一切。所以，雖秦統治者也迷信鬼神，但從基本政治理念來看，在秦政中，現實的力量就是政治之「道」，而非其它。因而，天命、鬼神等，被認作蹈空之論，「五帝三王」被嘲諷，鬼神無所畏，天下只有唯我獨尊的「秦聖」。

　　然而，強秦轟然倒塌，「布衣將相之局」橫空出世，不僅改寫了歷史，也讓時人再一次感受到了天命的無常與震撼。劉邦自陳：「吾以布衣提三尺劍取天下，此非天命乎？命乃在天！」太史公則感歎：「豈非天哉？豈非天哉！非大聖孰能當此受命而帝者乎？」〔註38〕秦漢之際，曾被秦王朝拋棄的「天命論」不僅回潮，而且深刻影響著政治。所以，漢雖在制度上用秦，在法統上，卻是「繼五帝三王之業，通理中國。」〔註39〕既如此，「天命」就必須凌駕於秦制之上，或者也可以說，「秦制」的技術性層面保留，但其靈魂或精神必須袪除，而代之於「五帝三王」以來的「大道」。於是，在「宰相之道」中，首先關注的就不再是具體事務或文法，而是天道或陰陽。所有的「盡人事」，都只爲達到「天人和合」。也即所謂的「上佐天子理陰陽，順四時」，「內親附百姓，使卿大夫各得任其職焉。」

　　其次，在所謂的「天人」之間，「天」——「陰陽」、「四時」等，並不能主動展現自己，廣義的「臣」，也即「人」——百姓與卿大夫，尤其是百姓，才是最後的決定性要素。所以，雖說「安民之道，本繇陰陽。」〔註40〕但實質上「天」的感受歸根結底就是民眾的感受，所謂：「天視自我民視，天聽自我民聽。」〔註41〕換言之，「親附百姓」才是「道」之基石。漢人非常明白這

〔註36〕《史記》卷6《秦始皇本紀》，第246～247頁、236頁。
〔註37〕《史記》卷87《李斯列傳》，第2556頁。
〔註38〕《史記》卷8《高祖本紀》，第391頁；卷16《秦楚之際月表》，第760頁。
〔註39〕《史記》卷97《酈生陸賈列傳》，第2698頁。
〔註40〕《漢書》卷9《元帝紀》，第284頁。
〔註41〕《孟子·萬章上》引《太誓》語。

一道理，《鹽鐵論・刑德》說：「人主之所貴，莫重於人。故天之生萬物以奉人，主愛人以順天也。」也正因為如此，漢政一直強調：「仁惠撫百姓，恩澤加海內。」「盛德上隆，和澤下洽，近者親附，遠者懷德。」〔註42〕質言之，施恩義，得民心，不僅是政治所必需，亦是和順陰陽的基礎。這就使得漢政治與「事皆決於法，刻削毋仁恩和義」〔註43〕的秦政，在精神或性格上劃清了界限。

就論題所及，在「人」的因素中，「親附百姓」的意義固然可以理解，那麼，「使卿大夫各得任其職焉」又有何作用呢？答案是：對民眾有效管理的需要。雖說在當時的意識形態中，「承天理民」主要是帝王之任，〔註44〕但「理民」的具體實施者卻是各級官吏，從一定意義上來說，吏治清平，則天下安定。尤其秦因「稅民深者為明吏」、「殺人眾者為忠臣」，最終二世而亡，這就使得漢初統治者深引為戒。在《漢書・惠帝紀》所載詔令中，曾這樣說道：「吏所以治民也，能盡其治則民賴之。故重其祿，所以為民也。」從此詔可以看出，在漢初統治者看來，為了安民，必須重吏。再進一步言之，官吏乃是國家政體的重要組成部份，要做到安民，就必須由君王與官僚群體共同努力，才能達其目標。《新書・大政上》曰：「聞之為政也，民無不為本也。國以為本，君以為本，吏以為本。」總之，政治上的以民為本，如果只有國家及君王層面的重視，而不及於官吏，那就不完整，政治目標也必將無法達成。

所以考察兩漢「懼詞之詔」，可以發現一個基本事實，當陰陽不調，災異顯現之時，漢帝在自責中，往往要反省吏治是否得當，或戒飭有司謹守職任。這一政治性格在漢初已經奠定，如《漢書・惠帝紀》所載詔令中就有：「各敕以職任，務省繇費以便民。」要之，要做到「親附百姓」，就必須在狹義的「主臣」上下工夫，或者也可以說，「使卿大夫各得任其職焉」，乃是「親附百姓」的重要制度基礎與政治保證。

再次，從特定視角來看，漢初宰相精神的建構，就是從事務主義或文法主義走向「百姓親附」之路的進程。

由前已知，漢代相制建立的關鍵性人物是蕭何，同時，他也是漢承秦制的核心人物。比較後世的漢相，蕭何對於秦制承接性的一面顯然更為居多，

〔註42〕分見《史記・律書》、《漢書・嚴助傳》。
〔註43〕《史記》卷6《秦始皇本紀》，第238頁。
〔註44〕《後漢書》卷5《安帝紀》，第210頁。

故而有學者認爲：「在統治精神上，漢也繼承了秦，標誌性的人物就是蕭何。我們說蕭何身上有著鮮明的法治傾向，也就意味著，漢初的統治精神就是法治。」〔註45〕毋庸諱言，在蕭何承接秦制之時，秦的法家精神被或多或少地被帶入了漢，但如若因其用秦法，而推出「有著鮮明的法治傾向，也就意味著，漢初的統治精神就是法治」這樣的結論，則稍有欠妥。理由在於，此處的所謂「法治」，倘將其認定爲法家之精神，則漢初無論如何也不能與之對接，否則，那不是接續亡秦，自尋死路嗎？倘以文法的使用爲「法治」，則古今中外，這樣的「法治」又何曾斷過？簡言之，秦漢之間皆以法理政，但其不同，卻也十分明顯，那就是精神或性格上的異趣。秦是「事皆決於法，刻削毋仁恩和義」；而漢則要求「親附百姓」。所以，漢初用秦之法制是一回事，政治精神上則又是另一回事。

所以，蕭何固然有搬用秦法的一面，但改造精神一開始就與之共存。其中最明顯就是克服法家的刻薄寡恩，將「親附百姓」擺到了核心位置。〔註46〕《史記·蕭相國世家》載：「得百姓心，十餘年矣，皆附君（蕭何），常復孳孳得民和。」爲了做到這些，在「主臣」方面，蕭何力圖改變過往的觀念和方式方法，對於百姓不再以法家式盤剝爲主基調，而代之以「仁恩和義」。與此同時，就制度設計而言，開始在鄉中設置三老，「與縣丞、尉以事相教。」「三老」原本是民間社會中的自治力量，在鄉村中以其年望獲得威權，秦奉行「國家主義」，對於這種民間力量大爲打壓。張金光指出：

〔註45〕 羅新：《從蕭曹爲相看所謂「漢承秦制」》，《北京大學學報》（哲社版），1996年第5期，第82頁。

〔註46〕 當然，秦法家政府並非毫無恤民之舉，漢代「過秦」中所給出的秦面貌，也很可能有意地遮蔽了這些方面的存在，關於這一點，可參看趙凱、孫九龍：《試析秦代的恤民惠政——簡論漢代「過秦」思潮中「秦無養老之義」之說》（中國秦漢史研究會第十四屆年會暨國際學術研討會（2014年8月四川成都）論文集）但是，從主流思潮及具體後果來看，在秦政治運作中，所謂「恩義」是次要的，它可能主要存於「俗」中，且必須讓位於「法」。在制度精神的層面，按照法家理念，與其籠絡人心，莫若直接採用暴力，所以《韓非子·用人》鼓吹道：「釋法術而心治，堯不能正一國。」也所以，不可否定的事實在於，秦之亡，重要原因在於過於迷信「法」，對百姓用之過甚，在搖手觸禁間毫不顧及百姓的内心感受。故而，在《史記·陳涉世家》中才會有「天下苦秦久矣」的呼號，如果說這只是代表了關東百姓的心理；則由《史記·高祖本紀》中的「父老苦秦苛法久矣」，可以瞭解，作爲秦大本營的關中，老百姓也一樣承受著嚴苛的酷法，爲此而痛苦不堪。

（三老）這類人物受到秦政權的排擠。因而，在秦末反秦戰爭中便首先成爲秦政權的異己力量。……重視利用「三老」者流傳統勢力，採取地方老人政治，與秦基層用人傳統不同。被秦拋棄的東西，又被漢撿起來。〔註47〕

就論題所及，這一舉措至少有兩大意義：1、承認民間自治力量，對於細事不再依靠國家力量實施滲透，此與去「主事」，主張「主臣」，在立場上血脈相通。2、它改變了秦吏的民間結構，更改變了秦「以吏爲師」的政風，爲漢世的「條教」之風導夫先路。沿著這一理路，據《史記·曹相國世家》，曹參爲相時，「吏之言文刻深，欲務聲名者，輒去之。」從表面上看，它似乎只是「無爲而治」的需要，但就本論題而言，它所反映的則是，漢相對秦以來「主事」作風的消解，因爲「蕭規曹隨」，曹參既然對蕭何之規「守而勿失」，則其「不事事」，實在是對蕭何以來「宰相之道」的演進與發展，而非反之。

　　總之，斑斑可見的事實足以說明，從蕭何開始，從「主事」走向「主臣」已然暗潮湧動，歷經實踐的摸索，漢相性格日漸清晰，那就是，去細事；「知大體」；「理陰陽」，通過「主臣」，達到「百姓親附」，它既是對秦政的反動，更成爲「漢家之道」的重要組成部份。

四、「功臣政治」下的漢相身份與相權

　　漢高祖五年（公元前202年），劉邦統一天下，漢帝國宣告成立。作爲「大變局」的推動者與受益者，「布衣將相」們開始分享與爭奪勝利的果實。毫無疑問，每當王朝初建之時，開國功臣們總是要佔據各種權益，在政治博弈中形成各具特色的「功臣政治」。在這一問題上，漢不僅不例外，而且表現得更爲顯著，漢初特色鮮明的「共天下之局」就是最好的例證。

　　就論題所及，漢相在「功臣政治」中所擁有的地位最爲關鍵，從特定視角來看，正是它特殊的政治角色及作爲，成爲了漢模式得以建立與展開的關鍵。那麼，具體說來，漢初宰相角色有哪些呢？最核心的當然就是輔佐君王統領庶政，此點在前面已反覆論證，作爲共性問題，無需再論。此處要重點考察的，乃是漢初宰相的個性角色，值得注意的有如下幾點：1、在皇權與臣權的制衡中，相是君臣之間的聯接點，它既是群臣代表，又是皇權的有機部

〔註47〕張金光：《秦制研究》，上海古籍出版社，2004年，第577頁。

份。2、在將、相的分化與整合中，與將「主爵」不同，相偏於「主秩」，領導著「吏系統」全力維護皇權。3、與王國臣相較，漢相乃是漢廷臣的最大代表，對於中央集權的發展，有著不可替代的意義。下面，就具體論之。

先看第一點。

如果將漢初的君臣架構及政治互動，與秦相較，可以發現，它們外在系統一致，但內在秩序卻很不一樣，其中最重要的表現，就是宰相總領群臣，與皇帝構成各種政務交流。具體說來，秦屬於君主與公卿的一一對應，為直線平行管理，所謂「丞相諸大臣皆受成事，倚辨於上。」也即是，各位公卿大臣都可單獨與皇帝發生聯繫，相互之間完全可以不交集；而漢初因為奉行宰相負責制，宰相負有對卿乃至整個官僚隊伍的統管權，以一公領眾卿，它們之間存在著明確的節制統屬關係。〔註48〕質言之，公卿為一整體，宰相為團隊首領，一般來說，君臣之間的傳達與交流都須通過這一中軸。由此，在「共天下之局」中，宰相就成為了臣權的當然代表，從一定意義上來說，只要皇權對群臣進行權益讓渡，相權就首先應該得以保障與擴展。

然而，相權的重要性又不僅僅在於其臣之屬性。習文史者皆知，中國古代的政治以「家國同構」為特點，由此，在政治實踐中，不僅代表國家層面的「社稷」備受重視，表現祖宗意義的「宗廟」亦佔據著不可或缺的另一翼，對於君主來說，其政治底線不是政權的實際擁有，而是宗廟祭祀權，所謂「祭則寡人」。〔註49〕只要宗廟祭祀權猶在，就意味著祖宗之業還在相傳不墜。

要之，社稷與宗廟乃是中國古代政治中一體兩面的符號。在漢王朝，對於這一政治符號亦極為重視，但前者作為公共物，可與臣民共之；後者則為私家之物，唯有天子可承之。或者也可以簡單概述為，前者乃公共領域的漢家之事，後者則為劉氏私家之事。作為臣子，除了宗室因特殊身份可參與其間，一般都是不能參與到劉氏家事中去的。然而，西漢宰相卻有此特權，有研究者指出，西漢丞相「有管理宗廟的權限和職責。」〔註50〕這一職任是意味深長的。《漢書·孔光傳》所載漢帝詔書中，曾這樣說道：「丞相者，朕之股肱，所與共承宗廟，統理海內，輔朕之不逮，以治天下也。」所謂「與共

〔註48〕參看李治安、杜家驥：《中國古代官僚政治》，第 27 頁。

〔註49〕如《左傳》襄公二十六年：「政由甯氏，祭則寡人。」《三國志·蜀書·後主傳》注引《魏略》：「政由葛氏，祭則寡人。」

〔註50〕焦南峰、馬永贏：《西漢宗廟再議》，《考古與文物》，2000 年第 5 期，第 52 頁。

承宗廟」，本是宗室才有的權力，可是爲了君相之間的諧和，完成「統理海內」的目標，漢相不僅被賦予了與他人不一樣的權力與責任，更意味著他有了與皇室中人同等的身份。這與秦及後世宰相家族與公主通婚，取得「擬似血緣關係」〔註51〕完全不同。由此，漢初宰相因此身份，可橫跨皇室與臣僚兩大系統，化爲君臣的黏合劑與交集點，對於當時的政治發揮著積極的作用。

下面，再看第二點。

在「漢初布衣將相之局」中，「將」、「相」無疑是不可或缺的兩大組成部份。漢人評說道：「天下安，注意相；天下危，注意將。」〔註52〕前已論之，在劉邦集團中，將、相之間常存矛盾，但劉邦卻堅定地站在相一邊。需特別提出的是，劉邦的作爲，絕非個人情感因素所致，而是有著長遠的政治考量，這不僅是對相的貢獻及作用的肯定，更是政治架構調整的需要，相權提升，關係著帝國的長治久安。

這一結論得以成立，至少有如下理由：

1、在將、相之間，將的數量眾多，勢力極大，且不守禮數，對於皇權多有要求。因封侯之事，他們中的一部份還幾乎走上了謀反之路。〔註53〕拋開這種極端例子不說，即便對於皇帝無有二心者，也多桀驁不馴，史載：「飲酒爭功，醉或妄呼，拔劍擊柱，高帝患之。」〔註54〕從中央集權角度來說，皇權必須對他們加以打壓，而對其施壓所依賴的力量，就是他們的對立面——相。

2、從傳統上來說，「將」所屬的武官系統，其地位高於「相」所領導的文官系統，漢初猶沿襲這一積習，難以遽改。《史記・劉敬叔孫通列傳》載，漢初朝會時，「功臣列侯諸將軍軍吏以次陳西方，東鄉；文官丞相以下陳東方，西鄉。」習文史者皆知，東向爲尊，西向位卑，僅此一點，就可以知道當時文官的劣勢地位，而皇權對於文官首領丞相加其權重，方可制衡其間。

3、在西漢時代，宰相爲職官，屬於「吏」或者「秩」系統，與「爵」分屬兩大系統。具體言之，「秩」爲官階，顯示行政方面的意義，它直接隸屬於皇權，是非終身制的；而「爵」不僅終身擁有，且可世襲，或者也可以說，

〔註51〕森谷一樹：《戰國秦の相邦について》，《東洋史研究》第 60 卷第 1 號（2001 年），第 26 頁。
〔註52〕《史記》卷 97《酈生陸賈列傳》，第 2700 頁。
〔註53〕《史記》卷 55《留侯世家》，第 2043 頁。
〔註54〕《史記》卷 99《劉敬叔孫通列傳》，第 2722 頁。

前者是郡縣制的產物；後者則是貴族封建的殘留。閻步克認爲，周代是「爵本位」體制，魏晉以後形成「官本位」體制，秦漢的品位結構居於中間，爲「爵──秩體制」。他還進一步指出：

> 「爵本位」下的等級秩序，是凝固的、封閉的、貴族性的；「官本位」下的等級秩序，則是流動的、功績制的、行政化的。〔註55〕

那麼，在由爵本位向官本位逐漸演進的過程中，尤其是漢初，消除「爵」的影響力，加大「秩」的力度，就爲中央集權所必需。而在這種「爵」降「秩」升的趨勢中，將多屬於「爵」系統，相則主持「秩」系統，要壓制有爵者，必扶植相權，使其高居「爵」首，也就順理成章了。

4、雖然「秩」或者「官」的身份日益上升，但在漢初，「爵」還是地位的標尺。閻步克指出：「漢帝國的品位體制，用『爵』安排身份，用『秩』保障行政。」〔註56〕從這一角度出發，可以看到，「相」作爲行政系統的首官，蕭何封不封侯，是否位次第一，並不影響其繼續爲相。但是，唯有其獲得相應的「爵」地位，才可能使得行政系統擁有話語權和支配地位，此後，漢相皆以列侯身份方可入相，武帝時，公孫弘因入相而封侯，其實質並非是看重「爵」，而是宰相地位的需要，或者說，官秩需對「爵」形成優勢。

5、抬升宰相之地位，更在於其背後的一套「吏系統」爲維護皇權的骨幹。由前可知，高祖集團以諸將爲主，他們主導著「爵系統」，而相則依靠文吏，以文法爲主，操控著官僚行政系統。一般來說，前者因其世襲貴族身份，久而久之，易成爲抗衡皇權的力量；後者以職爲生，本質上是皇權下的派生。增淵龍夫指出，高祖集團具有任俠風氣，依靠集團內的感情加以結合，而隨著時間的推移，他們與「吏」出身者產生了矛盾，於是遂有了「漢初官僚的任俠習俗與酷吏間的對立」。〔註57〕而所謂「任俠」，主要體現在諸將身上，此種性格以及與高祖的結合，是一種民間社會的方式，於在野期間，可形成凝固力；而天下鼎定後，則需要通過政府手段，以文法加以管束，相所主持者，正是這一系統。在矛盾衝突中，皇權無疑更傾向於後者。

〔註55〕閻步克：《中國古代官階制度引論》，北京大學出版社，2010年，第18頁。
〔註56〕閻步克：《從爵本位到官本位：秦漢官僚品位結構研究》，生活·讀書·新知三聯書店，2009年，第33頁。
〔註57〕參見增淵龍夫：《中國古代の社會と國家》（新版），（東京：岩波書店，1996年），第一篇第一章第三部份、第二編第二章第三部份。

　　總之，在漢初「爵——秩體制」中，相所代表的秩系統，其背後是以文法爲依憑的行政管理班子。作爲皇權的派生物，對於諸將主導的貴族性的爵系統形成了制衡，在將、相的權力博弈中，因皇權的支持，逐次贏得優勢。

　　最後，來看第三點。

　　習漢史者皆知，劉邦建漢前後有人數不等的異姓王存在，從廣義上來說，他們屬於漢臣，但由於高度的自治性，幾乎可與漢廷分庭抗禮，所以，由狹義上看，又皆在「不臣」之列。哪怕是名義上，在高祖早期，諸侯王們也例不稱臣。

　　據《漢書・高帝紀下》，高祖五年，諸臣奏請劉邦即皇帝位，奏疏由各異姓諸侯王領銜，其中說道：「楚王韓信、韓王信、淮南王英布、梁王彭越、故衡山王吳芮、趙王張敖、燕王臧荼昧死再拜言。」顏注引張晏曰：「秦以爲人臣上書當言昧犯死罪而言，漢遂遵之。」由此看來，他們可歸入漢臣系列。然而，他們又的確是一種特殊的漢臣。當他們與漢朝廷的諸臣相提並論時，其奏文爲：「諸侯王及太尉、長安侯臣綰等三百人」云云，其中綰即盧綰，其列於漢廷諸臣之前，列其名而無姓，並稱「臣」，以示謙恭。根據秦漢政治慣例，稱臣有著特殊的含義，最重要的是，諸臣上疏皆用「臣某」樣式，以示依附關係。〔註 58〕而此處諸侯王姓名皆全，實爲特例。簡言之，他們雖爲臣下，但與漢廷隱隱分庭抗禮，非嚴格的漢臣系列。這樣就使得漢家基業初創時，官僚階層分成了兩大部份：異姓諸侯與群臣，前者不冠於臣號；後者則是狹義上的臣，亦稱「漢廷臣」。〔註 59〕

　　那麼，這種差異有何意義呢？

　　前已言之，漢初有「高帝與功臣共天下之局」。何爲「共天下」？有學者說：「即共同所有，共同分割天下之義。」〔註 60〕然而，此論失之於粗。從法理上來說，漢王朝乃是中央集權的帝制國家，皇帝「產權獨有」，是不允許分割天下的。只有特殊情形下，才存此特例。而這一特殊情形，就是漢初的諸侯王格局。由此，雖同爲功臣，諸侯王與漢廷臣就有著不同的政治定位，簡單說起來，前者可分割天下，甚至可以「不臣」；但後者則與漢帝爲一整體，

〔註 58〕關於此點，可參看尾形勇著：《中國古代的「家」與國家》第二章第一節，
〔註 59〕如《史記・韓信盧綰列傳》：「呂后婦人，專欲以事誅異姓王者及大功臣。」《史記・魏豹彭越列傳》載：「漢王慢而侮人，罵詈諸侯、群臣辱罵奴耳。」「漢廷臣」的稱謂可參看：《史記・田叔列傳》、《吳王濞列傳》、《漢書・高帝紀下》。
〔註 60〕李開元：《漢帝國的建立與劉邦集團：軍功受益階層之研究》，第 141 頁。

作爲「漢廷臣」，他們也「共天下」，但屬於共享、共治，而不是共同擁有，君臣間有著明確的依附及歸屬關係。

就論題所及，從嚴格意義上來說，臣本爲私屬性質，相則爲群臣之首，它來源於春秋戰國的家臣制度，楊寬指出：「到戰國時代，這種官僚性質的家臣制，就逐漸發展成爲中央集權政體的官僚制度。」〔註61〕至秦漢之間，臣的私屬性猶在，遂出現了學者們所指出的，西漢丞相與九卿及御史大夫一樣，都是「皇室私臣耳」，丞相「得治及王室內廷。」在職能上，具有「皇帝家政機構」的一面。〔註62〕也正因爲如此，當漢初官僚階層一分爲二之時，諸侯王們根本不與漢廷臣並計功勞。《史記‧淮陰侯列傳》載，韓信廢王爲侯後，「羞與絳、灌等列」，對執禮甚恭的樊噲，其反應亦是：「生乃與噲等爲伍。」從本質上來說，韓信的不滿乃在於，自己由可分庭抗禮，共有天下者，轉爲私屬性質之臣，二者的差異由此可以想見。〔註63〕

毫無疑義，諸侯王的這種政治生態與中央集權有著不可調和的矛盾，隨著帝業的穩固，剷除「不臣者」勢在必行。至高祖晚年，異姓王基本被除，代之以劉氏同姓王。從法理上來說，同姓王爲劉氏天下的一部份，他們與漢廷臣一樣，所謂的「共天下」，不再是分割天下，而是共享、共治。然而，由於其權勢之大，加之傳統的留存，它們還是逐漸成爲一種分離力量，越來越像當年的異姓王，與中央處於抗衡狀態。對此，漢朝廷採取了若干限制措施。其中之一，就是通過相對王國進行控制。一般來說，在異姓王時代，官吏由國王自置，轉爲同姓王之後，人事權依然很大，但「漢獨爲置丞相。」〔註64〕王國丞相在職能上一如漢相，「主臣」爲其基本工作，《漢書‧百官公卿表》載：「（王國）丞相統眾官。」這樣，中央只要控制住諸侯相，就可以控制住地方王國。而王國相的歸口管理者，應該就是漢宰相，所以針對高祖詔中的「御史大夫昌下相國，相國酇侯（蕭何）下諸

〔註61〕楊寬：《戰國史》（增訂本），上海人民出版社，1998年，第214頁。

〔註62〕錢穆：《秦漢史》，生活‧讀書‧新知三聯書店，2004年，第286頁；大庭脩著、林劍鳴等譯：《秦漢法制史研究》，上海人民出版社，1991年，第27頁。

〔註63〕有學者在研究中沒有注意到二者的區分，這是不準確的。如阿部幸信在討論漢初「共天下」之局時，認爲：「漢皇帝對外不過是諸侯王的盟主。在同樣的意義上，對內也不過只是高祖功臣的盟主。」並認爲二者「所依據的權威來源也是同質的。」（氏著、徐沖譯：《「統治系統論」的射程》，《早期中國史研究》第三卷第一期（2011年7月），第140、141頁）

〔註64〕《漢書》卷38《高五王傳》，第2020頁。

侯王，御史中執法下郡守。」大庭脩指出：「這與後面所述的制度相比有顯著的不同，應該引起注意。」〔註65〕

要之，在對地方王國的管理中，漢初中央政府主要通過「相繫統」加以操控。漢相固然是廷臣之首，但從一定意義上來說，王國相亦歸屬於漢廷，具有雙重屬性。這樣，在「主臣」的進程中，漢宰相控制王國相，國相統王國之眾官。通過宰相繫統管理、統轄各級幹部這一手法，王國從此不再可以與中央分庭抗禮，所謂「共天下」之局，成為嚴密管控在中央政府之下的共享天下之格局，而非早期的分割天下。這樣，從法理上來說，所有官僚隊伍本質上都應歸屬於漢臣系列，王國臣不應例外。

總之，在漢初的「功臣政治」中，漢相是皇權最為仰賴的力量。相權的發展，對於帝制的穩固，中央集權的加強，有著重要的作用。從一定意義上來說，正是因為漢初宰相角色的發揮，才使得漢家政治模式日漸清晰成熟，權力分享與制衡得以實現，在漢初政治博弈中居於舉足輕重的地位。

五、結論

秦漢間的大變局，確定了後世二千年來中華帝國的政治性格和基本走向。在這一進程中，漢初脫胎於秦，又被加以改造了的宰相及宰相制度，既是「大變局」的重要後果，又是此局得以實現的基本力量。為此，筆者力圖把握住秦漢間「大變局」的脈路，通過探究漢初宰相與相權的緣起、生成及相關問題，尤其是相權在秦漢之間的嬗變、遞進，及背後的諸種元素，為早期帝國的政治架構及官僚性格的歷史演進，提供一個有意義的研究視角。通過以上的初步探討，筆者以為：

1、宰相及相權問題是聯結秦、漢之間制度，及政治發展的一個樞紐。在由秦入漢的帝國制度建設中，宰相及宰相制度不僅擁有舉足輕重的地位，而且圍繞著它，漢家基業才得以逐次展開。當「漢承秦制」之時，宰相制度作為秦制中最關鍵性的部份，被有效地加以承接與發展，成為了劉邦集團政治發展的一個入口與轉折點。與此同時，因「懲秦之敗」，比之於秦，漢相的地位及事權得以空前提高，由秦的「宰相代辦制」轉為了漢的「宰相負責制」，相權由此發生了重大變化，也帶動了整個政治架構的重建。

〔註65〕大庭脩：《秦漢法制史研究》，第 21 頁。

2、伴隨秦漢間政治的展開，漢初宰相性格開始從「主事」走向「主臣」，漢相日漸講求去細事；「知大體」；「理陰陽」，在拋棄事務主義及文牘主義的過程中，通過「主臣」，建設健全的官僚團隊，達到「百姓親附」。從而日漸疏離秦政精神，逐步建立起漢相的政治性格，它既是對秦政的反動，更成爲「漢家之道」的重要組成部份。

3、在漢初「功臣政治」中，漢相以其獨特的政治角色，在皇權與臣權的制衡中，成爲了君臣之間的聯接點，使得「共天下」之局得以良性展開。其中，既有對臣權的爭取，及對皇權的制衡，更在將、相的分化與整合中，與將「主爵」不同，通過「主秩」，領導著「吏系統」全力維護皇權。與此同時，作爲漢廷臣的最大代表，掌控王國之臣，使得中央集權得以發展，漢家政治模式逐次展開。

原刊於《人文雜誌》2015 年第 2 期。本文初稿完成於 2013 年 12 月，曾提交於「中國秦漢史研究會第十四屆年會暨國際學術研討會」（2014 年 8 月 15 日至 19 日）。

秦漢假官、守官問題考辨

在秦漢的官制中，假官、守官制度是一項特殊的內容，這一問題的考察，對研討秦漢官吏及政治制度，有著相當重要的作用。雖然已有學者在這一方向上進行過十分有意義的研究，〔註1〕但過於簡略，學界對這一問題的關注，總的來說比較少，這一課題，還存在著許多值得探究之處。所以筆者不揣淺陋，就此問題進行一些考辨，以就正於方家。

一、假官、守官的基本意義及關係

關於假、守官，秦漢文獻中多有記載。關於假官的記載，有秦始皇時的「南陽假守騰」、秦末年的「會稽假守殷通」、「假王吳廣」，漢時的「假稻田

〔註 1〕 關於這一問題的研究，高敏的《從雲夢秦簡看秦的若干制度》（載於氏著《雲夢秦簡初探》（增訂本）河南人民出版社 1981 年）中，將「假守假官之制」作爲一專題進行了探討，安作璋、熊鐵基的《秦漢官制史稿》（下）（齊魯書社 1985 年版）362～365 頁，安作璋的《秦漢官吏法研究》（齊魯書社 1993 年版）65～70 頁中，也曾對假官、守官分別進行了論述。日本學者大庭脩著，林劍鳴等譯的《秦漢法制史研究》（上海人民出版社 1991 年版）424～441 頁也對此問題進行了研討。此外，相關的論文有武普照：《秦漢守官制度考述》（《山東師大學報》（社科版）1988 年第 4 期）。

筆者按：以上所述研究狀況爲本文原稿文字。本文在 2005 年發表後，又出現了一些相關研究成果，主要有：陳治國：《里耶秦簡「守」和「守丞」釋義及其它》，《中國歷史文物》2006 年第 3 期；陳治國、農茜：《從出土文獻再釋秦漢守官》，《陝西師範大學學報》（哲社版）2007 年 9 月專輯；秦濤：《秦律中的「官」釋義——兼論里耶秦簡守的問題》，《西南政法大學學報》2014 年第 2 期；張俊民：《懸泉漢簡新見的兩例漢代職官制度》，中國秦漢史研究會第十四屆年會暨國際學術研討會論文集（2014 年 8 月，中國成都）。

使者燕倉」等〔註2〕，關於守官的記載，則更多，如《漢書‧百官公卿表》中就記有很多守官，又如光在《漢書‧趙尹韓張兩王傳》中，就記載了「（趙廣漢）復守京兆尹，滿歲爲眞」；「（尹翁歸）以高第入守左馮翊，滿歲稱職爲眞」；「（韓延壽）入守左馮翊，滿歲稱職爲眞」；「（張敞）守京兆尹」；「（王尊）守京輔都尉，行京兆尹事」，等等。一般而言，傳統上學界大都認同守官是試用官〔註3〕，其主要依據來自於趙翼的《陔餘叢考‧假守》：「其官吏試職者曰守。」長期以來，對於一種一般性的概括，這樣的解釋好像沒有什麼問題。但近年來，通過對新出土文獻所提供的相關資料進行研究，一些學者認爲，這樣的解釋主要適用於西漢中期以後。從制度演進的角度來看，在秦至西漢初期，由於守官制度還處於比較粗放的階段，當時的許多守官，「只是臨時代理官員之意。」〔註4〕而這樣，它就與假官在意義有了重疊。

　　筆者以爲，就總體上來看，當然必須承認守官及相關問題的複雜性與階段性，由此在意義表述及適用性上，應呈現出一種動態的考量，而不能拘泥於一種含義，但制度有常有變，作爲常規形態下的守官，應該還是以試用性爲其主要特徵。關於這些具體問題，在後面的討論中，再會作進一步的考察，現在，我們來看看假官問題。前已論及，它與守官在意義上有重疊處。然而，它們是一回事嗎？如果不是，二者之間的分際何在？對這些問題的思考，將成爲以下研討的基本關注點。

　　我們注意到，一直以來，對於假官的具體理解及其與守官的關係，學界的認識就不是清晰一致的，有些學者分而言之，但對它們的關係未做交代，〔註5〕而另有些學者則將假官與守官，作爲試用制度中的同一類型。〔註6〕後一種認識可以追敘到古代，《戰國策‧秦策五》載：「文信侯出走，與司空馬之趙，趙以爲守相。」漢末學者高誘在爲「守相」作注時，在鮑本中，是這麼解釋的：「守，假官也，馬爲之。」姚本則曰：「守相，假也。」可見高誘是將兩

〔註2〕　以上分見《史記》（中華書局 1959 年）卷 6《秦始皇本紀》第 232 頁，卷 7《項羽本紀》第 297 頁，卷 48《陳涉世家》第 1953 頁；《漢書》（中華書局 1962年）卷 60《杜周傳附子延年傳》，第 2662 頁。
〔註3〕　如《秦漢官制史稿》（下）362 頁中說：「守爲試署性質」，《秦漢守官制度考述》中則說：「秦漢守官制度，即官吏的試用制度。」
〔註4〕　陳治國、農茜：《從出土文獻再釋秦漢守官》，第 185 頁。
〔註5〕　見前引《秦漢官制史稿》（下）有關部份。
〔註6〕　高敏：《從雲夢秦簡看秦的若干制度》，氏著《雲夢秦簡初探》（增訂本），第193～196 頁。

者等而待之的，也即是說，至漢末時，在假官、守官問題上，學者們已做不出，或難以作出精確辨析，有假、守不分之勢。然而，《漢書·西南夷兩粵朝鮮傳》載，趙佗「稍以法誅秦所置吏，以其黨爲守假。」顏師古注曰：「令爲郡縣之職，或守或假也。」如果假官與守官是一回事，就沒必要分而言之。再則，《漢書·王莽傳》中記載王莽爲「假皇帝」，《史記·陳涉世家》中吳廣爲「假王」，如果假與守是一回事，很難解釋王莽可以試用爲皇帝，吳廣可以在陳勝爲王的情況下試爲王。另外，假官有時可以去假字，徑直稱爲某官，如《史記·項羽本紀》中，項羽爲假上將軍，而在《史記·高祖本紀》中則記爲：「代爲上將軍」，又如《史記·高祖本紀》的楚假王景駒，在《史記·陳涉世家》中就寫爲楚王，這一類的例子還有很多，在此不再贅舉。而守官在史書中則要一定稱爲守某官，沒有省去前面「守」字的例證。可見，假官、守官的意義在歷史上是不一樣的，二者不可混同。

從語義學角度來看，關於「假」的意義，學界多引用趙翼在《陔餘叢考·假守》中的話：「秦漢時官吏攝事者皆曰假，蓋言借也，」「非眞假之義」。在官制意義中，將「假」定爲攝事，即代行其事之義，的確有相當的眼光，「假」確有攝事之義。但反過來，並非是所有的攝事者都帶有假官名號，如秦漢時極爲普遍的行某官事，《漢書·張湯傳》中：「張湯爲御史大夫，數行丞相事。」《漢書·蓋饒寬傳》中：「行郎中戶將事」等，也爲攝事之義，但並非爲假官。守官有時也有攝事的意義，如《漢書·王莽傳中》載：「縣宰缺者，數年守兼。」顏師古注曰：「不拜正官，權令人守兼。」所以，並非攝事都稱之爲假，「假」定義爲攝事，是不足於將其意義完全表達出來的。而且這也無法眞正分辨出假與守的區別，但事實上，它們又是有差別的。

至於趙翼所說的非眞假之義，從官制上來說，也有需要辨別的地方。一般學界對於眞官，多僅以守官來與之對立比較，前引文獻中也的確多出現「守官稱職爲眞」的記載，但假官其實也是一種非眞官，如《史記·淮陰侯列傳》中說到韓信欲爲假王，劉邦罵道：「大丈夫定諸侯，即爲眞王耳，何以假爲？」即將假王與眞王對立而言。又如王莽爲假皇帝，《漢書·王莽傳》中多次提到他處心積慮準備以假即眞，最後「御王冠，即眞天子位，定有天下之號曰新。」在《說文解字》中，許愼很明白地講到：「假，非眞也。」可見，秦漢時「假」在意義上是完全可以與「眞」對應的。不僅如此，行官，即「行某官事」，在秦漢時代也是與眞官相對立的，如《後漢書·匈奴傳》中鄧遵爲度遼將軍，

而此前他的職務爲行度遼將軍事，書中記爲「鄧遵以皇太后之從弟故，始爲眞將軍。」所以，雖然假在意義上，並不僅僅只有「非眞」的意義，但無可置疑的是假官、守官，及行某官事，都屬於與「眞官」對立的範疇，都是「非眞官」。需要特別加以指出的是，古代的中國人特別講究「名不正則言不順」，對於名位，在用詞上是極爲嚴肅的。就語義運用來說，「非眞」與「眞」之間雖然有著對立的關係，但它們並非有你沒我的勢不兩立，與「眞」處於這種矛盾對立面的，是「僞」，而不是「假」及相類概念。也就是說，就論題而言，在官名或制度精神中，「僞」或「僞官」與「眞官」尖銳對立，它們毫無合法性可言，而「假」或假官，以及其它的「非眞官」，雖然不是「眞的」官員，或如前引顏師古所謂的「正官」，但絕不是與「眞」完全不兩立的「僞」官，它們是「眞官」的補充或變形，所擁有的地位是得到或部份得到承認的，是官制的有機組成部份。當然，由於這些「非眞官」屬於非常態存在，它們的情況極其複雜，且充滿著動態變化，每一門類都有深入研究的必要。

那麼，就本論題來說，作爲同爲「非眞官」的假官與守官，有什麼性質上的差別呢？我們先看看秦漢史籍中對假官相關問題的解釋：

> 會稽假守通素賢梁。注引張晏曰：「假守，兼守也。」（《漢書》卷 31《項籍傳》）按：《史記‧項羽本紀》中作會稽守，無假字。

> 乃相與立羽爲假上將軍。師古曰：「未得懷王之命，故且爲假。」（出處同上）按：《史記‧項羽本紀》所記文句相同，《史記》正義云：「未得懷王命也，假，攝也。」

> （蘇）武與副中郎將張勝及假吏常惠等募士斥候百餘人俱。師古曰：「假吏猶言兼吏也。時權爲之吏，若今之差人充使典矣」（《漢書》卷 54《李廣蘇建傳》）按：《漢書‧常惠傳》中未出現假吏一詞。

> （建武七年）三月丁酉，詔曰：「今國有眾軍，並多精勇，宜且罷輕車、騎士、材官、樓船士及軍假吏，令還復民伍。」李賢注曰：「軍假吏謂軍中權置吏也，今悉罷之。」《後漢書》卷 1 下《光武帝紀》

我們注意到，在對以上文句的解釋中，一個共通點就是，假官爲非正規的官吏，他們當然是要攝事，但最主要的卻在於，它們還不是正式任命的官員，如項羽的情況可證明；它們是暫時性的官員，如常惠爲臨時招募的假吏，軍假吏的權置特點等，都可說明這一點。

我們還注意到，就字義來說，從先秦至秦漢，「假」作為非正規的意義，是十分普遍的。如《左傳》宣公二年中有「坐而假寐」的句子，杜預注曰：「不解衣冠而睡。」《詩經・小雅・小弁》則有「假寐永歎」的句子，鄭玄箋曰：「不脫衣冠而寐曰假寐」，《後漢書・邊韶傳》則載：「韶口辯，曾晝日假臥。」與假寐亦同義。它們並非意味著不睡覺或假裝睡，而是非常態、非正規的睡眠，通常會是一種和衣而臥的狀態。也正因為這種意義上的關聯，所以假官可以與真官對而言之，因為後者是指正規、常態類型。而且這一含義在名分上的運用，在秦漢時代十分普遍，如在《說苑・正諫》中，嫪毐自稱為「吾乃皇帝之假父也」，茅焦則對始皇說：「陛下車裂假父。」而我們知道，嫪毐與始皇母親私通，而與秦始皇本人並無其它關係。又如《史記・淮南衡山列傳》載：「人有賊傷王後假母者」，《漢書・王尊傳》中記有「美陽女子告假子不孝」，分別指繼母與後子，與此相類，義父母與義子女也是帶「假」字的。這種假子、假母，在名分上有時也可以與正規的親屬一樣稱謂，但並非為真的父母或兒女，而只是相當於而已。

所以，假官也是這樣，它相當於某種官吏，是不正規的。守官雖也是非正規官員，但主要是試用，是暫未構成真資格。而假官就是假官，沒有在原官基礎上轉為真官的說法，它只是相當於某官，要轉就是重新任命，這兩者的出發點是完全不同的。如前引文中項羽為假將軍，要得到懷王追加任命才是真將軍，這種職位其實是在其原作為副將基礎上任命的，而項羽如果是守將軍的話，在考核稱職合格後，就可以是真將軍了，是在將軍職位基礎上的試用任命或轉任。所以後來「王因使使立羽為上將軍」〔註7〕，是「立」，而不是轉為真將軍。

所以，假官是一種暫時的職位，守官雖也算暫時試守，但畢竟要有一定的試用期限，而假官則一般任務一結束，就需交還官位，所以它應該是可以視情況，隨時被中斷職位的，《漢書・曹參傳》載，曹參曾為假左丞相，隨韓信征戰魏、齊等地，任務一完成，就「歸相印焉」，說明這種假官只是臨時性的，最後必須交出權力。所以，韓信在攻打下齊地後，要求做假王，他派人對劉邦說：「齊偽詐多變，反覆之國也，南邊楚，不為假王以鎮之，其勢不定，願為假王便。」〔註8〕韓信之所以對劉邦說要做假王，而不是守王，是在向劉

〔註7〕 《漢書》卷31《項籍傳》，第1803頁。
〔註8〕 《史記》卷92《淮陰侯列傳》，第2621頁。

邦表白自己是不得已要做的，既然是假王，反正遲早是要歸還權力的，如果是說要做守官，則不一樣了，那就等於說要坐這個位子，讓我先做著試試看。而韓信要做假王的這種說法，無異於說，我並非貪戀權位，因爲要做的既不是正規的常官，也不是可能轉爲眞的守官。從這段材料，可以看出，在實際的政治生活中，假官與守官不但不是一回事，而且在官吏體制中，所具有的地位完全不同。假官是編制外的官員，暫代權力而已；守官雖主要是試用，但是編制內的官員。也所以，曹參雖曾爲假左丞相，但在《漢書·百官公卿表》中，這一官職並未記錄，而且整個表中無一條假官的記錄，而許多守官則記載了下來。由此，可以認爲，守官作爲編制內的官，是得到承認的，並在官書中正式記載下來，而假官則不予承認，不得登錄在冊。

二、秦漢假官的具體性質與官職演進

作爲官吏制度，守官在秦漢時期日趨普遍，而假官則逐漸消失了，從而構成了一個有趣的對應。所以在下文中，我們先看看假官的情況，然後再來討論守官問題。

在秦漢官制中，作爲官稱，「假官」一詞並不存在，當時所用的相關概念是「假吏」，如《漢書·蘇武傳》中有「假吏常惠」。由於「假吏」多服務於軍隊，故而，又有「軍假吏」一說，如《後漢書·光武帝紀下》所載的建武詔書中，有這樣的句子：「宜且罷輕車、騎士、材官、樓船士及軍假吏。」細繹文獻，可以發現，「假吏」不是某一具體的官職，而只是一種統稱。關於這一點，可通過「軍假吏」爲例來加以說明。根據羅福頤主編的《秦漢南北朝官印徵存》，可以發現，在漢代官方印信中，有大量的「軍假吏」官印留存，這一方面說明當時這一群體的數量可觀，另一方面，更爲重要的是，這些印信無一條是以「假吏」或「軍假吏」爲印名的，而是冠之於「假司馬」、「軍假司馬」、「假候」、「軍假候」等名義。〔註9〕這就充分說明了，「假吏」的確是一種統稱。

從官制史角度來看，在秦漢時，「吏」本就可以作爲對官員的統稱。廣義上所有的官員都是吏，如《漢書·百官公卿表》在敘述漢官吏數量時說道：「（元始二年）吏員自佐史至漢丞相十二萬二百八十五人。」既然這樣，那麼爲何

〔註9〕羅福頤主編：《秦漢南北朝官印徵存》，文物出版社，1987 年，第 25、29 頁；第 132～143 頁。

在我們的研討中，要用「假官」，而不是「假吏」一詞呢？這是因爲「吏」雖然包含中高級官員，也即所謂的「長吏」，〔註10〕但在一般意義上，「吏」在指稱上用的都是狹義，指的是「小吏」，也就是中下層的官員。如前面所提及的「假吏」或「軍假吏」，具體到「假司馬」、「假候」等，不僅都屬於中下層，而且已成爲了一個有明確範圍的專有名詞。而我們的研討是覆蓋整個官吏系統的，故而，用「假官」一詞不僅明瞭，而且涵蓋準確，不易出現語義上的歧誤。

從文獻記載來看，假官至少在戰國末期就已存在。《史記·廉頗藺相如列傳》載：「趙以尉文封廉頗爲信平君，爲假相國。」《史記·趙世家》則云：「孝成王十七年，假相大將武襄君攻燕，圍其國。」而政治上假代權力的現象，或許更早。如周公「攝政君天下」，「假爲天子七年」，「履天子之籍，聽天下之政。」〔註11〕或許就是它開啓了假官假代權力的濫觴，而對於秦漢政治而言，它的影響也是很大的，王莽就是利用周公故事，以假皇帝變爲眞皇帝的。但在以上的例子中，周公之事一則多有後世附加成分，二則至多只能算是一種萌芽狀態，故而，唯有戰國末期才可以算是假官制度的眞正開端。根據《史記》所載進行推算，廉頗受封在公元前 251 年，武襄君成爲假相的趙孝成王十七年，則是公元前 249 年，此時趙國經歷長平大敗之後，國力凋敝，正處於力圖恢復的非常時期。在這一時期所出現的假官，都由武官系統的大將所擔當，讓武將擁有文官之首的「相國」或「相」名號，或許在當時一則爲了榮寵大將的需要，二則更爲重要的是，在當時嚴峻的軍政形勢下，賦予大將權力時，需要整合國內各種資源，故而暫時性地授予其文官系統的職號。

就文獻所載，雖然假官最早見於趙國，但這一時期與秦漢時代正相銜接，而且與此同時的秦國，也有大量的假官名號出現，其根據就是雲夢秦簡及里耶秦簡，雖在時間點上稍晚於趙國所處的時代，但它們同接近於秦漢時期的開端點。所以，筆者認爲，將假官制度整體納入秦漢史的研究範疇，是沒有大問題的。而且根據出土文獻，可以看出的是，秦在制度上更爲細密完整，故而有學者認爲這種制度「肇端於秦時官制」。〔註12〕我們認爲，這種說法過

〔註10〕 如《漢書·景帝紀》中後二年詔書說：「縣丞，長吏也。」六年詔則說：「吏六百石以上，皆長吏也。」

〔註11〕 分見於《逸周書·明堂解》、《韓非子·難二》、《淮南子·氾論訓》。

〔註12〕 高敏：《從雲夢秦簡看秦的若干制度》，氏著《雲夢秦簡初探》（增訂本），第194 頁。

於決絕，秦的這種制度設計是來自於趙，還是自創，或爲當時各國的共有現象，已不得而知。就現有記載來看，假官的運用，畢竟趙明顯要早於秦。由於文獻有缺，這種制度肇端於趙或者秦，可先存而勿論。較爲穩妥的結論是，這是一種肇端於戰國時代，在秦漢開始成建制運用的官制設計。

而當視野延展至秦漢，從整個情況來看，可與前相映證的是，假官主要集中在與軍事有關的範疇內。追溯到先秦，周公之事已不可說，而且與本文關係不大，不做具體展開。假官的焦點是在將軍制度上，自戰國以來，許多將軍都帶假官名號，如前引趙國的兩個例子。《續漢書・百官志一》在講到衛青爲大司馬時說：「以古尊官唯有三公，皆將軍。始自秦、晉，以爲卿號。故置大司馬官號以冠之。」從這段話中，至少可以得出如下認識：將軍一開始並非爲官號，它等同於卿，爲尊其位，重其權，所以常常要置職官號，由於將軍不是常設，所以多以假官爲號，如前文中「大將武襄君」由於攻燕，被置於假相稱號，既爲「假」，表明臨時性，事罷則撤。又如前文中廉頗被封爲信平君，由於信平君僅爲封號，不是職官，故也尊爲「假相國」，在性質上與此差不多。

由於假官的這種特點，所以從時間上來說，戰爭期間，假官較多。也所以在秦漢時期，假官的例子多集中於秦時及楚漢相爭時期，如前文提到的殷通、項羽、曹參等，從假官範圍來看，除了前面已經論及的戰爭期間及狀況下的假守、假王、假將軍、假左丞相等，主要還有軍假吏、招募赴邊的假吏、軍候假丞、假佐、假稻田使者〔註13〕、假司馬、假候〔註14〕等，從以上例子可以看出，它們大都與軍事有關，其中假佐看似關係不大，但假佐這種屬吏最早應屬於地方郡縣，但早期的郡縣其實就是軍政合一，而且，在居延等地簡牘中，有很多的假佐記載，就與邊境軍事有關。至於假稻田使者，有組織招募民眾的性質，偏於軍事性，至於赴邊的假吏，其準軍事性則自不待言。

要之，倘要對假官從性質上加以考察，就必須注意其所具有的軍事淵源及背景。也就是說，在戰爭所帶動的，事出突然的背景下，常常要突破一般常規，假官遂由此產生。這樣，假官最爲核心的特點應該就是：具有事罷則撤的暫時性，從而成爲一種體制外的職官設置。而這樣的性質或特點，與當

〔註13〕分見《後漢書》卷1下《光武帝紀》、《漢書》卷54《李廣蘇建傳》、《漢書》卷70《陳湯傳》、《漢書》卷76《王尊傳》、《漢書》卷60《杜周傳》。

〔註14〕《續漢書・百官志一》，又見《後漢書》卷47《班超傳》，中華書局，1965年。

時官制中的另一種「非眞官」──「行官」，有著千絲萬縷的聯繫，或者也可以說，只有在與行官的比較中，才可以更爲清晰地研判假官性質及相關問題。下面，就來展開具體的討論。

由前已知，所謂行官，是秦漢官制中常見的「行某官事」。它具有三個特點：一是在官員有缺時，由他人加以補充。二是一般來說，它是由下級官員來擔任高級職務，所以嚴耕望指出：「大抵漢制，長官有缺，例由佐官中地位最高者代行其事，簡稱爲『行』，居延漢簡中頗常見。」〔註15〕三是它的職務代理具有暫時性。這樣，就與假官、守官有了相通之處，在性質上容易混淆。故而，有學者將行官歸爲守官的一種，〔註16〕而筆者以爲，行官與假官、守官皆屬於「非眞官」，都是非常態的設置，故而可以性質相通，但它們的差異也是不容忽視的，它與守官的關係，我們在下文再詳論。就本論題而言，筆者以爲，行官與假官在性質上更爲接近，質言之，它們都是一種暫時性的職官設置。

就現有文獻來看，無論行官還是假官，主要都是秦漢以來的用詞。此前，在官制系統中，官員或政務出現暫時性的替換，常用的規範詞是「攝」，攝有代的意思，故而《左傳》定公十三年中有「寡人請攝」的句子，杜注曰：「以己車攝代」，由此，在政治上發展出「攝政」等詞義。而眾所周知，攝政屬於暫時性的非常態現象。也所以，《春秋》隱公元年在講到庶長子魯隱公擔任國君時，特意沒有用「即位」這樣的字眼，《左傳》隱公元年指出：「不書即位，攝之。」也就是說，隱公是暫時性替代年幼的嫡子弟弟來做國君。秦漢以來，這樣的意義在政治層面逐漸分化、落實到了「假」與「行」之上，隨著政治設計的周密，假官與行官開始出現。

這樣一種狀況的出現，與語義的演進發展有著較爲密切的關係。也就是說，由於在語義上，「攝」可以與「假」、「行」實現互換，而當後二者作爲官制中的規範用詞時，假官與行官遂逐漸出現。具體說來，從戰國以來至秦漢，在政治領域，「攝」與「假」開始通用起來，前面提到的周公「攝政君天下」、「假爲天子七年」，皆出現在戰國至秦漢的文獻中，反映了攝與假的通用性，

〔註15〕嚴耕望：《中國地方行政制度史甲部──秦漢地方行政制度》，學生書局、三民書局，1990年，第389頁。另外，也有高級官員行低級職事的，參見《秦漢官制史稿》（下），第370頁。但這極爲少見，屬於特例。

〔註16〕如張俊民在《懸泉漢簡新見的兩例漢代職官制度》中，就將行官歸之於守官的一種類型。

而《荀子・儒效》曰：「天子也者，不可以少當也，不可以假攝爲也。」更是將二者在意義上等而觀之。與此同時，「攝行」一詞開始成爲秦漢政治中的常用語，而此前只有「攝」，而無「攝行」的說法。〔註17〕但「攝行」一詞的使用，最爲值得注意的，是在王莽篡漢之時。據《漢書・王莽傳上》，王莽在篡漢之前，大造聲勢，僞造「告安漢公莽爲皇帝」的符命。太后不得已下詔宣示天下道：「云『爲皇帝』者，乃攝行皇帝之事也。」這裡面出現了「攝行」一詞，以說明王莽是暫時替代漢朝皇帝來管事。但就論題所及，此一事件中最爲核心的是兩個名號：攝皇帝和假皇帝。所謂「攝皇帝」就是「攝行皇帝之事」，與「行官」中的「行某官事」性質相類。從攝政的角度來說，西周的周公雖遙不可及，但漢代的呂后、霍光與王莽在性質上相一致，他們雖可稱之爲「攝」，卻都沒能擁有像王莽那樣的「假皇帝」名號。〔註18〕

翻檢《漢書》，可以發現，王莽在回顧自己做假皇帝的這段歷史時，常常「攝假」並稱，如《王莽傳中》載：「予前在大麓，至於攝假。」顏師古注曰：「攝假，謂初爲攝皇帝，又爲假皇帝。」這樣的表述，一方面再次說明了攝、假的通用性，另一方面，更爲重要的是，攝與假的差別到底在哪呢？爲何要有兩個名號？本傳和顏注都沒有給出答案。但是，細繹文本，可以發現，「攝皇帝」這一名號所用場合，主要在於處理具體政務，王莽與臣民之間發生關係時。《王莽傳上》曰：「民臣謂之攝皇帝，自稱曰予。」倘從一般的理解來看，「攝皇帝」王莽在此時已擁有了皇帝的所有權力，再作「假皇帝」不是多此一舉嗎？但答案是否定的。這其中的關鍵點在於，攝皇帝所擁有的是皇帝權力，但不是權位，再明確一些說，它涉及的是身份問題。前已論及，王莽「攝行皇帝之事」，與行官相類。但行官只是暫時攝行自己所代理的官員之事，在官僚體制中，他還是以自己的本官面目出現。也就是說，他的正式身份不是所行之官，而只能是本官。汪桂海在研究漢代用印製度時，特別指出，在漢代兼攝「秩別比自己高的職官，代行其文書事，使用的官印也是其本任

〔註17〕 如《史記・五帝本紀》多次說到舜在正式接替帝位之前，替代堯擁有天子權位，「攝行爲天子。」此段故事來自於《尚書・堯典》，但《堯典》中並無「攝行」一詞，這是漢人的用法。而在《周本紀》中載有周公「攝行政當國」，《吳太伯世家》季札「攝行事當國」，從原來的「攝政」、「攝事」一變爲「攝行政」、「攝行事」中，可見「攝」與「攝行」在漢代的高度通用。

〔註18〕 呂后替代皇帝權位，在《史記》、《漢書》中表述爲「稱制」，但其實就是攝政，所以後漢蔡邕在其《獨斷》下卷中，就稱作「呂后攝政。」而關於霍光秉政，《漢書・五行志上》曰：「光執朝政，猶周公之攝。」

職官官印，不用（也未授予）所兼攝職官的官印。」〔註 19〕這從側面說明，行官只有處理事務的責任，而不具備所行之官的身份。同理，不管王莽如何掌控實際的皇權，他這個所謂的「攝皇帝」只有權力，但沒有名義，這樣就與霍光等人無異了。也就是說，王莽如果僅僅是「攝皇帝」，他的身份還不能等同於皇帝，究其實還只能是當年的安漢公，他豈能甘心於此？

所以，再次翻檢《王莽傳上》，可以發現，當「告安漢公莽爲皇帝」的符命出現後，本來遭到了太后的強烈反對，認爲「此誣罔天下，不可施行。」但在王莽黨羽的欺騙勸說下，認爲王莽只是想學周公「欲稱攝以重其權，塡服天下耳。」於是就有了上述的太后詔令，她一方面不得不接受王莽大權在握的事實，另一方面，特別解釋那條符命道：「云『爲皇帝』者，乃攝行皇帝之事也。」她是在告知天下，當然更包括王莽在內，希望王莽就學習周公，做個「攝皇帝」，到此爲止了。然而，前已論及，「攝皇帝」雖有權力，但無名位，這當然無法達到王莽的預期，於是他利用文獻中「假王蒞政，勤和天下」的章句，解釋爲周公曾做「假王」，慫恿手下向太后奏言道：「郊祀天地，宗祀明堂，共祀宗廟，享祭群神，贊曰『假皇帝』；民臣謂之『攝皇帝』。」在「攝皇帝」之上，硬生生地加上了一個「假皇帝」的名號。

這樣的一個變化，看起來似乎平淡，但就制度層面來說，可謂意味深長。我們可以先看看「假皇帝」所擁有的權力，與「攝皇帝」相較到底有何不同。由前已知，從實際的政治權力來說，皇帝該有的，攝皇帝一個也不缺，缺少的只是名義和身份。而就皇帝來說，身份的最大代表是什麼呢？祭祀權。這是作爲最高權力的合法性及象徵所在。所以《左傳》襄公二十六年才會有：「政由甯氏，祭則寡人」的說法；而在三國時代，蜀漢後期權力完全掌控在諸葛亮手上，但由於「政由葛氏，祭則寡人。」〔註 20〕蜀漢之主就還是劉禪，而不是諸葛亮。也所以，只有當王莽成爲假皇帝，可以替代皇帝祭祀天地及宗廟後，他在身份上才與眞正的皇帝幾乎毫無二致。

由此再來推定假官問題，我們就可以明白一個道理，行官與假官雖都是攝事，但前者只是以本官身份暫時做當下的事務，它只有有限的權力而無權位；而後者則在所「假」之期內，具有所「假」之官的身份，更不用說完全的權力了。由此，「假」就有了交出、託付的意義，也就是說，當某人成爲假

〔註19〕汪桂海：《漢印製度雜考》，《歷史研究》1997 年第 3 期，第 87 頁。
〔註20〕《三國志》卷 33《後主傳》注引《魏略》，中華書局，1959 年，第 894 頁。

官之後，官方機構將對其完全授權，所謂「寄百里之命」，一切由其處置，從一定意義上來說，它已到了攝事的極限，它的不「真」只在於短暫的期限，其它與真官無異。當然，由假皇帝雖可類推假官問題，但它們畢竟有一個很大的不同，那就是，假官如果做得好，可以直接做真官。但假皇帝則應該永遠是假皇帝，從道義和理論上絕不能做真皇帝。

行文至此，有人或許還會問，假皇帝雖說在身份與真皇帝幾乎一樣，但假皇帝畢竟是假皇帝，那麼，「真」、「假」之間的身份差別究竟在哪呢？對假官問題的討論到底又有何啓示呢？

就本論題來看，在秦漢時代，官僚身份其實可以分出兩種，一種是職業身份，另一種則是貴族身份，前者以官階為標準，可隨時予奪；而後者則是終身制的爵，是身份的真正依憑。就王莽事件來看，如果對皇帝進行身份定位，則可以說，皇帝是職業性的。作為最高的「職務」，極端一點說，在某種意義上它是最高的，統轄天下所有官僚的「官」，作為特殊的「官職」，凌駕與直通整個職官系統。而與之相對的，作為皇帝所具有的貴族身份的代表——爵位，則是「天子」，它代表著作為最高貴族的依託所在——天命。在號稱漢代「國憲」的《白虎通》〔註21〕中，皇帝被稱之為「號」，作為對官僚系統起作用的稱謂，《號》篇這樣說道：「帝王者何？號也。號者，功之表也。所以表功明德，號令臣下也。……帝者天號，……皇者何謂也？亦號也。皇，君也，美也，大也。」而「天子」呢？則屬於世系的「爵」系統，《爵》篇說：「天子，爵稱也。」

就官爵問題而言，秦漢是一個很特殊的時期。此前與此後，官與爵之間似乎沒有太多的界限，常常糾纏扭結在一起。但總的來說，在秦漢時期，它們卻分明是兩個相對獨立的系統。為此，閻步克指出：「爵級與（官）秩級間並無這樣一條紐帶，爵級與秩級是『疏離』的。這種『二元性』，我們看成是秦漢帝國品位結構的重要特徵之一。」他還進一步指出，雖然「秩」或者「官」的身份日益上升，但在漢初，「爵」是地位的標尺。從而出現了這樣一種政治狀態：「漢帝國的品位體制，用『爵』安排身份，用『秩』保障行政。」〔註22〕這樣的話，在漢代政治系統中，天子是作為皇帝之爵而存在的，是天命的

〔註21〕侯外盧等：《中國思想通史》第 2 卷，人民出版社，1957 年，第 232 頁。
〔註22〕閻步克：《從爵本位到官本位：秦漢官僚品位結構研究》，生活・讀書・新知三聯書店，2009 年，第 82、33 頁。

代表，不僅皇帝如此，其它官民所具有的爵，也比官更重要，它們具有更多的天意及天命色彩，因而也就有了「王者代天爵人」〔註23〕的說法。按照這樣的思路來看王莽能做假皇帝，而不可用做假天子，就可以得出這樣的結論，在秦漢以來的官僚系統中，「官」是職業化的，皇帝從某種程度上來說就是最大的官。從這個意義上來看秦漢思維，則在擔任某種官職時，不代表給予了高貴的身份，而只是做事，它所具有的身份是從屬於「事」的，也就是說，你做什麼「事」，給你什麼身份，這種官是流動的，職業的。而「爵」則是固定的身份，「官」是辦事員，因事而產生名分，「爵」則是貴族性的，有爵就有了身份。所以，在秦漢政治界，官可以「假」，因為這主要是事務的需要，但「爵」卻不能「假」。也就是說，從假官角度來看，皇帝是一種任職，天子是一種爵稱。也所以，甘懷真指出：「（在漢代），皇帝已不是一種特殊的尊號，與正統的延續性也無關，而成為一種職稱，表示天下之最高領導人。」「皇帝是相對於天子且附屬於天子的一種尊號。」〔註24〕

　　當然，這樣的思維是秦漢式的。此前在最高統治者的身份問題上，皇帝或者王，與天子之間沒有這樣的阻隔，也就是說不存在官、爵二分。也所以，就論題所及可以看到，對於周公攝政，既有「假為天子七年」的說法，同時也有「天子也者，不可以少當也，不可以假攝為也」的意見，可以說，對於最高統治者是否可以假攝，存在著截然不同的觀點。我們以為，這其實是戰國末期以來，隨著假官制度的出現，對周公問題「以今律古」，將假官制度推演到天子這一層面所致。由於當時官爵之間的分際還不清晰，故而出現了混亂糾纏。而當秦漢以來官爵二分日漸成立，在改造周公故事的同時，王莽也憑藉著假為皇帝而開始上位。

　　這一相類事件，還告訴我們，假官是隨著戰國至秦漢以來，官爵出現分離，在對職業化的「官」，而不是終身制的「爵」人群，進行管理時所出現的後果。或者進一步言之，在職業性、流動性的「官」出現後，作為一種職業身份，它可以通過全權委託的辦法，暫時賦予某人，這樣就有了最初的假官。總之，這是一種歷史的產物。戰國尤其是秦漢之前，官爵合一，以爵為主，在世官世爵之下，人們的身份不能或難以流動，《左傳》成公二年曰：「器與

〔註23〕《漢書》卷86《王嘉傳》，第3498頁。

〔註24〕甘懷真：《中國古代皇帝號與日本天皇號》，氏著：《皇權、禮儀與經典詮釋》，華東師範大學出版社，2008年，第346、347頁。

名不可假人。」在這種固定身份制度之下，是不可能有假官的，因為當時官爵合一，隨便賦予名號，會造成由身份改變所帶來的政治動蕩。而只有當職官開始替代世官，在官僚隊伍中，流動性出現，加之「爵」依舊決定身份，「官」只在於事務處理，這樣「假官」就出現了。因為在「官」只是職業身份的背景下，在嚴格意義上，「官」並沒有讓人趨之若鶩的身份誘惑，何況是「假官」？這時「以名假人」不僅不動搖政治根基，而且有助以官僚的流動及事務處理，正與剛剛建構的職官社會相合拍。也所以，戰國末期以來，秦至西漢時代，假官開始興盛。

而自漢建立以來，隨著時間的推移，假官現象在中上層官吏中逐漸消失。假官的明顯變化，以兩漢之間為分水嶺。就現有資料，在中上層官僚的任用中，東漢後再也沒有發現假官現象，攝事主要以行官形式加以進行，尤其是在軍界，此點更為突出。將軍在作戰時，授予行官的事例越來越多，研究者指出：「東漢時對作戰武官，常採取此種措施。」〔註25〕秦及西漢時代頗為興盛的假官，卻難覓蹤影了。而作為中下層官吏，假佐、假司馬、假侯等則保留了下來，其中假佐在秦漢時是一直存在的，《漢書·百官公卿表》中講：「百石之下有斗食、佐史之秩。」佐是當時最低層的官吏，《續漢書·百官志五》在百官受奉例中，亦將其列為最後一檔。所以，假佐應該從最基層選拔，擔任假佐者，其原始身份一定不是官，從某種意義上講，假佐只是辦事員。《漢官解詁》中講：「假佐取內郡善史書佐，給諸府也。」〔註26〕可見假佐主要是一種抽調徵用的小吏，在當時屬給事性質，甚至可理解為一種勞役。正因為此，它的權力是極有限的，甚至受到歧視。如雲夢秦簡《除吏律》中講：「假佐居守者，上造以上不從令，貲二甲。」假佐如果做守官，要受到處罰。雲夢秦簡《內史雜》中也講「下吏能書者，毋敢從史之事。」這種下吏或許就是假佐一類。

而假司馬、假侯，則在後來已成為常官，在意義上發生了變化。《續漢書·百官志一》講：「（將軍營）其下置校尉部，但軍司馬一人，又有軍假司馬、假侯，皆為副貳。」如前所述，此前假官本身不是固定的官吏，只具臨時性的權力。這種變化什麼時候發生的呢？筆者以為，還應該是在東漢以後。因為在西漢時，假司馬、假候應該是非正規官吏，《懸泉置漢簡》87～89C：11

〔註25〕安作璋、熊鐵基：《秦漢官制史稿》（下），第 170 頁。
〔註26〕見《漢官六種》，四部備要本，上海中華書局據平津館本校刊。

－38－

簡〔註27〕「賜校尉錢人五萬；校尉丞、司馬、千人、候人三萬；校尉史、司馬丞、侯丞人二萬，書佐、令史人萬。」此簡大致爲西漢元帝時期的，我們看到，最低的斗食之吏書佐、令史等，也有封賞。《續漢書・百官一》中記載軍司馬比千石，候爲比六百石，官位並不低，其副職品級絕對應在斗食之吏之上，假如當時假司馬、假候已作爲常官存在，封賞的名單中應該不會漏去它們。而假司馬、假侯成爲副職，並非是因爲在秦漢官職系統中，沒有確切的副職概念。《漢書・蕭望之傳》中：「大將軍王鳳以育名父子，著材能，除爲功曹，遷謁者，使匈奴副校尉。」師古注曰：「時令校尉爲使於匈奴而育爲之副使，故授副校尉也。」《居延漢簡合校》〔註28〕中 118・17 簡中有「副衛

司馬富昌」，《懸泉置漢簡》II 0216② ：54 簡記有「副衛侯臨」，等等。我們可

以看到，此前已有副司馬、副候一類的官位，以假轉爲副，是這種官職在軍中轉爲常官後，由臨時性官位逐漸轉化形成的結果，換言之，沿用習稱而已。總之，以兩漢之際爲界，此前假官作爲非常態的存在，在漢代官僚系統中發揮著獨特的作用。而自東漢以來，除了軍中的部份假官轉爲常官，其意義及性質已經發生了根本性的改變。作爲非常態的職官及官制現象已經消失，剩下的假官爲最基層的服役者，在嚴格意義上是不能稱之爲官吏的。從這個意義上來說，我們可以認爲，東漢之後無假官。這種現象的出現，不僅與防止軍政高官坐大，加強中央權力有關，也應該是早期帝國官僚體制日漸規範化的一種必然。

三、秦漢守官的源起、職責與類型問題

　　「守官」一詞在春秋時代已經出現，如《左傳》襄公八年載：「先君守官之嗣。」因爲此處的「官」爲官府或機構之意，很顯然，它與後來職官意義上的守官不是一回事。至秦漢時，守官作爲官職的一種，才眞正出現，如前引《戰國策》中提到的守相，時值秦王政時代，正是秦漢時期的開端，而在出土文獻中，雲夢、里耶秦簡、張家山漢簡都有大量的守官資料，前二者可

〔註27〕見胡平生、張德芳編撰：《敦煌懸泉置漢簡釋粹》，上海古籍出版社，2001 年。
〔註28〕謝桂華、李均明、朱國炤編校，文物出版社，1987 年。

以反映秦統一前後的狀況，後者則反映了漢初的情形。從這些材料可以看出，至秦漢時，在官僚系統中，守官已經很普遍了。

雖說守官自秦漢時期開始出現，但其源頭中卻有著先秦的影響及印記，就語義學來說，其中的關鍵就在於一個「守」字。習中國文史者皆知，從春秋戰國時代開始，有了郡的設置，郡守或太守也隨之出現，自此，「守」與官職之間發生了密切關聯。有學者以這一問題為切入口，提出：「『守』最初就是一種軍事上留守、防守的職責，下一步才由軍事上的『留守』轉而為行政上的『留守』。」而這種「留守」在秦律中被稱之為「居守」，雲夢秦簡《除吏律》載：「有興，除守嗇夫、假佐居守者上造以上」。由此進一步推論道：「居守，猶今言『留守』、『坐班』，較之『代理』而言，還多一層必須留在官署的意思。」於是，最終得出如下的結論：「行政上留守坐班，自然難免要攝理原長官的有關事務，行使相應職權，從而『守』有『兼攝』即『代理』的意思。」〔註29〕

由留守而產生代理之意，這完全符合秦至漢初的政治實際。由出土文獻，我們已經知道，在秦及漢初，長官不在時，要有下級負責居守，這一留守者就可冠之於「守官」名號，如張家山漢簡《二年律令‧具律》曰：「事當治論者，其令、長、丞或行鄉官視它事，不存，及病，而非出縣道界也，……其守丞及令、長若真丞存者所獨斷治論有不當者，令真令、長、丞不存及病者共坐之。」〔註30〕這裡面的「守丞及令、長」，就是主官不在時，因「居守」而產生的「守官」，由此，守官作為一種制度已然產生，但與此同時，它又與後來守官所具有的「試守」意義有所不同。其中一個重要差異就在於，這種守官頻繁更迭，甚至幾天就輪換一次，這在里耶秦簡裏表現得最為突出。由此，有學者提出：「在秦及西漢初期，守官只是臨時代理官員之意，到了其後，才逐漸發展出試守以及兼職的內容。」〔註31〕

但對於這一意見及上述相關論述，筆者要加以引申和補充的是：1、守官的先秦源頭還可以推到更遠，而不是僅止於太守問題。2、秦及漢初作為初期階段，守官主要以代理他官的政務為主，但不能就此排除有試職官員的存在，

〔註29〕秦濤：《秦律中的「官」釋義——兼論里耶秦簡守的問題》，《西南政法大學學報》2014 年第 2 期，第 23 頁。

〔註30〕張家山二四七號漢墓竹簡整理小組：《張家山漢墓竹簡（二四七號墓）》，文物出版社，2001 年，第 148 頁。

〔註31〕陳治國、農茜：《從出土文獻再釋秦漢守官》，第 185 頁。

這種狀況雖可能還比較初級，但爲以後主流的守官狀態奠定了基礎。3、就整個秦漢時段來看，臨時代理類型的守官主要活躍於秦及漢初，無論是時間段還是精緻程度，都不能與之後相提並論，所以不應該作爲主流狀態。也所以，後面的討論，在釐清了秦及漢初的階段性問題後，還將著眼於整個秦漢時段，以守官的試職意義爲核心。下面，就具體來看這些問題。

就守官的源頭而言，當然還是要在「守」的官職及「居守」等相關意義上進行挖掘。在筆者看來，與「居守」相近的意義，在春秋之前就已經出現，或許後來的郡守或太守的意義就是從這裡發展出來的。具體說來，自西周到春秋以來，諸侯的自稱中有「守臣」一詞。《禮記·玉藻》曰：「諸侯之於天子，曰某土之守臣某。」《左傳》宣公十年則曰：「凡諸侯之大夫違，告於諸侯曰：『某氏之守臣某，失守宗廟，敢告。』」而這一稱謂有時又可簡稱爲「守」，《左傳》襄公十二年載：「先守某公。」這裡面「守臣」或者「守」，有著爲周王守土的意思，雖只是一種禮儀用詞，但的確隱含著代周王居守於此的意義。而這樣的意義再經過郡守的官職性延展，發展到秦及西漢，就出現了代理之義，有了最初的守官制度。這種名之爲「守」的官僚，作爲制度的初期產物，一方面使得「守」在職官意義上發生了延展變化，由守土而居守，由居守而代理。另一方面，更爲重要的是，我們認爲，在秦及漢初這一時段內，守官並非僅僅只有臨時代理的趨向，它似乎還有著另一種形態。

以里耶秦簡爲例，裏面既有大量的「守丞」等臨時性的代理型守官，還有「鄉守」、「田官守」、「少內守」、「都鄉守」等官稱，這樣就出現了「守某官」與「某官守」兩種不同的表達。前者作爲守官稱謂，是可以得到公認的，但後者呢？卜憲群指出，後者就是守官的一種簡稱，「是任用官吏的一種方式，而並不是官名。」〔註32〕但他並沒有具體說明二者之間的關係。而有的學者則認爲，它們之間沒有什麼差別，「田官守」、「少內守」、「都鄉守」等本來的稱謂，應該就是田守嗇夫、少內守嗇夫、都鄉守嗇夫等，屬於同一意義的不同表達。〔註33〕但筆者認爲，這樣的結論過於簡明，忽視了官制中應有

〔註32〕卜憲群：《秦漢之際鄉里吏員雜考》，《南都學壇》2006年第1期，第3頁。

〔註33〕陳治國：《里耶秦簡「守」和「守丞」釋義及其它》，《中國歷史文物》2006年第3期，第58頁。另外，在里耶秦簡〔9〕1簡中有「卅四年六月甲午朔戊午，陽陵守慶敢言之」的簡文，而在9〔11〕簡中則有「卅四年六月甲午朔壬戌，陽陵守丞慶敢言之」的簡文，也就是說，慶在戊午日爲「守」，四日後又

的複雜性，是值得商榷的。理由在於，總體考察里耶秦簡，可以發現，作爲官方檔案，它的用詞十分謹嚴，在稱謂上更是如此。這麼隨意地加以簡稱，而且數量眾多，是不合常理的。《中國歷史文物》2003 年第 1 期刊載有《湘西里耶秦代簡牘選釋》，我們以此爲考察文本，發現在第〔16〕9 簡中同時出現了「都鄉守」和「遷陵守丞」兩種不同的稱謂，如果它們在類型上是完全一樣的，爲什麼在同一支簡上都不統一用詞呢？還有，整個陽陵縣出現了大量的「守丞」官，但無一例以「丞守」稱之，如果稱謂可以隨意變換，爲何「丞守」一詞不見出現呢？筆者以爲，簡單地堅持「守某官」與「某官守」可以混同，是無法解釋以上的種種疑問及不合常理處的。

　　當然，我們注意到，在學界有另一派意見，他們認爲，「某官守」並不是守官，而是一種正式官稱。就如同郡有郡守、太（泰）守，其它的則是各式各樣的守。如在對縣長官的研究中，鄒水傑認爲，「縣守」不是守官，「應是縣長官的另一種稱呼。」〔註 34〕但這樣的說法是不能成立的。因爲在張家山漢簡《奏讞書》中，在脩縣，「脩令」與「脩守」同時並存，〔註 35〕這就說明，在縣一級，「縣守」絕不是「縣令、長」的別稱，而是並立的另一種官職。而在對鄉長官的研究中，張朝陽則提出，鄉守與鄉嗇夫是同時掌事的兩個鄉官，他稱之爲「基層管理的雙頭模式」。〔註 36〕

　　這樣的意見雖然別闢一途，但臆斷太多，筆者難以苟同。我們看到，在

成爲了「守丞」，由此，陳松長認爲，「守」是「守丞」之省。（氏著：《〈湘西里耶秦代簡牘選釋〉校讀（八則）》，西北師範大學文學院歷史系、甘肅省文物考古研究所編：《簡牘學研究》第 4 輯，甘肅人民出版社，2004 年，第 23 頁）但我們以爲，這裡的「守」可能是漏去了「丞」字。因爲在整個里耶簡中，唯此一例，其它地方都沒有發現可以這樣通用。而且，《史記·陳涉世家》載：「陳守、令皆不在，獨守丞與戰譙門中。」作爲守官制度的一則資料，武普照在《秦漢守官制度考述》（《山東師大學報》（社科版）1988 年第 4 期，第 37 頁）中說「此處之『守令』、『守丞』皆爲試守官。」需對武氏所論進行匡正的是，既然是「皆不在」，就不應該是某一個「守令」，而是「守」與「令」二人，但此處需注意的是，如果「守丞」可以省爲「守」，那麼，後文怎麼又出現了「守丞」呢？可見，「守」絕不是「守丞」之省。由此，陳氏所論就可以被放棄。

〔註 34〕鄒水傑：《兩漢縣行政研究》，湖南人民出版社，2008 年，第 62 頁。

〔註 35〕張家山二四七號漢墓竹簡整理小組：《張家山漢墓竹簡（二四七號墓）》，第 223 頁。

〔註 36〕張朝陽：《也從里耶秦簡談秦代鄉嗇夫與鄉守：論基層管理的雙頭模式》，《史林》2013 年第 1 期。

里耶〔16〕9 簡中，載有都鄉守嘉就「年籍」等問題向上級彙報一事，在縣廷的批示中，要求「都鄉主」自行進行查詢。關於「鄉主」問題，卜憲群指出，它不是正式職官，「只是鄉中某事負責人之意」，「秦漢人常習慣把某事的負責人稱爲『主』，除了『縣主』、『鄉主』外，還有『主吏』、『吏主者』等語。」〔註37〕這個說法是完全正確的，但問題是，這裡的「鄉主」指的是誰呢？張朝陽認爲，「都鄉主」就是「都鄉守」。〔註38〕但我們以爲，這種判斷值得推敲。一方面，既然有「主」，則必有「輔」，權力上並駕齊驅的「雙頭模式」，由此就不能成立，張氏的說法顯然自相矛盾。另一方面，如果「鄉守」與「鄉主」是一回事，那麼，既然是「鄉守」打的報告，直接批覆給「鄉守」就好了，另外提出「鄉主」，實質上更大可能從側面意味著有另外的主官存在。而且「主」在這裡應該就是主管之意，在里耶、張家山簡牘中，「某官守」與「某長」、「某令」、「某嗇夫」等常常並存，而作爲正式的官稱，「長」、「令」、「嗇夫」才應該是「主」，而「守」則不是。也就是說，「某官守」作爲主官存在著疑問，它還應該是屬於守官範疇。

總之，在秦漢官制中，既然「長」、「令」、「嗇夫」等爲正官或主官，與其並存的「某官守」這樣的官制設計，一定是輔助性的。如果爲了並駕齊驅，權力等同，而進行「某官守」這樣的制度設計，那是極不合理的，再如果由此推斷，由鄉至縣實行所謂的「雙頭模式」，那不僅是不可想像，也是不符合實情的。因而，「某官守」應該就是守官，只是它是與「某官守」不一樣類型的守官。

那麼，它們的不同在哪裏呢？

在前面我們已經對張朝陽的「管理的雙頭模式」提出了不同意見。但他在論文中所揭示的鄉守權力之大，幾乎可與鄉嗇夫並駕齊驅，卻在告訴我們，這種守官在官方待遇方面與「守某官」迥然不同。也所以，與「守丞」等臨時代理型官員不同，「某官守」這種類型有著穩定性和待遇的保證。我們注意到，在里耶 16〔2〕簡中，提到了「平邑故鄉守士五（伍）」等三人。所謂「故鄉守」，就是曾經的「鄉守」，在秦漢，「故官」是一種得到承認的官資，有了這樣的身份，就有相應的待遇。〔註39〕而前述的「守丞」等官員，在里耶簡

〔註37〕卜憲群：《秦漢之際鄉里吏員雜考》，《南都學壇》2006 年第 1 期，第 3 頁。
〔註38〕張朝陽：《也從里耶秦簡談秦代鄉嗇夫與鄉守：論基層管理的雙頭模式》，《史林》2013 年第 1 期，第 53 頁。
〔註39〕關於這一點，可參看閻步克：《論漢代祿秩之從屬於職位》，氏著：《樂師與史官：傳統政治文化與政治制度論集》，生活・讀書・新知三聯書店，2001 年，

中，則沒有「故守丞」這樣的故官稱謂，基本原因應該在於，他們屬於臨時代理型官員，頻繁更換之下，甚至幾天就換。在制度上，根本就不具備正規的官員資格，說得簡明點，「某守官」與「某官守」，是一種「臨時工」與「正式工」的差別。也因為如此，前者不存在「試職」的可能，權力上的不完備可以想見，而後者則可以在自己的崗位待上較為充裕的時間，張朝陽在對里耶秦簡的七位鄉守進行考察後，得出了「每人任期似乎是一年左右」的結論。〔註40〕由前已知，在這一階段，他們所擁有的權力與正官幾乎等齊。那麼，我們看到，在一個崗位有一年左右的時間，讓其擁有較為完備的權力，如果再能讓其轉為「真官」或「正官」，那就與後來具有「試職」意義的守官極為接近了。

限於材料所限，那些鄉守一年後如何，已不得而知。所以，我們還不能肯定「某官守」就是後來「試職」意義上的守官，但由前所論，我們可以相信，「某官守」類型的守官，應該對後來的官員試守有著直接的意義與影響，也就是說，試職類守官應從這裡發展出來。也所以，我們注意到，「鄉守」們有一年左右的任期，與後來守官的試職期正相吻合，這應該不是一個偶然。還有一個值得注意的現象是，「某官守」是與本官並置的官員，而按照後來的守官規範，在對其授職時，應該是「被置為守官的官是在沒有本官的情況下」〔註41〕進行，也就是說，在規範的情況下，守官應在本官缺失時試守為官。這樣看起來，似乎「某官守」的情況與後來的守官狀態不相符合。

然而，有時問題恰恰要反過來看，我們注意到，在傳世文獻中，記載了許多秦漢之際的守官，但他們幾乎都是與本官並置。如《史記・酈商列傳》載：「因攻代，……得代丞相程縱、守相郭同。」《史記・灌嬰列傳》則載：「（高祖）三年，降下臨菑，得齊守相田光。追齊相田橫至嬴、博。」又如，《漢書・曹參傳》記載了曹參隨韓信「斬龍且，虜亞將周蘭，定齊郡，凡得七十縣。得故齊王田廣相田光，其守相許章。」而在《漢書・高帝紀》中記有曹參斬龍且一事，時為高祖四年十一月，其中說道：「殺楚將龍且，

第 191～198 頁。
〔註40〕 張朝陽：《也從里耶秦簡談秦代鄉嗇夫與鄉守：論基層管理的雙頭模式》，《史林》2013 年第 1 期，第 53 頁。
〔註41〕 大庭脩：《秦漢法制史研究》，第 438 頁。

追至城陽，虜齊王廣。齊相田橫自立爲齊王。」從這些史料，我們可以看出，齊相及守相幾次更迭。高祖三年時齊相爲田橫，守相爲田光，而高祖四年後，田廣被俘，齊相田橫自立爲王，守相田光轉爲齊相，守相變成了許章。所以《曹參傳》才會說：「故齊王田廣相田光，其守相許章。」這反映在當時守官與本官同置，一旦本官缺失，守官則可轉爲本官，再同置守官，以備不虞。總之，本官之外，一般都設置有一個守官，如有一項空缺，隨時遞增，以不出現空白爲目標。從這個角度去看，這根本就不是「雙頭」了，長期來看，簡直有「三頭」、「四頭」。

所以，行文至此，我們就不僅知道，在秦漢之際，本官、守官並置爲常態，還應該能明白其原因所在，簡言之，這是特殊的軍政環境之下的必然。也所以，秦及漢初出現官員並置，就不是所謂「雙頭模式」的問題，而是爲了適應當時的戰爭要求，在本官之外，特別要設置守官，從某種意義上說，這種守官具有候補、實習的性質，一旦本官亡故，就需要守官補上。在太平時節，這樣的官制設計當然失去了意義，因而後來幾乎再也見不到這種狀況，但到了兩漢之際，我們看到，它又再一次出現。《後漢書·卓茂傳》記載，卓茂爲密令，「吏人笑之，鄰城聞者皆蚩其不能，河南郡爲置守令。茂不爲嫌，理事自若。數年教化大興，道不拾遺。」注引《東觀記》曰：「守令與茂並居，久之吏人不歸往守令。」總之，在秦漢時代，守官與本官是完全可以並置的，只是這種事例，與因缺官而試守相比，比較少罷了，但這種狀況卻是實實在在存在的。此外，在《漢官》〔註42〕所記太常、太宰員吏中，有「二人學事，四人守學事」的記載，光祿勳員吏中「八人學事，十三人守學事」，等等。這些守職者雖不是戰爭環境，但由於人員需要的緣故，需要一些隨時候補者，這又與前述情況有相通處。由此，我們可以推定的是，「某官守」這一類型的制度，是符合秦及漢初的守官實際的。

明瞭這些問題後，再來通觀整個秦漢時代的守官類型。概而言之，守官可分爲試守與守缺兩種情況。由前已知，前者由「某官守」類型發展而來，而後者則源自於「某守官」類型，並與行官有著共通之處。但它們的不同也是很明顯的，概言之，行官是以本官爲主，而守官的官位則掛靠在所守之官上，原來的本官反倒是其次了，也就是說，就行官而言，所行之官在體制內

〔註42〕見《漢官六種》。

是得不到正式承認的；而守官則不是，所守之官才是重點所在。所以，我們可以看到一個有趣的現象，在正式公文中，守官一般都在前，而且原官有時可以省略；而行官則在後，並且不能省去本官，這正說明二者的差別與重點所在。〔註43〕

此外，就守官的職責範圍及適用性來看，守缺當爲官員出缺的情況下，代爲掌權，其適用範圍及先決條件是給定了的。那麼，試守作爲對官吏的試用，其適用範圍如何呢？《漢書‧平帝紀》載：「賜天下民爵一級，吏在位二百石以上，一切滿秩爲眞。」注引如淳曰：「諸官吏初除，皆試守一歲乃爲眞，食全奉，平帝即位故賜眞。」師古曰：「此說非也。時諸官有試守者，特加非常之恩，令如眞耳。非凡除吏皆當試守也。一切者，權時之事，非經常也。」按如淳的講法，當時所有官員都需經過試用，顏師古否定了他的講法，從歷史事實來看，無疑顏師古是對的。在《漢書‧百官公卿表》中，每一職位是否爲守官都有記載，而其它官員則不是守官。換言之，如果都要經過守官階段，大家一開始都是守官，在《百官公卿表》中對守官就沒必要專門標出了。再如在《後漢書‧和帝紀》中，在講到對察舉者要試職時，專門指出：「又德行尤異，不須經職者，別署狀上。」即有一部份人不要試用即可實授爲官。

既然守官不是針對所有官吏實施，那具體而言，哪些情況下要用守官呢？從史料記載來看，主要有五種情況，前四種爲試守類型，後一種爲守缺。

1、以內朝爲主的一些中都官〔註44〕。其中中央官主要以中層官吏爲主，再加之一些特殊的職位。《後漢書‧李固傳》中李固上書道：「竊聞長水司馬武宣、開陽城門候羊迪等，無它功德，初拜便眞，此雖小失，而漸壞舊章。」注引《續漢書》云：「中都官，千石、六百石，故事先守一歲，然後補眞。」不僅是千石、六百石，比之稍低的一些官職也要試守，如《漢官典職儀式選用》〔註45〕載：「尚書郎初從三署詣臺試，初上臺稱守尚書郎，歲滿稱尚書郎，

〔註43〕 如居延漢簡214‧33簡（參見謝桂華、李均明、朱國炤校注：《居延漢簡釋文合校》，文物出版社，1987年）：「守大司農光祿大夫臣調昧死言，守受簿丞處，前以請給使護軍屯食，守部丞武☑。」我們注意到，「調」所守之官「大司農」在前，本官光祿大夫在後；而「武」作爲守官，其本官則省略了。而在《史記三王世家》中所載的奏章中，有「御史臣光守尚書令」、「大僕臣賀行御史大夫事」。

〔註44〕 《後漢書》卷1上《光武帝紀》中注引《前書音義》曰：「中都官謂京師諸官府也。」《漢書》卷90《酷吏傳》注中顏師古曰：「京師諸官爲吏也。」

〔註45〕 見《漢官六種》。

三年稱侍郎。」此外，同書中還記有侍御史，也是「初稱守，滿歲拜眞。」可見對中央一些官職是有明確的試守規定的，也即是所謂的「舊章」。此外，一些特殊的中央官也經常要求試守，僅以《漢書・百官公卿表》爲例，在這裡面就記載了「守少府」、「守衛尉」、「守大鴻臚」等，它們都是中二千石的高官，但由於主管皇室財產、主管侍衛軍、主持對外事務等特殊情況，它們或由於地位的微妙，或由於需要相當的技能，所以也要試守。這一類例子還有許多，不再贅舉。中央直屬的三輔地區，由於位置重要，治理起來難，其長官也都要通過試守，前面已提到的趙廣漢、尹翁歸、韓延壽、張敞等，即爲這一地區的郡級長官。至於縣一級的長官，應該也一樣的要試守。《漢舊儀》中講：「刺史奏幽隱奇士，拜爲三輔縣令，比四百石，居後六卿，一切舉試守令，取徵事。」具體的例子如《漢書・酷吏傳》中：「尹賞以三輔高第選守長安令，得一切便宜從事。」即試守爲三輔縣令。《舊漢儀》〔註46〕中說：「詔選諫大夫、議郎、博士、諸侯王傅、僕射、郎中令，取明經，選廷尉正監平章事，取明律令，選能治劇三輔令，取治劇，皆試守，小冠，滿歲爲眞，以次遷。」此段文字中所涵蓋的試守官吏，除諸侯王傅，基本上都是中都官，也包括了三輔地區的縣令。而且除郎中令外，基本上爲千石、六百石左右的品級。這正與以上所引的中都官試守原則基本吻合。

2、由中央出補爲官，而且主要是地方官。出補對象主要是郎官、孝廉、博士及一些其它吏員。《後漢書・和帝紀》載：「永元元年春三月甲辰，初令郎官詔除者得自占丞、尉，以比秩爲眞。」注引《漢官儀》曰：「羽林郎出補三百石丞、尉自占，丞、尉小縣三百石，其次四百石，比秩爲眞，皆所以憂之。」從以上引文可以看出，一般而言由中央出補爲官，要比秩爲眞，這就類似於前面所講的趙廣漢、尹翁歸等在試守時「滿歲稱職爲眞」，章帝時曾下達詔書：「建武詔書又曰：『堯試臣以職，不直以言語筆箚。』今外官多曠，並可以補任。」〔註47〕也證明了出補爲一種試職，是屬於守官性質。官員的外放出補在漢代十分普遍，尤其在東漢史書中可以發現許多例子，如：永元七年夏「悉以所選郎出補長、相」〔註48〕；元初六年「詔三府選掾屬高第，能惠利牧養者各五人，光祿勳與中郎將選孝廉郎寬博有謀，清白行高者五十人，出補令、長、丞、尉。」

〔註46〕見《漢官六種》。
〔註47〕《後漢書》卷3《章帝紀》，第140頁。
〔註48〕《後漢書》卷4《和帝紀》，第180頁。

〔註49〕等等。一般來講，這些出補者都屬於守官性質。

3、「治劇」多用守官。秦時材料還不是很清楚，但至少在漢代，地方郡、縣根據其治理的難度，分爲平與劇。如《後漢書‧安帝紀》所載永元元年詔書：「自今長吏被考竟未報，自非父母喪，無故輒去職者，劇縣十歲平縣五歲以上，乃得次用。」從字面上可以看出，「平」指的是比較好治理一些的地方，「劇」則是難治理之地。「治劇」在當時成爲一種行政考課項目，《漢官典職儀式選用》中講：「（侍御史）出治劇，爲刺史。」《漢書‧酷吏傳》中「奏（尹）賞能治劇，徙爲頻陽令。」由於劇地的特殊性，所以一般要試用。前引三輔地區的試守其實也是一種「治劇」，所以前引《漢舊儀》中講三輔令「取治劇」，即從符合「治劇」條件的人中試守官吏。《漢書‧馮奉世傳》載：「（馮野王）上書試守長安令。」因長安爲難治理之地，即可能是根據「治劇」原則，而要求試守。再如《漢書‧敘傳》講：「會定襄大姓石、李群輩報怨，殺追捕吏，（班）伯上狀，因自請願試守數月。」這種試守也因是「治劇」之故。

4、察舉一般要試職。《續漢書‧百官志一》中講：「方今選舉，賢佞朱紫錯用。丞相故事，四科取士。……自今以後，審四科辟召，及刺史、二千石察茂才、尤異、孝廉之吏，務盡實覈，選舉英俊、賢行、廉絜、平端與縣邑，務授試以職。有非其人，臨計過者，不便習官事，書疏不端正，不如詔書，有司奏罪名，並正舉者。」從這段話中，我們可以得到以下的認識：一、察舉要「授試以職」，即在一定崗位上加以試用。二、這種做法是一種「故事」，即流傳下來的傳統，最後其實也就成爲一種制度了。但由於實際貫徹中，常常有特拜，所以這種試守原則經常會被破壞。《通典‧選舉一》載：「（光武后期以後），所徵舉率皆特拜，不復簡試，士或矯飾，謗議漸生。」爲此，在建初三年，章帝下詔對當時的選舉加以批評，在建初五年，又引光武時詔書，提出「試臣以職，不直以言語筆箚」〔註50〕，而《後漢書‧和帝紀》載永元五年詔書：「選舉良才，爲政之本，科別行能，必由鄉曲。而郡國舉吏，不加簡擇，故先帝明勑在所，令試之以職，乃得充選。又德行尤異不須經職者，別署狀上。」重申了察舉試職的一般原則，特殊者要「別署狀上」。但實際上，

〔註49〕《後漢書》卷5《安帝紀》，第229頁。
〔註50〕《後漢書》卷3《章帝紀》，第140頁。

這種原則在後來還是被破壞，東漢末，又出現了「時皆特拜，不復選試」〔註51〕的現象，但不管怎麼說，這只是對原則的破壞，並被許多人強烈批評，這恰恰證明察舉一般需要試守，是得到公認的原則，所以時人云：「觀本行於鄉黨，考功能於官職。」〔註52〕正是出於這種認識。

5、守缺。在秦漢當某個官位空缺時，按規定需要立即派人暫時代守，這也是守官的一種。這方面有明確的法律規定，如雲夢秦簡《置吏律》：「官嗇夫即不存，令君子無害者若令史守官，毋令官佐、史守。」《內史雜抄》：「苑嗇夫不存，縣為置守，如廄律。」《漢舊儀》中也講：「丞相史物故，調御史少史守，丞相史若御史少史監祠寢園廟，調御史少史屬守，不足，丞相少史為倅事。」這種守官與前幾種不同，它雖也算試用，但一旦未轉為正規官員，真官到，則需回原位。《後漢書·張昇傳》中記張昇「仕郡為綱紀，以能出守外黃令，吏有守賕者，即論殺之。或譏昇，守領一時，何足趣明威戮乎？」《居延漢簡合校》264·35簡：「真官到視事有代罷。」正證明這種守官的暫時性。而《漢書·游俠傳》載茂陵守令尹公打擊游俠原涉，屬下向他進言道：「君以守令辱原涉如是，一旦真令至，君復單車歸為府吏，涉刺客如雲，殺人皆不知主名，可為寒心。涉治冢舍，奢僭踰制，罪惡暴著，主上知之。今為君計，莫若墮壞涉冢舍，條奏其舊惡，君必得真令。如此，涉亦不敢怨矣。」「尹公如其計，莽果以為真令。」這又說明如果代守得好，也可以與其它類型守官一樣轉為真官。

守官的授職方式主要有三種，除了由上級直接任命，還可自己上書請試守，或為他人請為試守。《漢書·敘傳》載：「（班）伯上狀，因自請願試守數月。」即為自請試守，《漢書·東方朔傳》云：「（東方朔）因自訟獨不得大官，欲請試用。」當也屬這一類。而《漢書·朱雲傳》中：推薦朱云「可使以六百石秩試守禦史大夫」，《漢書·賈捐之傳》載，京兆尹缺，賈捐之推薦長安令楊興，上奏說：「國之良臣也，可試守京兆尹。」證明官員有推薦他人試守的權力。

此外，守官的試守期限、權限、考課等，在當時也都有明確的制度，因已有學者對此做了相當精彩的論述，本文不再重複〔註53〕。

四、結論與思考

〔註51〕《後漢書》卷63《李固傳》，第2082頁。
〔註52〕《漢書》卷60《杜周傳附杜欽傳》，第2674頁。
〔註53〕請參看武普照《秦漢守官制度考述》一文。

　　通過對秦漢假官、守官問題的考辨，我們可以得出如下認識：一、作爲一種官吏制度，假官和守官雖可溯源於春秋戰國，甚至西周時代，但總體上來看，它們是秦漢時代的政治產物，並在魏晉之後日漸衰微。二、假官、守官以及行某官事等，它們都是非眞官類型，與正官、眞官相對而言。總的來說，是在處理政務之時所採取的一種非常態措施，故而有著對「事」不對「人」的傾向，也就是說，它們主要是一種事務性的安排，而不以人的身份安排爲核心，即便其中涉及到身份問題，如果假官、守官算是身份安排的話，這種身份也只是從屬於職事之上的一種附加，它們不是終身性的貴族身份，而只是流動性的職業身份。三、假官、守官不是一回事，不可混同。前者爲非正規的官員，暫時權代而已，事罷則撤，不可轉爲眞官，所以屬於編制外的官員；後者主要爲試用官，可轉爲眞官，屬於編制內的官員。四、就字義而言，「假」在有「非常規」的含義，與「眞」相對而言，自春秋戰國秦漢以來，這一意義在名分上的運用十分廣泛。假官最初時與軍事有關，作爲春秋以來「攝官」發展的一大分支，它與「行官」攝行官事不同，前者只是以本官身份暫時做當下的事務，只有有限的權力而無權位，而假官則可假代權位，屬於政務及名位的全權委託。至東漢，假官作爲一種制度已不再存在，但其中假佐、假司馬、假候等稱謂保留了下來，並轉爲常官，意義已不同於前。五、就語義發展來說，守官當由西周以來的「守臣」發展而來，由守土而居守，由居守而代理，日漸有了後來各種官制方向上的意義。守官可分爲試守和守缺兩種情況，前者由秦漢之際的「某官守」類型發展而來，而後者則早先屬於臨時代理型官員，源自於「某守官」類型。就整個秦漢時段來看，臨時代理類型的守官主要活躍於秦及漢初，無論是就時間段還是精緻程度來說，都不應作爲主流狀態。整個秦漢時段，應以守官的試職意義爲核心。總之，假官、守官問題是一個比較複雜、牽涉面較廣的論題，展開這一相關研究，無疑會對中國古代的官制和政治文化的深入理解，帶來較大的推進作用。而本文的主旨則在於，著力釐定事實，提供一個觀察視角，希望這一初步工作，能對相關研究的進一步深入有所補益。

　　行文至此，本文基本上可以畫上一個句號，但是，這個句號是不太圓滿的。不圓滿，也就意味著筆者自己的不滿意。這種不滿意又主要體現在兩個方面，一是文中的疏漏、錯訛；二是這一論題的延展性。記得本文的基本構思形成於 2002 至 2003 年間，2004 年定稿，2005 年發表。而今，十多年已過

去，隨著認識的深入及材料的增多，進行必要的修訂，自是題中應有之義。爲此，筆者對原稿作了認真的增刪，以上呈現於讀者面前的文字，就是在原稿基礎上加以改訂而成的。雖竭盡全力，怎奈學殖淺陋，疏漏、錯訛應該還有不少，所以，雖修訂稿已基本完成，但還是無法釋懷，筆者魯鈍，以今日之學力，改訂工作只能如此作罷。但另一項不滿意則使得我還有話要說，本文題爲《秦漢守官、假官問題考辨》，雖是對秦漢問題所作的分析，但作爲一種官制現象，有源有流，也所以，文中對先秦的源頭做了必要的討論，但這種制度在魏晉以來的狀況如何，以及參照之下，秦漢的獨特性在哪裏，卻是付之闕如的。

　　不久前，我看到了劉士英的相關碩士論文，文中對筆者的這種研究一方面有所肯定，另一方面，同時指出，原文稿沒有進一步闡釋魏晉時期的狀況爲一大缺憾。〔註54〕我首先誠懇地接受這種批評，但在此要稍加說明的是，當時之所以沒有延展到魏晉，一是考慮到如此則篇幅過大，且無法深入；二是十多年前本人對於魏晉的瞭解程度還不夠深入，出於藏拙的需要，在原稿中就沒有提及。如今思之再三，覺得這一選題上引下聯，難以完全獨立與割裂，如果僅僅就秦漢或僅僅就先秦秦漢而探研這類問題，的確遠遠不夠。

　　我的考慮是這樣的，學術研究貴在精深，作爲秦漢方向的論文，當然要立足且緊緊圍繞著秦漢來展開研討，如果時時越界出位，想要無所不包，失去約束之下，就會章法雜亂，最終失之於淺，那是不可取，也是毫無操作性的。但與此同時，也要避免失之於陋與窄。具體說來，在秦漢史研究過程中，先秦之源，魏晉南北朝之流是需要常放在心間的，也就是說，在歷史之流中，需要前瞻後顧。而這種前瞻後顧又可分出兩種狀態，一種是研究的論題，基本上可以獨立成篇，只要問題意識在心，其它非此時段的材料及想法，沒有必要呈現出來，盡在不言中，給人思考就好了。另一種則是，所研究的論題跨越了秦漢，橫貫在一個長時段內。秦漢的研究不過是這個「整體」中的一有機部份。但哪怕是擁有最重要、最核心的部份，假使對源或流不作任何的省察，並形之於文字，就會遮蔽研究對象，失去準確定位，以至於影響到自己及讀者的判斷。就好像在名勝古蹟拍照，不將後面的背景顯露出來，僅僅是一枝一葉，一石一橋，誰知道你身處「廬山」？質言之，不顯出遠方的背

〔註54〕劉士英：《魏晉南北朝兼官問題研究》，鄭州大學碩士畢業論文，2013 年 5 月，第 2 頁。

景，從而與核心部份形成一種比較和呼應，這種構圖就是失敗的。同理，有些秦漢問題的研究，倘僅就秦漢來談秦漢，就會造成「只緣身在此山中」而不自知的狀態。所以，正確的做法應該是，必要時應顯露一些先秦或魏晉「山水」。無疑，我們這一選題屬於後者。也所以，在本文行將結束之時，筆者將在與魏晉的比較中，提出自己的一些思考，這既是本論題的必要補充，也算是一種學術回應。

前已言之，假官、守官這類制度橫貫於大時段之中，就源頭而言，它們可突前至春秋戰國，甚至還能在西周時代找尋到絲絲若現的背景，但制度性的出現與成熟則是在秦漢。總的來看，魏晉之後，這類制度雖沒有完全絕跡，但已呈衰微之勢，對後世的影響亦慢慢消退，至少在制度設計上已不占主流，不成系統，不復再有秦漢那樣的繁盛。

分而言之，假官及相關制度雖在魏晉最終走向衰微，但在早期，尤其是在北魏時代又曾一度興起，以至於有學者說：「魏晉南北朝時期，『假』制淫濫，官品、爵位、節鉞、印綬，都適用假制。」〔註55〕但這一說法是籠統言之的，而且很嚴謹地使用了「假制」這一概念來加以涵蓋，其中最要害的是，「假制」的適用範圍大於「假官」。倘要細化一下，從時間上來加以區分，可以發現，所謂「假官」，如果不算上那些轉為常官的假司馬、假候等，它們不僅在東漢已然消失，甚至魏晉時代也沒有，假官存生的核心時段就是秦與西漢。為什麼東漢沒有假官？這可能與劉秀重構「漢家制度」有關。在學界，秦漢制度作為一個大系統，為研究者所津津樂道。但不可忘記的是，這一大系統並非幾百年變動不居，事實上，它是一個動態的發展過程，就總體上來看，它上承先秦，下開魏晉，有一個漸化與遞嬗的過程。但就系統內部的發展來說，中間小階段所發生的變化，有時還很劇烈，其中劉秀時代就特別值得注意，所以賀昌群指出：「兩漢典章制度，雖大率沿秦之舊，而因革損益之巨，則一變於文、景；再變於武帝；三變於光武、明、章之世。」〔註56〕

眾所周知，光武帝劉秀在王莽篡漢之後再造漢家天下，新莽朝對他及這

〔註55〕黃惠賢：《中國政治制度通史》第 4 卷「魏晉南北朝」，人民出版社，1996 年，第 408 頁。

〔註56〕賀昌群：《兩漢政治制度論》，氏著：《賀昌群文集》第 1 卷，北京，商務印書館，2003 年，第 307 頁。

一新舊夾陳的王朝來說，是一個值得時刻提防的政治刺激體。我們在前面已經知道，王莽所做的「假皇帝」，雖不是嚴格意義上的假官，但應該算是這一系統的延伸與衍生品，所以，厭惡也好，提防也罷，東漢假官的消失應該不會是一個偶然。但是，假官雖沒有了，官員的任命卻不可能總處於常態，在非常態下，「假制」開始興盛，尤其是漢末開始，亂世再起，出現了大量的「假節」或「假節鉞」，乃至於可以代表最高授權的「假黃鉞」，如《後漢書·何進傳》載：「進於是以紹爲司隸校尉，假節，專命擊斷。」《董卓傳》：「乃以張楊爲大司馬，楊奉爲車騎將軍，韓暹爲大將軍，領司隸校尉，皆假節鉞。」《橋玄傳》：「桓帝末，鮮卑、南匈奴及高句驪嗣子伯固並畔，爲寇鈔，四府舉玄爲度遼將軍，假黃鉞。」《三國志·曹休傳》：「帝征孫權，以休爲征東大將軍，假黃鉞，督張遼等及諸州郡二十餘軍。」

　　需要特別加以說明的是，這些「假制」因源頭來自於西漢，〔註57〕可算是秦漢制度的副產品。但在東漢排斥假官制度的背景下，從嚴格意義上來看，它們一直不能算是職官意義上的身份賦予，而只是特殊的政治標誌物的擁有與賜予。所以，一個重要事實是，在東漢以至魏晉，「假制」雖盛，假官卻缺位。但前已言之，從北魏開始，出現了假官的制度復興，尤其是「太和十八年遷洛之後，『假官』之制盛行。」〔註58〕這一年作爲孝文帝改革的標誌之年，似乎是鮮卑「華化」之下對漢制的一種重新啟用。但究其實，此「假官」已非彼「假官」了，不同主要在於兩點：1、在北魏以來的假官制度中，官、爵常常混而不分，所以除了「假官」，亦有所謂「假爵」制度，是一種面向「人」的身份安排。但在秦漢制度中，官是官，爵是爵，「假官」是爲安排「官事」而進行的，總的來說對「事」不對「人」，或者說這種身份只能是官位之上的附加安排，事罷身份亦撤。2、秦漢的假官雖是體制之外的職事安排，但它總的來說不是虛職，而是要幹事的，或者說是事務性的，而北魏很多「假官」給的僅僅是身份，職務與實際事務往往分離，所以它們多爲虛銜。〔註59〕據張鶴泉的研究，在當時假官最爲興盛的軍界，「『假』將軍號是北魏爲征討作戰的統帥和將領授予的象徵性軍號。」〔註60〕而在民間，竟然以假官來優崇

〔註57〕《漢書·平帝紀》：「遣太僕王惲等八人置副，假節，分行天下，覽觀風俗。」
〔註58〕黃惠賢：《中國政治制度通史》第4卷「魏晉南北朝」，第409頁。
〔註59〕閻步克在《品位與職位：秦漢魏晉南北朝官階制度研究》（中華書局2002年，第514頁）中，就有「虛銜『假官』」這樣的表述。
〔註60〕張鶴泉：《北魏「假」授將軍制度試探》，《文史哲》2009年第1期，第133

相關人員，甚至動輒將其賜給高年，以達懷柔養老之效。〔註61〕從某種角度去看，北魏所面臨的戰爭環境及轉型問題，與戰國秦漢以來有著若干的相似性，這或許是催發「假官」再度出現的重要動因，但由於秦漢與魏晉早已是處在不同的時代，在不同的制度及文化土壤上，結出的果實沒有太多的一致性。而守官，在魏晉以來雖還有零星出現，但已失去了秦漢時代的蓬勃生命力，這主要表現在：1、在制度性上已越來越沒有了個性，以至於最後與兼官、行官混而難分，界限模糊。〔註62〕2、守官在規模和數量上越來越小，最後直至消亡，從特定視角來看，守官在魏晉南北朝的存在及發展，不過是秦漢制度的慣性及尾聲而已。3、秦漢時代以守官來試守、守缺，看重的是官僚的實際政務經驗，而在魏晉南北朝時代，門閥世族佔據高位，門第成為任官的關鍵，試守、試職等由此徹底失去了意義。

總之，假官、守官興盛於秦漢，在魏晉以來，即使有形式上的「迴光返照」，但也最終風流散盡，風光不再。就本論題而言，秦漢和魏晉南北朝之間的這種變化或趨向，不是歷史的偶然性所致，而是大趨勢、大走向下的一種必然。質言之，這不是本身的哪項制度在操作上存在什麼缺失所致，而是由制度精神的差異所造就。具體說來，時至魏晉，時勢已變，制度亦不得不隨之發生變化，所以，在官制設計方面，即使官名及若干技術細節來自於秦漢，但所呈現的性格已大為不同。再進一步言之，在與魏晉以來的比較中，就制度文化而言，秦漢假官、守官能得以出現及興盛，最為核心的要素就是，在服從政治效率的前提下，身份問題不過多地深入職場，在實現「人」與「事」的分離中，對「事」而不對「人」。而至魏晉，這種制度文化的土壤已發生了翻天覆地的變化，其中最為重要的表徵就是九品官人法的出現。作為「開啓了傳統官僚等級制的又一階段」〔註63〕的頂層設計，從本質上來看，它所擁有的影響力，不在於某種技術細節的嬗變，而在於背後的制度精神。

這種精神是什麼？就本論題來看，任官只看「人」而不問「事」，就是核心特點。所謂「官人」，說白了，就是以「人」為對象，是對人身份的確定。

頁。

〔註61〕關於這一點，請參看黃惠賢：《中國政治制度通史》第 4 卷「魏晉南北朝」，第 409 頁。

〔註62〕關於這一點，請參看黃惠賢：《中國政治制度通史》第 4 卷「魏晉南北朝」，第 407 頁。

〔註63〕閻步克：《品位與職位：秦漢魏晉南北朝官階制度研究》，第 226 頁。

沈約在《宋書‧恩倖傳》中曾說：「漢末喪亂，魏武始基，軍中倉卒，權立九品，蓋以論人才優劣，非謂世族高卑。」似乎看起來，九品官人也是一個選優淘劣的機制。然而，當「蓋以論人才優劣」之時，「事」越來越輕賤，官品既然是對「人」而發，埋頭於「事務性」的官員不僅往往是寒門，而且還因「事」而受到輕視，而世族則往往借著所謂「人才之優」而得高位。固然，品評人物在漢代已經有了，如在《漢書》中還有《古今人名表》，但那時「人」是需要通過「事」而為官的，所以，倘有人僅有「經術」而無政務能力，富有行政經驗的吏階層將以「俗儒」而輕賤之。在這樣的氛圍下，不拘一格的假官任用，注重實際理政經驗的守官能得以繁盛，就成為情理之中的事了。要之，在秦漢政治社會的基本精神中，有一個核心特點就是，對於具體政務極為重視，充滿著實幹精神。而魏晉之後，官職的任命，與實際政務日益脫鉤，聚焦點由「事」而「人」，「官」已經完全成為身份的標誌，高高在上的士族官僚開始取代秦漢型官僚，走向了政治前臺。

這樣，在考察帝制時代的官僚社會時，就可以發現，從士大夫官僚的衍生發展來看，秦漢、魏晉皆為關鍵期。但它們的不同在於，在假官、守官繁盛的秦漢時代，注重實際政務與才幹，這樣的價值取向為「布衣將相」的存生提供了土壤。所以，在秦漢時代，固然有著豪族對政治的壟斷，但一則它所通向的目的地正是魏晉社會，是士族的基礎和先聲。二則總的來看，在秦漢，各階層的界限不是那麼清晰，比之魏晉，混同與流動是一種常態。表現在官制問題上，文武之間、官吏之間、軍民之間、清濁之間往往沒有涇渭分明的分界線。就本論題而言，特別值得注意的問題是，在漢代官場，文法吏與儒生雖然一直是有著衝突的兩股勢力，〔註64〕但從大視角來看，由於文法吏的「儒化」和儒生的「吏化」，它們應該都是士大夫的一部份，誰有能力誰就可能得以躍上高位，在這樣的政治基礎上，注重實踐能力，打破一般常規就成為了可能與必然，而這也就為假官和守官等的繁盛提供了條件。而魏晉則不是這樣，它們任官的政治基礎顯然要比秦漢狹窄得多。僅就論題所及，可以看到，作為最有任官資格的「士族」，不僅排斥了「吏」，而且低級官僚也成為了庶族的代名詞，從此，清濁、文武、官吏之間有了清晰的界限，雖北周、隋、唐以來，有一種適度反彈，但這

〔註64〕關於這一點，可參看拙著《學與政：漢代知識與政治互動關係之考察》第七章第一節，黑龍江人民出版社，2012年。

一基調基本影響了後世。

所以，當我們回顧秦漢至魏晉南北朝的任官問題時，就可以發現，所謂的「士族」，也是「世族」，他們世世代代爲官，從某種意義上來說，是壟斷了「士」名號與官位的階層，他們在造就階層分化的同時，使得社會流動出現了凝固化。自此，在任官問題上，總的來說，就上層而言，士族直接躍升爲高官成爲常態，而寒門則無論如何守職或富有經驗，仕宦通道卻往往蔽塞，在這樣的背景下，假官與守官就日漸失去了存生的土壤，最終沒有了必要性與操作性。閻步克曾指出，作爲早期帝國的初級階段，「秦漢官吏等級管理的簡單中包含著草創的粗糙，但同時又是簡練明快，富有新生朝氣的。」〔註65〕由此來看假官、守官，它們或許與後世官制設計的精緻化相比，似乎有些初級，但是，正因爲它們還沒有被官僚身份徹底異化，作爲附著於職事之上的一種工作機制，充滿著蓬勃的生命力。也所以，由點至面，通過本論題的考察，我們完全可以這麼說，由政治制度尤其是官制角度來看，魏晉南北朝與秦漢之間，固然有一個承接與發展的關係，即所謂「魏承漢制」。然而，從二十等爵制到五等爵制；尤其是從官、爵的二分與疏離，到以官統領，官爵合一的「九品官人法」〔註66〕成爲標杆。秦漢與魏晉南北朝在制度上有著明顯的分界與變化，這種變化，決定了秦漢至魏晉的政治史，成爲一部由「平民政府」〔註67〕時代，歷經豪族的起伏與強盛，最終走向門閥與貴族社會的歷史。而在這一進程中，假官、守官所呈現的由盛而衰的趨向，就成爲了極佳的歷史表徵物。

原刊於《史林》2005年第2期，原文有刪節，2015年6月改訂

〔註65〕閻步克：《品位與職位：秦漢魏晉南北朝官階制度研究》，第55頁。
〔註66〕閻步克說：「魏晉以下出現了九品官品，『官品體制』的性質，我們認爲是『官本位』的，……是『一元性』的。」「九品官品的產生意義，就在於它上承漢代等級管理的發展趨勢，把『一元化』和『官品化』提高到一個全新的水準。從結構上看，綜合性與一元性是九品官品的最大特色之一。」氏著：《從爵本位到官本位：秦漢官僚品位結構研究》，第72、226頁。
〔註67〕錢穆：《國史大綱》，商務印書館，1994年，第128頁。

試析秦漢重農抑商的幾個問題

　　「重農抑商」是學界一個長期討論的問題，它作爲思想觀念，形成於戰國；作爲政策，則定型、興盛於秦漢，它是一個涉及面極廣的課題，很多問題至今仍有待商討，下面，我就圍繞著它談一些個人的看法，以期求得海內外方家的指正。

一、重農抑商的形成過程及其內涵和外延：從西周到秦漢

　　什麼叫「重農抑商」？它的形成過程如何？內涵與外延在歷史中如何演進？這些作爲「重農抑商」研究中的基本問題，我們以爲，雖落腳點最後落實於秦漢，但其歷史過程卻須追溯到西周時代，如此，才可能獲得完整、準確的理解。

　　從字面上來看，顧名思義，「重農抑商」就是在重視農業的同時，抑制商業的發展，它是中國古代農商矛盾的深刻反映。然而，在「農」與「商」的兩個層面中，「重農」相對好理解，而「抑商」則需稍加分辨。具體說來，「抑商」不是對整個商業的抑制，因爲這是不合常理和經濟規律的，更是任何一位思想家及治國理政者所不能爲，也不可能爲之的。關於這一問題，我們以《史記・商君列傳》所載的一段文字爲例，來加以簡要說明，然後，在後面的論述中再逐步加以深入。那段文字說的是商鞅變法時對農、商所採取的措施，作爲最早出現的「重農抑商」法令，歷來受到研究者的重視，原文是這樣的：「僇力本業，耕織致粟帛多者，復其身，事末利及怠而貧者，舉以爲收孥。」司馬貞《索隱》曰：「末謂工商也，蓋農桑爲本，……以言懈怠不事事之人而貧者，則糾舉而收錄其妻子，沒爲官奴婢，蓋其法特重於古也。」按

照這一記載，可以知道，在商鞅時代，從事商業活動者將成為官奴。但是，這裡面從事商業活動的主體是誰呢？就一般認識而言，往往會從字面上去加以推衍，寬泛地解讀為商業經營者。如林劍鳴這樣說道：「凡由耕田和紡織而生產粟帛多的人，則可免除自身的徭役，凡經營商業及怠惰而貧困的，則要連其妻子兒女一同沒入官府為奴。」〔註1〕不消說，這樣的法令如果是事實，那麼，商業在秦國就要絕跡，所以，這是絕不可能的。也所以，有學者提出：「這裡所謂的『事末利』者，實際上是指那些未經政府許可而棄農經商和從事「技藝」的人。」〔註2〕也就是說，這裡面所懲罰的主體，不是針對職業或專業性商人，而是「棄農經商」者。

我們認為，這一判斷應該是準確的。從商鞅變法一直到秦統一中國，雖重視農業，但從沒有發生過取消商業的事情，在商鞅學派的理論中，農與商都是國家經濟依靠及財富的來源，所以《商君書・弱民》說：「農、商、官三者，國之常食官也。農闢地，商致物，官法民。」當然，不可否定的事實是，在當時強調「農戰」或「耕戰」的背景下，農業及農民開始成為了政權關注點，而商業則成為了末業，商人由此被視為賤民。在這樣的理念下，不讓農民棄農經商，同時在保留商業的前提下，對於經商者出現賤視甚至懲罰，就成為了一種選擇，這既是商鞅法令，也是歷朝歷代「重農抑商」的核心所在。而由此，我們也就可以瞭解，所謂的「抑商」，並不是要對商業加以取消，而是要預防其對農業的威脅及對農民的吸引，它既然因「重農」而產生，其核心就應該是在兩個方向上加以展開：1、在尊獎農民的同時，讓職業商人在地位、身份等方面受到打壓，甚至形同罪人，從而控制住這一特定群體。2、壓制非商人群體的商業活動空間，以使得這一行業的擴張對其它群體及行業，尤其是對農民及農業的影響降至最低點。

從歷史的發展來看，「重農抑商」應當在戰國時代正式出現，這一點，由前面的論述可以得到映證，並會在後面的討論中加以展開。然而，作為一個具有歷史厚度的論題，可以斷言的是，它絕不在一朝一夕間猝然而就，它有一個由觀念到政策的承接、演進與發展的動態過程，或者也可以說，它具有觀念與政策兩大層面，二者之間既有前後和衍生關係，又相互聯繫與影響。

〔註1〕 林劍鳴：《秦史稿》，上海人民出版社，1981年，第185頁。
〔註2〕 陳長華：《抑商質疑——兼論中國古代的賦稅制度》，《史林》1995年第2期，第46頁。

如果著眼於東周以來社會大轉型的背景和基礎所在，我們就不能將眼光僅僅停留在春秋戰國之上，還可以上溯到西周時代來討論這一問題。質言之，「重農抑商」是伴隨著西周的制度性崩解而逐步產生與推開的。具體說來，在西周時代，雖然商人和商業有著相當的規模與較為良好的發展態勢，但是，從嚴格意義上來看，那時還沒有獨立的商人階層，農、商之間的階層分化與衝突尚未產生，在這樣的背景下，無疑，是不會有什麼「重農抑商」的。理由在於，所謂「重農抑商」，是作為一種國家行為而存在的。也就是說，國家政權作為主體，對於自己的依靠力量農民及依靠產業農業，將給予高度的重視，同時，對商業及異己力量商人進行抑制。在這一過程中，在觀念上，「農」與「商」應該是衝突對立，甚至是難以調和的。概言之，作為兩種不同的職業身份，農民或商人必須要有職業獨立性與強烈衝突性，才可能產生所謂的「重農抑商」。然而，在西周時代，工商業主要由國家來加以控制，也即《國語·晉語四》所謂的「工商食官」，總的來說，商人是作為國家權力控制下的附屬物而存在的。既如此，就不可能產生「抑商」，因為在這個世上，哪有國家權力自己抑制自己的道理呢？

當然，我們也承認，在西周時應該有著官府控制之外的獨立商人，但規模有多大，職業化程度有多高，都是充滿疑問的，要之，在「工商食官」作為主流的背景下，他們不可能成為商業活動的主體。雖然有學者認為：「西周時代社會上已普遍存在著商人這一職業群體，無論是王朝內部還是在它與周邊方國之間，都存在著較為經常的商業貿易活動。」〔註3〕但就現有材料來看，西周的很多商業活動，其主體不一定是商人，如在青銅銘文中，像《衛盉》、《衛鼎》、《佣生鼎》等，都是貴族們在從事著商業性交易。也就是說，我們不能將商業行為完全等同於商人作為，尤其是在社會分工還不明晰的早期社會，商業活動其實是人人可能參與的。但就經濟史角度來看，要討論商業的發展，脫不開對職業商人群體的考察。而且，由前已知，所謂的「抑商」，根本上是對「人」的抑制，也就是說它首先是對商人群體的抑制，然後才是行業性的壓縮。而在西周時代，總的來說，人群劃分是以宗法及「國野」來進行的，《左傳》昭公七年載：

> 天有十日，人有十等，下所以事上，上所以共神也。故王臣公，

〔註 3〕邵鴻：《商品經濟與戰國社會變遷》，江西人民出版社，1995 年，第 26 頁。

公臣大夫，大夫臣士，士臣皂，皂臣輿，輿臣隸，隸臣僚，僚臣僕，
僕臣臺。馬有圉，牛有牧，以待百事。

總之，在西周時代及其傳統中，還相對缺乏以職業來劃分人群的習慣，或者說，這種職業化的人群區劃不佔據主流，故而在階層分化中，農商對立就難以存在。只有到了春秋時代之後，血緣及宗法等被打破，開始越來越趨向於「士農工商」的「四民」區劃與分際，這才為日後的農商之間的衝突提供了條件，「重農抑商」亦隨之而產生。也就是說，要出現對「農」的重視，對「商」的抑制，其前提條件必須是，在社會上要有的明確農、商分層與對立，而這一歷史進程，只發生在此後的春秋時代。

就文獻記載來看，「四民」概念及由此而來的管理政策，首先出現在齊國的管仲時期，它對當時的齊桓公稱霸起到了重要的支撐作用，隨後，作為普遍接受的理念和事實，成為了日後中國社會分層的不二之選。我們看到，「四民」的劃分最初是為了管理上的方便，其中一個考慮就是，在社會分工上各務本業，不使混淆。《國語‧齊語》說：「四民者，勿使雜處。」《淮南子‧齊俗訓》為之闡釋道：「人不兼官，官不兼事，士農工商，鄉別州異，是故農與農言力，士與士言行，工與工言巧，商與商言數。」在此，農、商作為不同階層雖然並立而言，但在各安本業，各行其是的理論及實踐背景下，無疑，它們之間一開始不可能存在多大的矛盾和衝突。而隨著時間的推移，春秋時代的商人群落日漸壯大，不平衡開始發生，這才逐漸有了後來「重農抑商」的經濟社會基礎。

然而，考察歷史，可以發現，雖然在春秋時代農商之間的不平衡已在滋生，但總的來看，春秋時代並沒有因商業及商人的壯大，而感到對農業的威脅，更不用說採取抑制措施了。我們看到，在當時「務財、訓農、通商、惠工」還是一般的認識，而在春秋末期，子貢「結駟連騎，束帛之幣以聘享諸侯」，因經商而大為發跡。子貢是孔子的高足，七十二賢士之一，由此可見作為「顯學」的儒家都不鄙視商人，不僅如此，晉文公稱霸時一條重要的措施就是「輕關、易道、通商、寬農。」〔註4〕可見農商地位在此時基本上是平等的。

根本性的變化發生在戰國時代，「重農抑商」正是從這裡出發，逐漸成為了中國古代經濟思想中佔據統治地位的理念。尤為重要的是，戰國雖然是理

〔註4〕分見《左傳》閔公二年、《史記‧貨殖列傳》、《國語‧周語上》。

念的生發點，但這一概念卻是後人總結出來的，先秦以至秦漢時期，「重農抑商」從未作爲一專用名詞直接出現在古文獻中，今天我們討論「重農抑商」，主要是後人概括其歷史特點而得出的結論。在那時，農、商對立之時，主要是以「本業」、「末業」來加以闡釋。如《韓非子‧詭使》曰：「倉廩之所以實者耕農之本務也，而綦組錦繡刻畫爲末作者富。」《韓非子‧五蠹》則曰：「夫明王治國之政，使其商工遊食之民少而名卑，以寡趣本務而趨末作也。」雖然如進行細究，所謂本業、末業與農、工、商之間，並不完全對等，而是有著交叉與糾纏，但總體上來看，農業成了本業，而工商則降爲末業，在一定程度上，本與末的關係成了農商關係的代名詞。以至於戰國末期，呂不韋在解釋選拔人才爲治國之本及以孝爲本時，還要特意加以區別說明，《呂氏春秋‧孝行覽‧孝行》曰：「凡爲天下、治國家，必務本而後末，所謂本者，非耕耘種植之謂，務其人，非貧而富之，寡而眾之，務其本也，務本莫貴於孝。」

　　熟悉中國文史者或許能發現，《呂氏春秋》這段話本之於《論語‧學而》：「君子務本，本立而道生。孝悌也者，其爲仁之本與？」而當我們考察周秦諸子的思想時，又可以發現的是，「本末之辨」是春秋以來思想史上一個熱烈討論的話題，它們可以對應出各種主次、輕重等不同的對立概念。但問題是，既然孔門已經將「本」定於「孝」之上，加之儒學是當時最有影響的「顯學」，對於這一觀念，不管同不同意，在討論中本該是一種不言自明的邏輯前提。但現在，居然還要一再聲明「所謂本者，非耕耘種植之謂」，這說明了什麼？說明在當時農本商末已成爲了一種普遍接受的理念，要回到原來的討論前提上去時，還不得不加以特別說明。

　　爲什麼會這樣？

　　我們以爲，這裡面固然有著商業及商人勢力壯大後，與傳統產業農業之間發生衝突與碰撞的原因。但更本質的根源在於，商業及商人力量與日益強大的中央集權之間產生了矛盾。質言之，「重農抑商」從觀念到政策，是伴隨著中央集權的加強，大一統帝國呼之欲出的時代背景而來的，由這個角度來看，「重農抑商」其實是爲了迎接即將到來的帝制時代而來到這個世界的，它本質上是附屬於大一統中央集權的，是它在經濟社會領域中的早期產兒。尤爲重要的是，也正是從這個時代開始，「重農」必「抑商」，「抑商」就強調「重農」。傅築夫說：「重農與抑商，並不是兩個互相分離或各自孤立的政策，而實是一個政策的兩個側面，兩者是相互成爲條件的：重農是爲了抑商，抑商

是為了確保重農，彼此是缺一不可的。」〔註5〕但我們要進一步指出的是，這種「缺一不可」，總的來看，其實是戰國以來中央集權所操作的結果，是偏於法家色彩的一種政治舉措，從特定視角來看，與其說是經濟問題，莫若說是政治需要，或者進一步言之，是專制政治在經濟中的強力表現。

眾所周知，作為農業國家，「重農」本是理所當然之事，中國歷來就「重農」，這是固有的經濟傳統，例如，此前的西周就很重視農業。但問題是，到了戰國，在變法運動的背景下，這種「重農」與從前相比，已經有了很大的不同。質言之，它是國家主義或國家權力主導下的一種取向。就本論題而言，它涉及到三個基本問題：一、專制權力越來越強力深入到經濟領域，從而日益構成一種一元化的管理模式，力圖最終達成《管子·國蓄》所謂的「利出於一孔者，其國無敵」的目標。二、在這一過程中，農業成為了戰爭及政治經濟管理的支柱，國家政權通過強力控制這一產業，為自己贏得戰爭，控制天下而夯實物質基礎。三、為了達此目標，將以暴力手段排除一切干擾因素。從本質上來看，這三大基本問題，是變法運動之後，中央集權得以加強，在農商領域加以干涉的必然結果。

結合論題，我們注意到，在戰國時代，中央集權的加強，其理論的支撐面主要來自於新興的法家，並在他們的主導下，各國開始了一系列的變法運動。從一定意義上來說，所謂的變法，就是要與過去分手甚至是決裂。就社會轉型的角度來看，如果說春秋還留有西周的「尾巴」的話，變法運動則是要斬斷與過去的制度性關聯，開始邁向一個新的目標。這個目標是什麼？就是未來的中央集權帝國。為了達成這一目標，軍國主義成為了當時各國主動或被動的選項。並使得在國家治理中，越來越趨向於以暴力手段將各種資源整合在一起。表現在政治上，就是為大家所熟悉的戰爭、刑法等手段，而在經濟上則開始了所謂的「農戰」或耕戰，一批批法家人物由此登上政治舞臺，並在他們的主導下，農業得到了前所未有的重視，「重農」成為了經濟上的一大焦點。

但這種「重農」，表現在農商關係及相關問題上，開始有了質的變化。最明顯的莫過於，此前在重視農業時，並不存在與商業的對抗，在呼籲對農業和農民的重視時，矛頭所向，還往往是當權者及政府，如孔子要求「使民以時」，而孟子則在譴責侵奪農民財富尤其是土地，出現所謂「必慢其經界」時，

〔註5〕傅築夫：《中國封建社會經濟史》第一卷，人民出版社，1981 年，第 352 頁。

要特別提防「暴君污吏」們。〔註6〕但隨著法家思維的深入，在戰國時代，這種「重農」思想有了新的走向：一是「重農」思想被納入國家主義的系統。作爲國家戰略，它不僅不能挑戰國家權威，而且就是爲國家軍政目標服務的，是服從集權需要的附屬物。在這樣的背景下，農民及農業所遭受的問題，不再或很少有官民矛盾方面的檢討，在國家主義掌控經濟的前提下，矛盾被強力轉移，或集中於政權之外，國家權力成爲了農業保護者，而不是對立面。二是這種「重農」與軍國及戰爭體制緊緊地捆綁到了一起，非此即彼的戰爭思維被運用到了經濟領域。在這樣的思維下，強調一種「勢不兩存」的價值取向，鼓吹「夫冰炭不同器而久。寒暑不兼時而至，雜反之學不兩立而治」〔註7〕的做法。於是，任何與中央集權有所牴牾的力量，都將被壓制甚至是徹底消滅，也就是說，在強大的中央集權之「勢」下，其它之「勢」不能並存。

然而，恰恰自春秋戰國以來，商人群體日漸成爲了可抗衡中央集權的另一種勢力。我們看到，春秋戰國以來，在農業及農民被越來越深地納入國家系統的同時，商業及商人勢力卻開始與國家權力越行越遠，並因其對財富的佔有，逐漸發展成爲了《史記·貨殖列傳》中所謂的「素封」人群，他們雖然沒有官位，但「鉅萬者與王者同樂」。作爲一種強大的勢力，甚至能夠「所至，國君無不分庭與之抗禮。」這樣的局面擴展至社會意識中，就使得戰國時代，有兩種力量或者「勢」最受一般民眾的頂禮膜拜。一是政治權力，即所謂「權勢」，另一個則是經濟上的所謂「財勢」。在《史記·蘇秦列傳》中，一句「位尊而多金」，可以說，高度概括了當時社會人群對權力和金錢的崇拜。然而，在「勢不兩存」的思維之下，中央集權的政府怎麼會容忍商人群體以其財勢來抗衡和威脅自己的一元化權威呢？《韓非子·五蠹》說：「民者固服於勢。」在那個講究以「勢」壓人的時代，國家權力毫無疑問要打壓商人群體之「勢」，以建構自己的壓倒性優勢。

不僅如此，中央集權的政治走向，使得對民眾進行完全掌控，成爲了美妙的理想與主張。如何控制民眾？將他們束縛在土地之上，世世代代耕田爲農，是最重要的措施。所以《漢書·食貨志上》說：「理民之道，地著爲本。」並引賈誼之言道：「不農則不地著，不地著則離鄉輕家，民如鳥獸，雖有高城深池，嚴法重刑，猶不能禁也。」而在那個時代，商業則是破壞農民「土著」

〔註6〕 分見《論語·學而》、《孟子·滕文公上》。
〔註7〕 分見《韓非子·孤憤》及《顯學》篇。

的最大敵人，《管子‧侈靡》說：「（商人）不擇鄉而處，不擇君而使，出則從利，入則不守。」《商君書‧農戰》則直截了當地指出，商業危險的吸引力，就在於使農民逃避農事，在不「地著」的情況，直接破壞「農戰」的實施。即所謂「避農，則民輕其居。輕其居，則必不爲上守戰也。」毫無疑問，如果農民大量地轉農爲商，對於新興的中央集權政府來說，將是一個巨大的威脅。然而，當時的商業有著「多金」的誘惑，在商人沒有受到打壓之前，它一點也不比「位尊」遜色，理所當然地吸引著農民大量投身於此。有鑒於此，對商人及商業活動進行抑制，就不僅僅是簡單的經濟考量，甚至事關新興政權的結構穩固及長治久安。所以，變法運動以來，在向專制帝國行進之時，統治者就不僅特別重視農業的作用，更爲重要的是，在將農業及農民置於國家控制的前提之下，對作爲異己及抗衡力量的商人，對可能破壞「地著」的商業，就開始採取敵視、打壓的措施了。總之，由於中央集權的需要及法家思維的擴展，農、商開始處在了對立狀態，也所以就有了本、末之別。

但農商與本末的對應關係，是籠統言之的。如果要細加分辨，其中又涉及到「工」，也即「手工業」的問題。前引司馬貞《索隱》曰：「末謂工商也。」似乎看起來遭受抑制的「末業」中，不僅有商業，更有手工業包含在內。倘如此，「重農抑商」是不是不夠嚴謹，正確的說法應該是「重農抑工商」呢？但就筆者的立場來說，還是認爲「重農抑商」這一概念更爲準確。主要原因在於，在那個時代，「工」具有附屬性和補充性，雖然就行業特點來看，它是獨立的，但就產品走向來說，它卻是服務於農商，尤其是商業的。

我們注意到，自「工商食官」的國營制度取消，手工業者取得獨立地位之後，由於其產品主要不是自給自足，而需要通過商品化才能獲利，所以，「工」必須要貼近市場，進入商品經濟的範疇之中，才能得以生存與發展。這樣，「工」就天然地與「商」聯繫在了一起。由此，其生產場所靠近市場，遂成爲了最佳選擇，在今日，小商品的生產及經營，還以「前店後廠」爲一種優選模式，在那時更是如此。翻檢史料，「工」臨近或在市場，即所謂「肆」之內，自春秋戰國以來就是如此。《論語‧子張》曰：「百工居肆以成其事。」而《墨子‧尚賢上》載：「列德而尚賢，雖在農與工肆之人，有能則舉之。」其中特別提到「工肆之人」，以與「農」相提並論，可見「工」與市場有著極爲緊密的聯結關係。更爲重要的是，由於市場因素的無所不在，「工」兼營商業，或者說「工」、「商」混同，逐漸成爲一種常態。《孟子‧滕文公上》載：「紛紛與百

工交易。」由此可見，春秋戰國以來，手工業者從事商業活動為其基本特點。在這樣的狀態下，「工商」連及而言，不僅成為一種趨向，更是觀念和事實。並由此造成了這樣一種後果，當「工商」這一概念出現時，其核心所在，往往指的就是商業。所以《史記·蘇秦列傳》載：「周人之俗，治產業，力工商，逐什二以為務。」這裡面的「什二」之利，正是當時的商業利潤。也所以，當細繹《史記·貨殖列傳》時，可以發現，作為「絕無僅有的古代商品經濟史專著」〔註8〕，它雖是對當時的商業及商人階級進行討論，但司馬遷在言及「末業」時，曾這樣說道：「夫用貧求富，農不如工，工不如商，刺繡文不如倚市門，此言末業，貧者之資也。」《索隱》述贊則論道：「貨殖之利，工商是營。」總之，由於「工」多以商品化生產為主，它往往要附著於「商」及商業之間，「工」與「商」成為極為貼近的兩大領域。

　　然而，「工」的複雜性還在於，它又不僅僅附著於「商」，在自然經濟占優的前提下，它也是農業的重要補充。雖然在一般意識中，似乎工商作為「末業」，其對立面就是農業，如《漢書·班固傳》說：「除工商之淫業，興農桑之上務。」但我們看到，工商的對立面「本業」——「農桑」之中，卻明顯包含了「女工」這樣的手工業成分。前引《史記·商君列傳》中所謂的「僇力本業」，也是如此，所謂的「耕織致粟帛」，直通「農桑」行業，很明顯，就是農業加上家庭紡織業。總之，所謂的「本末之別」，固然主要是以農商對立為主，但手工業因其附屬性的特點，附之於農業的家庭紡織業，被歸之於「本」，而面向市場的商品經濟生產，則被掃入「末業」之中。

　　這種對立的產生，從表面上看起來，似乎是以農業為核心和主體所推導出的自然結果，圍繞著農業，就是「本」，與之對立就是「末」。但事實上，這種「本末」的對立，主要還是政治的產物，經濟及產業方向的考量，其實是第二位或者說附屬性的。質言之，它是中央集權的政治需要。前已言之，對於「農」的重視，在很大程度上，來自於國家對民眾及產業的控制，即所謂「地著」，而「商」顯然是站在「地著」的對立面，是它的破壞因素，深深捲入商品經濟中的手工行業，也是如此。我們注意到，在前引《韓非子·五蠹》中，提到了「商工遊食之民」，其中有一個關鍵詞「遊食」，這可能是我們理解「末」的關鍵。什麼叫「遊食」？就本論題來看，就是與「地著」相

〔註8〕 李埏：《〈史記·貨殖列傳〉時代略論》，氏著：《不自小齋文存》，雲南人民出版社，2001年，第391頁。

對立的，從事農桑之外的狀態及人群。所以《漢書‧食貨志上》說：「使天下各食其力，末技遊食之民轉而緣南畝。」《後漢書‧明帝紀》則曰：「田荒不耕，遊食者眾。」在這一思維下，商人固然被視為理所當然的「遊食者」，而手工業者呢？哪些是遊食人群呢？答案是所謂的「技巧之民。」所以《商君書‧內外》說：「末事不禁，則技巧之人利，而遊食者眾之謂也。故農之用力最苦，而贏利少，不如商賈、技巧之人。苟能令商賈、技巧之人無繁，則欲國之無富，不可得也。」那麼，我們要進一步追問的是，什麼又是技巧之民呢？《墨子‧辭過》曰：「女子廢其紡織而修文采，故民寒；男子離其耕稼而修刻鏤，故民饑。」這種所謂的「文采」、「刻鏤」被認為是「工技力於無用」，會造成《管子‧七臣七主》所謂的「欲土地之毛，倉庫滿實，不可得也。」那麼綜上所述，「末」主要是指從事文巧技藝生產和商賈等所謂的遊食之業，而不是指整個工商。

總之，隨著戰國以來國家主義及中央集權的強化，在強調耕戰的背景下，為了掌控經濟及人群，統治者們以牢牢控制農業為富國之計，以「地著」為治民之本，在抬升和強調農業為核心的「本業」的前提下，貶斥工商「末業」，農商之間的矛盾衝突，開始被政治槓桿所撬動和調節，隨著帝制時代的日漸浮現，「重農抑商」也登上了歷史的前臺，直至成為傳統中國經濟史中具有長久影響力的觀念及政策。

然而，理論是一個方面，現實卻另有一番景象。簡言之，在戰國時期，對工商業的控制主要是一種思想理論，甚至這種理論在具體的解釋上，還未達成統一。其中最明顯的例子就是，在對待「末」及相關問題上，就有「禁」與「抑」兩種不同的說法。〔註9〕而這種理念落實於政策上，並未得到徹底的貫徹，雖然商鞅等採取過一些措施，但不應估計過高，畢竟戰國商人之多，勢力之大是不爭的事實，在秦國這個控制最為嚴格的國家，還有呂不韋這樣的巨賈為相，便很能說明問題。

真正使觀念成為政策的是秦始皇，在統一六國後，他著手於此，並將此作為自己的一項功業。所謂「皇帝之功，勤勞本事，上農除末，黔首是富。」〔註10〕秦始皇已經開始執行了嚴格的商業控制政策了，並且他還將商人地位

〔註9〕 如《商君書‧壹言》曰：「能事本而禁末則富。」而《管子‧幼官》：「務本飭末則富。」但《管子‧治國》卻又說：「凡為國之急者，必先禁其末作文巧。末作文巧禁則民無所遊食，民無所遊食則必農。」

〔註10〕《史記》卷6《秦始皇本紀》，中華書局，1959年，第245頁。

降到了一個非常低的地步，《史記‧秦始皇本紀》載：「（秦始皇）三十三年，發諸嘗逋亡人、贅壻、賈人，略取陸梁地，為桂林、象郡、南海，以適遣戍。」從這段話中，可以明白無誤地看到商人已經淪為犯人的地位，所謂「除末」，已不僅僅是一種理論，而是實實在在的措施了。有學者以為秦始皇的商人政策不過是對六國勢力的打擊，而無真正的全面的商人打擊政策。因為《史記‧貨殖列傳》中所載的原秦國範圍內的兩大工商主烏氏倮、寡婦清非但未受打擊，反而深得始皇的器重，一個「比封君」，一個「為築女懷清臺。」〔註11〕這樣看來似乎是原秦國範圍內的工商主地位不受影響，那麼，由此往下推斷，則似乎可以認為「除末」也好，「賈人」略取陸梁地也罷，其打擊對象都應是原六國之人，而我認為，我們並不排除始皇對六國勢力的打擊，但由此認為始皇無商人打擊政策，或其僅對付原六國商人，似乎於史無據，在推斷上也過於簡單了一些。讓我們回過頭再看看烏氏倮和寡婦清的情況。《史記‧貨殖列傳》載：「烏氏倮畜牧，及眾，斥買，求奇繒物，間獻戎王。戎王什倍其償，與之畜，畜至用谷量馬牛。」從這段話中有兩點可以看出：一是烏氏倮先前所從事的是畜牧業，而非商業，這是秦政府所贊許的，二是其與戎王所進行的屬邊關貿易，它有利於秦政府，符合《鹽鐵論‧力耕》中所謂的「異物內流，利不外泄」的關市原則。秦漢時不斷有以優厚條件「使民實邊」的記載，甚至還將罪犯寬宥至邊郡為民為吏，這種情況一直至東漢時都是如此，所謂「塞外吏士本非孝子順孫，皆以罪過徙補邊屯。」〔註12〕在這樣的地區，經濟上與內地有極大的差異，在控制上是較為鬆弛的。而即便是把烏氏倮作為政府要打擊的商人，我們說，邊關邊郡也有其獨特性，不可作為普遍性的例子來看待。至於寡婦清則是「其先得丹穴，而擅其利數世。」〔註13〕是一個地地道道的家傳的大工礦業主，從某種程度上講，她從事的非商業，又非「技巧文采」。總之，烏氏倮及寡婦清都不屬「除末」的範圍。由此我們可以進一步確證秦「上農除末」政策的存在及其廣泛適用性。並且還可由此得出兩點看法：一、邊郡中「上農除末」色彩的相對淡化；二、工礦業與商業的不同。前面我們已經說到戰國時的末業概念是指商賈和工業中從事文巧技藝生產的，秦的末業觀念與此應不會有大的不同，但在政策實施上著重強調打擊商

〔註11〕 《史記》卷129《貨殖列傳》，第3260頁。
〔註12〕 《後漢書》卷47《班超傳》，中華書局，1965年，第1586頁。
〔註13〕 《史記》卷129《貨殖列傳》，第3260頁。

賈，而對「工」似乎沒有過多的限制，因爲史書中未見記載對「工」的打擊，《史記·秦始皇本紀》中甚至說「百姓當家則力農工；士則學習法令辟禁。」對「工」的態度，秦與戰國時似乎有細微的差別。換言之，「末」越來越靠攏於「商」，在「重農抑商」問題上，打擊範圍集中於商人，呈壓縮之勢。

由於漢承秦制，這種差別，又影響了此後的漢代工商政策。而且更爲重要的是，雖說自商鞅變法以來，自理念到政策地開始推進了「重農抑商」，但由於當時還不是大一統的帝國時代，在分裂與爭雄的格局下，中央集權還不能達到對政治經濟的全面控制，故而不得不向現實低頭，這也是當時商人勢力依舊坐大的主要原因。而當大一統的帝國建立後，秦王朝終於開始了從理念到政策的「重農抑商」，但是，由於秦的迅速敗亡，眞正使得「重農抑商」成爲大一統之下的典範政策的卻是漢王朝。

漢代對農業是極爲重視的。如漢文帝在其詔書中幾次提到「農，天下之本。」〔註 14〕並採取了一系列的重農措施。與此同時，對商人則採取抑制政策。《史記·平準書》載：「天下已平，高祖乃令賈人不得衣絲乘車，重租稅以困辱之。孝惠、高后時，爲天下初定，復弛商賈之律，然市井之子孫亦不得仕宦爲吏。」《漢書·高帝紀》也記載道：「賈人毋得衣錦繡、綺、縠、絺、紵、罽，操兵，乘騎馬。」而在武帝以及此前，還規定：「賈人有市籍及其家屬，皆無得名田，以便農。」〔註 15〕總體而言，漢初以至漢中期，對商人的抑制是不爭的事實，有法令有措施，另外通過以上所引材料，還可得出以下幾點認識：一、以上條文中所提及的抑制對象都是「賈人」，不包含工礦業者，這與「除末」有所不同，兩者對抑制對象的理解是有出入的，漢在重點打擊範圍上又更小了。二、漢代的商業條文總體上說在性質上僅爲抑制性的，漢初商人的強大足以說明其打擊力度並不狠，主要是政治地位的貶低，對比秦將賈人降爲罪人的地位，漢初的情況卻是「漢興，海內爲一，開關梁，弛山澤之禁，是以富商大賈周流天下，交易之物莫不通，得其所欲。」〔註 16〕但由於商人經濟上的發達，對其政治上抑制最終難於實現，所以漢初的晁錯說：「今法律賤商人，商人已富貴矣；尊農夫，農夫已貧賤矣。」〔註 17〕法律上

〔註 14〕《史記》卷 10《孝文本紀》，第 423 頁。
〔註 15〕《漢書》卷 24 下《食貨志下》，中華書局，1962 年，第 1167 頁。
〔註 16〕《史記》卷 129《貨殖列傳》，第 3261 頁。
〔註 17〕《漢書》卷 24 上《食貨志上》，第 1133 頁。

的也即政治上的貶斥日漸顯得虛浮，難於收到預期效果。但不管怎麼說，從政策上而言，漢是切切實實地實行著「重農抑商」的，雖然這一專用名詞未在古文獻中出現，但上引材料都能說明這一特徵。所以嚴格地說，所謂重農抑商政策的執行，是從西漢開始的，因為此前的提法都是「禁末」、「除末」，翻遍諸子百家，也都是此類用語，秦的政策也是「上農除末」，但除末與抑商是有非常大的區別的，前者是剝奪式的，從政治到經濟層面，而後者則主要是政治性的，雖說談「重農抑商」不能不講「上農除末」，但後者決不能完全替代前者。

當然，漢代「重農抑商」政策不是一成不變的，它也有個自己的發展過程，武帝時是一個關鍵期，他一方面允許商人為官，另一方面又從政治、經濟上嚴厲打擊工商主，這看上去是一對矛盾，實則不然。商人為官後身份已發生改變，其實這本身就是一種抑商的辦法。《史記·平準書》載：「（武帝）使孔僅、東郭咸陽乘傳舉行天下鹽鐵，作官府，除故鹽鐵家富者為吏。吏道日益雜，不選，而多賈人矣。」我們說，所謂「重農抑商」打擊的是私商，官商是不可能被打擊的，而正是在對私商的打擊中，使一批私商轉為官商，官商隊伍日益壯大，武帝時的情況頗為典型。另外，對於不轉為官商的私商，則通過算緡和告緡等方法使他們破產，史載：「於是商賈中家以上大率破。」〔註18〕至此，漢對商人的打擊到了頂峰，不僅是政治上的，而且從經濟上採取措施。然而，這種局面在武帝死後發生了變化，出現了地主、商人、官僚三位一體的局面。此後，「重農抑商」主要是一種觀念，而未能再像以前那樣作為一項堅決的政策而出現。

綜上所述，「重農抑商」作為一項政策，主要起作用的時代是秦和西漢中前期，在此之前及以後，它主要是作為一種強大的傳統觀念出現。由抑商角度而言，它從「除末」思想發展而來，但其打擊面更窄，主要是針對商人，對「末業」中商人以外的民眾，主要在觀念上加以鄙視，在政策上則是重點打擊「賈人」，在上引各項漢代材料中不准持兵器、穿絲、作官等，其對象明白無誤地都寫的是「賈人」，而對「末業」中的其它人群則更多的是一種鄙視態度。如在《史記·李將軍列傳》中，提到「良家子」時，《索隱》引如淳云：「（良家子）非醫、巫、商賈、百工也。」可見所謂「末業」中除商賈外的行

〔註18〕《史記》卷8《平準書》，第 1435 頁。

業雖在政策的打擊力度上不如商賈，但在人們觀念中，其社會地位是一樣低的。但是，在實際生活中，又存在一個工商混同，難於分清的問題，如漢代的鹽鐵經營，亦工亦商，這就是具體運作中的複雜性。另外，前已論及，抑商從來不是抑制商業，而只是抑制商人，這商人就是私商；而官商則在政治權力的扶助下大收其利，這也為漢初主要是政治上抑制到武帝時政治上放寬，經濟上加大打擊埋下了伏筆。總之，從西周到秦漢，「重農抑商」有一個發展與演進的過程，其之所以能在秦漢得以定型，從一定意義上來說，主要在於中央集權及大一統的最終實現，從而為這一政策的實施提供了最後的條件，由此，它不僅體現了農商之間的矛盾衝突與歷史演進，也是西周以來社會大轉型的一種必然結果。

二、為什麼是秦漢？──「重農抑商」中的秦漢個性與影響力

眾所周知，自秦漢以來，兩千多年來，「重農抑商」一直是中國傳統經濟理念及政策的主基調。誠如有學者所指出的，雖然「在不同歷史時期裏抑商的程度是有區別的」，但是，「重農抑商政策」卻「貫穿始終。」〔註19〕然而，問題的另一面是，在這樣一個漫長的時段內，無論是作為理念還是政策，「重農抑商」固然有其共通性的一面，但內在的複雜性與變化，也與之相隨相生。易言之，兩千年來「重農抑商」雖一以貫之，但在不同歷史階段，卻呈現出了不同的境況，並在歷史中擔負著不同的角色。由此，我們不禁要問：在「重農抑商」的學術視野下，秦漢時段的研究價值究竟在哪呢？它對後世有什麼重大影響？它的個性又表現在哪些方面？筆者以為，秦漢的研究意義至少體現在兩大方面，一、在秦漢時代，相關理念及政策的調整，奠定了「重農抑商」的基本性格及精神，對後世影響深遠，具有明顯的範式意義。二、在「重農抑商」的研究中，秦漢時代所透現的某些重要特質，不僅直接影響了早期帝國的經濟社會面貌及走向，同時在與近世社會的商品經濟及相關問題的比較中，豐富了我們的認識，對於深入審視古代世界中的政治與經濟，商品經濟與權力關係等，提供了極佳的觀察視角，具有重要的參考意義。

下面，我們就展開具體的論述。

〔註19〕趙克堯：《重農抑商辯》，《復旦學報》（社科版）1983 年第 3 期，第 103 頁。

（一）秦漢在「重農抑商」政策方面的範式意義

由前已知，在秦漢時代，「重農抑商」雖然在理念上承自戰國，但作為政策的推出，這一時代卻是極其重要的開端點。我們以為，就歷史延續性來看，作為一種長期沿用的政策，無論在細節或技術方面有多少的改變甚至扭曲，但在開端時代，既然已為後世植下了種子與基因，後世果實累累也好，花果飄零也罷，其「根」就深埋於此，任何深入的考察，都不可繞去這一基本事實與時段。再進一步言之，由於「重農抑商」的性格或精神，培植並定型於秦漢，後世無論出現何種變化，一般來說，都只是「量」的增刪，而無法改變「質」的事實。簡言之，秦漢以來的社會，其內在的政治經濟結構是共同的。縱觀兩千年來的歷史，可以看到，中國社會雖分分合合，溢出常態的特殊時段及複雜豐富的特殊景況，亦常常跳出來干擾歷史的視線，但總的來說，帝制集權的大一統國家，是兩千年來無可置疑的總走向和趨勢所在。由這樣的歷史大視角來加以觀察，我們或許就可以這麼說，「重農抑商」作為政策的長久不衰，其內在動因不在別的，根本性的原因就在於，它契合了大一統帝制時代的內在需求，秦漢不僅邁開了「重農抑商」政策的第一步，亦為後世框定了行動範圍。質言之，只要走不出帝制時代的崇山峻嶺，進入到工業化或近代世界的場域，「重農抑商」的主基調就無法消除，同時，秦漢的印記就一直赫然在身。

然而，在具體的研究過程中，我們又可發現，雖然秦漢是一個具有內在延續性的整體研究時段，但後世的政策直接延續的卻是漢，而不是秦，如傅築夫指出：「漢代所樹立的制度和推行的政策，大都成為後來歷代王朝奉行的典範，抑商政策更是一脈相承的延續下來。」〔註20〕這樣的事實，一方面當然使得我們在具體的考察中，對這一政策所具有的典範或者示範意義，將主要立足於漢，而不是秦。但另一方面，這也意味著秦與漢之間在「重農抑商」方面有著某種距離及差異。揆之於史，就政策延續性來說，由於「漢承秦制」，漢代政策，尤其是「重農抑商」政策，確實就來自於秦，這是毫無疑義的事實。但問題的另一面是，漢之於秦，乃是繼承中的發展，並因這種發展，使得政策得以完善與定型。由此，我們可以這麼認為，就政策的確立及推進來看，秦漢都是對戰國理念的落實與完善。作為大一統帝制時代的內在需要，

〔註20〕傅築夫：《中國經濟史論叢》，生活‧讀書‧新知三聯書店，1981 年，第 621 頁。

作爲一種政治實驗品，在秦進行了首次的嘗試後，漢毫無疑問地要將這一政策推進到底，但與此同時，這種推進絕不是依葫蘆畫瓢地照搬，而是在吸取秦教訓的基礎上，作調整與發展。由前已知，比之於漢，秦作爲帝制時代的開端，在「重農抑商」問題上顯然更爲激進。我們看到，所謂「上農除末」，是以「除」爲特點的，暴力性質明顯，而漢代則一直以「抑」，以打壓爲基調，雖然在具體措施上承接秦制，但精神本質的不同，使得在政策的制定及實施中，有了彈性與空間。總之，在政策原創的過程中，秦沒有很好地達成目標，最終在漢代，才完成了帝制時代的最初範式，這既是漢代的成果，同時也是由秦入漢的必然，二者並不可截然分割。漢是秦的後果，秦是漢的基石，從這個角度來說，它們當然應該作爲一個總體，來加以研究與對待。

那麼，作爲歷史的開端，由秦開關，漢代定型的這一政策及其背後，具體說來，又有哪些示範意義呢？由思想與制度的互動方面去加以考察，筆者以爲，它主要體現在三個層面。一是「霸王道雜之」的理念及手法。二是在政策指向中，對身份和資格的認定加以特別關注，並由此影響著社會心理的建構與發展。三是原則之下的差異性。

熟悉秦漢史的人應該都知道，從一定意義上來看，在治國理念上，秦與漢之間有著「霸道」與「霸王道雜之」的不同。什麼叫「霸道」？它作爲春秋戰國以來所流行的觀念，簡單地說，就是具有法家色彩的「以力服人」的治國理念及其運用，它鼓吹通過暴力和刑法手段來管控國家，毫無疑問，秦代政治具有鮮明的「霸道」特點。而「霸道」之對立面，則是「王道」或理想化的「周道」，它以道德教化爲特點，在治國理政中更強調懷柔，並以儒家所鼓吹的西周政治爲代表，《孟子·公孫丑上》說：「以力假仁者霸。」趙岐《孟子章指》闡發道：「王者任德，霸者兼力，力服心服，優劣不同。」這樣的問題，當然非常複雜，限於主題及篇幅，在此不做展開。但需要明瞭的是，承秦而來的漢王朝，在更新政治的過程中，雖日漸接近儒學，崇尚「王道」，從而有著眾所周知的「獨尊儒術」之舉，並最終開創了中國歷史上的經學時代。但漢王朝並沒有完全拋棄秦代政治中的「霸道」精神，刑法與暴力手段等「力服」之舉，從未在政治中銷跡。不僅如此，漢代統治者還十分自覺地將這種王霸雜糅視爲治國之要，它不僅是理念，更是制度精神所在，所謂「漢家自有制度，本以霸王道雜之。」〔註21〕

〔註21〕《漢書》卷9《元帝紀》，第277頁。

這樣的一種取向，運之於農商政策，尤其是「重農抑商」之中，就使得我們發現，漢代對於「商」的抑制由此有了起起伏伏的峰巔與谷底。與秦極為霸道蠻橫且單向的「除末」不同，漢代對於「商」，雖也有嚴厲打擊的一面，如漢武帝時代，對於商人的打擊，其程度上不僅不讓於秦，甚至在系統性及影響力上，有過之而無不及。作為「抑商」的一個重要分水嶺，商人階層由此遭受重創，元氣大傷，難以復原。故而，李埏指出：「到了漢武帝時代，商人階級、商人資本、商品經濟遭到了沉重的打擊。從此，商品經濟失去了自由；它的發展勢頭被抑制了。」〔註22〕可以說，這不僅在漢代，就是在整個「重農抑商」的歷史上，都是一個商人群體的低潮期。但即便如此，一個重要的事實是，它是「抑」而不是「除」，並作為特例，登上了「抑商」的頂峰，不僅此後的兩千年來「抑商」從未達到如此的力度，而且更為重要的是，就是在這一低谷之前，商品經濟及商人階層的歷史，恰恰行進在峰巔之上，其時間點，就是文景時期。從某種程度上來看，武帝時代的作為，是對「文景」時代的反彈，是力量蓄積後的一種非常態行為。

我們看到，在文景時代，由於主要推行「無為而治」，政府不僅基本上不干預商業及市場，而且據《史記‧貨殖列傳》載，當時為著經濟的復蘇及休養生息的需要，還在「海內為一」的基礎上，「開關梁，弛山澤之禁」，商人們因著這統一的全國市場及資源的開放，獲得了前所未有的商機與商利，「是以富商大賈周流天下，交易之物莫不通，得其所欲。」這樣，自春秋戰國以來，中間一度凋敝的商業再度興盛起來，對於這一段商品經濟及商人勢力的發展史，學界歷來給予了極大的關注，傅築夫甚至認為，中國在戰國至西漢，出現了資本主義經濟因素的發展，其中一個重要的依據就是：「專業性商人階級的出現與商業資本的積纍」。〔註23〕而這一繁盛的頂點，毫無疑問就在文景時代，李埏說：「發展達到最高點，我嘗稱之為中國商品經濟發展的第一個高峰。」〔註24〕

然而，無論峰巔還是低谷，漢代商業發展中的起起伏伏，其實都是政策性的因素在起著根本性的作用，經濟的表象後面，是政治在發力，並隨之產

〔註22〕 李埏：《經濟史研究中的商品經濟問題》，氏著：《不自小齋文存》，雲南人民出版社，2001年，第232頁。

〔註23〕 傅築夫：《中國古代經濟史概論》第四章第二節，中國社會科學出版社，1981年。

〔註24〕 李埏：《〈史記‧貨殖列傳〉時代略論》，氏著：《不自小齋文存》，第396頁。

生了歷史性的後果。有鑒於此，有人提出，漢初「重農不抑商」，並在農商政策上，呈現出「重農」與「利商」的兩個方面。〔註25〕但如果按照這樣的邏輯思路，漢代所謂的「抑商」就不是一以貫之的，而是從武帝朝才開始的一種舉措，而由此，所謂的「漢承秦制」在經濟社會領域是否成立或得以落實，也就值得我們重新加以檢討了。但筆者以為，這樣的思考方式，雖注意到了歷史過程中的複雜性，但並沒有看穿本質所在。質言之，「重農抑商」不僅是漢武帝的政策，也是漢初以來，或者說漢承自於秦的一貫立場。在前面的論述中，我們看到，不僅在高祖時代已有各種賤商的法令及規定，就是在所謂「利商」的文景時代，在商人富有財勢的映襯下，雖有著「農夫已貧賤矣」的一面，但不可忽視的另一面卻是「今法律賤商人」，「尊農夫。」〔註26〕這些說明了什麼？它們表明，「重農抑商」是漢政府一以貫之的政策，武帝與武帝朝，不過是將這一政策推至極致的人及時代。

我們以為，文景時代之所以給人以「利商」的感覺，其根本點主要在於，在亟待休養生息的政治前提下，政府放鬆了對經濟的管控，經濟社會的發展頗有些自由主義的色彩。這無疑給了商人及商業極好的發展機遇，但由此否定「抑商」，則是不能成立的。如果要準確地加以評判，或許可以這麼來看，文景時代雖有政策上的「抑商」，卻由於其寬鬆的政治經濟氛圍及相關舉措，事實上抵消了這種抑制，商人由此得以坐大。而且由此後的歷史發展來看，但凡需要休養生息之際，政府就會放鬆管制，一旦中央集權強大或政治需要，則又會加大對商人的打擊，從而呈現出鬆緊結合的態勢。事實上，武帝「抑商」之後，承接而起的是又一輪的休養生息，昭宣時代的再度調整，一個突出表現就是對「抑商」的放鬆。由這個角度來看，所謂「利商」並非真的是對「抑商」的放棄，甚至走上對立面，而只是放鬆管制而已。當以「霸王道雜之」的理念及理政手法來考察這一現象時，我們認為，在中央集權加強，偏於嚴厲懲戒的時段，可謂之為以「霸道」手法「抑商」；反之，則可視之為展現「王道」的寬柔一面，它主要表現為，中央集權的政治力量有意識地讓商業及商人得到更多的自由發展空間。而且不僅僅是漢王朝，此後歷代王朝皆沿襲著這種風格，簡言之，「抑商」雖然是主基調，但並非一味地上緊發條，

〔註25〕古永繼：《重農不抑商——漢初經濟政策淺析》，《惠州大學學報》（社科版），1995 年第 3 期，第 54 頁。
〔註26〕《漢書》卷 24 上《食貨志上》，第 1133 頁。

在緊緊鬆鬆之間，既持續性地實現了「重農抑商」的目標，又使得在必要的調整中，達成「抑」而不「死」的效果，經濟社會由此不至於偏離正常的軌道。而在這種調整之中，至於是偏「王」還是偏「霸」，則取決於中央集權的政治需要和皇權的內在感受。

但是，不管是「王」還是「霸」，作為漢代以來的重要遺產，在「重農抑商」中所採取的抑制性手法，則主要表現為對身份及資格的管控。具體說來，它無外乎在兩種途徑上加以展開，一是貶抑，二是抬升，並總的來說以前者為主。就貶抑而言，與尊重農夫不同，在法律及政策條文層面，商人群落居於被輕賤的地位，即所謂「法律賤商人」，「尊農夫。」而抬升則主要是對個體而言的，即為了一時的政治需要，將商人群體中的某些代表性人物從這一社會角色中分離出來，賦予官方身份，由商賈變官員，從而策略性地達成「抑商」的目標。如漢武帝時代，桑弘羊等大商人搖身一變為高官，服務於官府之中，身份既變，不復以商賈為念，反轉為「抑商」的健將。習漢史者皆知，桑弘羊對漢朝廷最大的貢獻，就是利用其專長，主持鹽鐵專賣，及由此而來的均輸、平準等各項政策，這些原本是獲利極大的商業項目，如今成為了國家控制私商的重要手段，所以《鹽鐵論・復古》載桑弘羊之言道：「今意總一鹽鐵，非獨為利入也。將以建本抑末，離朋黨，禁淫侈，絕併兼之路也。」但前已言及，在商人身份問題上，總的來說，是以貶抑為主的，所謂抬升，一則是臨時性的非常態的舉動，二則是對個體而不是整個群落做抬升，其實質是在將單個個體「商」的身份官員化的過程中，使其從那群體中超拔出來，具有特殊性及政治榮光。如近代以來在西方刺激下，頒行所謂《獎勵公司章程》，給商人頂戴，還是用的同一手法。通過這一類的手法，在必要時放開商人在為官，以及某些特種經營方面的資格，但總體上卻採取了抑制、輕賤等舉措及政策，從而鉗制住了商人作為階層向上抬升的通道。

總之，在古代社會中，最有力量和可能挑戰專制政權的商人階層，被壓制和排擠在政治主流之外，而作為身份制的社會，這種抑制及打壓可謂擊中要害。在強大的中央集權制度下，商人階層不僅日益匍匐在政治權力的腳下，其內在的心理自卑也日漸形成，漢初那股昂揚的精氣神，從武帝以後，就日漸萎靡。在一種輕賤的集體意識之下，兩千年來，商人們雖不時以財傲人，但其內在的自卑卻無法祛除，總的來說，他們是作為主流之外的人群而存在，富而不貴，豪而不強，他們如果在政治上不依附於官府及權力，在經濟上不

投向土地，向地主身份靠攏，就毫無安全感可言，甚至在精神乃至經濟上都會遇到生存的危機。從這個角度來看，武帝時代作為「重農抑商」中的轉折及標誌性時代，一個核心變化就在於，它最終奠定了商人的他賤及自賤的精神導向，「重農抑商」政策不僅在基本制度上得以建構，輿論及心理基礎的夯實，更是其綿綿不絕的力量所在。有鑒於此，有學者這樣評說：

> 這些不准商人入仕，限制商人生活水平，貶黜商人社會地位，加重商人經濟負擔，甚至對商人進行人身侮辱的抑商法令，和儒家恥於言利的思想結合：加上人們對商人獲利時所用的欺詐手段的厭惡情緒，就形成了賤商的道德觀念，把商業看成是「姦偽之業」，把商人看成為人所不齒的賤民。賤商觀念是在抑商政策的基礎上形成的，但它比抑商政策的影響更為廣泛、久遠和惡劣。〔註27〕

但萬事皆有常有變，有時為了基本目標的實現，及政策和制度的生命力，變通在所難免。運之於本論題，我們發現，漢以來所形成的「重農抑商」政策，並非鐵板一塊，它還有著原則之下的靈活性，從而呈現出不同層面之下的差異，這樣的一種走向，對後世可謂影響深遠。

這種差異性首先表現在內外有別上，也就是說，「重農抑商」主要發生在國內或境內，在進行外貿或邊貿時，這一原則就需要進行調整。具體說來，當境外有著強大的敵人，尤其是少數民族政權時，外貿或邊貿就特別受到重視，胡商或外商也由此常獲優厚待遇，與內地商人受到抑制不僅完全不同，甚至可說待若霄壤。為什麼會這樣呢？答案還是要從政治方面去加以解讀。因為這樣一種趨向，從根本上來看，它由政治需要所驅動，而主要不是經濟的內在拉動。這樣的一種路徑，其實在戰國時代就已經開始了。由前已知，秦在商鞅變法以來就實行了「重農抑商」，但常常不能達成實際的效果。其中一個關鍵性的因素在於，那時天下還沒有統一，在其掌控之外，尚有許多資源，這些資源要善加利用，就不得不利用外商，以此來疏通農商關係，獲取最高國家利益。這樣，在秦國內部固然有著「抑商」，而對於外來的商人，反倒是優待有加。睡虎地秦簡《法律答問》在討論「邦客與主人鬥」時，要求在出現「傷人」後，外來的「邦客」僅作金錢賠償即可，這在法令嚴苛的秦國，是少有的優待。待秦統一中國後，中國境內的外商皆成內商，這樣的優待當然要逐次取消。但問題是，這個世界上哪有真正「普天之下」的主人，

〔註27〕閻守誠：《「重農抑商」試析》，《歷史研究》1988 年第 4 期，第 141 頁。

世界帝國不過是個想像。落實到實際政治中，「化外」也罷，「夷狄」也好，帝國終究有自己的實際控制邊界。邊界之外，不僅力所不及，還反而是深受侵擾的源泉，如何抵住洶洶而來的「蠻族」，以獲取境內安寧，並對外展現出國威及中華的強大吸引力呢？在政治穩定壓倒一切的前提下，慎戰、少戰或者不戰，就成為重要取向。與之相配套，在軍政舉措之外的貿易，就突顯了其作用，成為羈縻外邦及夷狄的重要載體。對外貿易由此成為了中原王朝或漢族政權的一種有效迎敵手段，甚至可以說是一種貿易戰的展開，這一點在漢代就已開始，並為後來的歷朝歷代所沿用。〔註28〕從這個角度來看，自漢以來所形成的著名的「絲綢之路」，雖有經濟社會的考量，但落腳點必須歸之於政治。而對外商或胡商的優待，則在本質上，反映了中央王朝的臉面，體現的是天朝大國的威儀。

前面所論是內外之別，而當我們的視線再度轉入境內，則發現，在一統王朝之下的差異性，主要因身份考量而加以展開。具體說來，就是富貴有別、官民有別。由前已知，秦漢以來的「抑商」，主要是在身份及資格上加以展開，其落腳點，就在於建立一種尊卑有序的層級社會，而這種層級，主要不是由經濟力量所決定，而是由政治所統領。由這個角度來看，在專制帝國之下，作為身份制的社會，其身份的實質就是政治身份，這也與大一統的中央集權相合拍，而對商人進行身份上的抑制，其目的就在於，不允許商人因經濟力量的膨脹，對政治發出挑戰。要言之，在政治的超強鉗制之下，經濟力量再大，都不能挑戰政治權威，由此，則有了富貴有別的思路。《史記·商君列傳》載：「明尊卑爵秩等級，各以差次名田宅，臣妾衣服以家次。有功者顯榮，無功者雖富無所芬華。」由此就可以瞭解，商人雖「富」，但不能獲得相應的待遇，這種待遇只能來自於政治，它是尊貴身份的表現與象徵。文景以來，商人雖富，但「法律賤商人」，也正是這一理路的承接。

所以，對於專制時代的政府來說，在特定情況下，在經濟上可以對商人階層放任，但一般來說，其作為一個階層，所擁有的政治待遇是不可能抬升的。政治歸政治，經濟歸經濟，政治永遠管著經濟，經濟匍匐於政治腳下，是當時的核心思路。也所以，當桑弘羊等人成為政府代表之後，一個根本性的問題是，他已由商人的經濟身份，轉入官員這一政治身份之中，並隨之成

〔註28〕關於這一點，可參看拙文：《漢代外貿與邊貿政策探略》，《社會科學輯刊》2002年第5期，並收錄於本書。

爲漢武帝時代「重農抑商」政策的主要干將。有學者說：「（漢武帝）用商賈去打擊商賈。」〔註29〕其實是沒有意識到，倘嚴格說起來，此時的桑弘羊已不是商賈了，而是實實在在的官員，此時實行「重農抑商」，對他本人毫髮無損，因爲他早已換了陣營。當然，可能有人會說，桑弘羊還應該是商，因爲他是官商，是主抓經濟方面的官員。然而，在以政治決定身份的時代，在時人眼裏，「官商」其落腳點是「官」，而不是「商」，所以，「抑商」實質上就是抑制私商，他們是「民」；而官商是「官」，二者不可同日而語。但問題是，官商也好，私商也罷，它們都是在爭奪商業利益，只是前者主要用政治眼光看問題，後者則主要由經濟利益所驅動。在「抑商」政策中，有時官商的擴張，就是針對私商而來，是抑商政策的一種典型表現，自漢武帝以來所創立的專賣及均輸、平準等制度，就是如此。在看到它們爲後世所倣仿和繼承的同時，另一個不可忽略的方面則在於，由於官民有別，不與民爭利的思想常常會跳出來抗議官商制度及政策，這樣，在官民有別的意識基礎上，官商時斷時續，成爲抑商政策發展史中一種奇特的風景，而要尋找其起起伏伏的答案，顯然不能完全從經濟社會的視角去解讀，講政治才是其內在核心。

總之，秦漢時代以政治爲核心，由秦奠定，漢代成型，建構了一套符合大一統帝制時代的政策及舉措範式，其原則中有變化，變化中體現著帝制時代的政治要求，深刻地影響了後世的政治經濟走向。

（二）以「農商社會」爲參照的秦漢「抑商」及早期帝國的商品經濟問題

自秦漢開始，中國在帝制時代中行進了漫長的兩千多年。由於差異的存在及研究的需要，學界在研究過程中常有早期帝國與晚期帝國之分。雖然現在還不能對此達成完全統一的認識，尤其是處於中間的唐宋時段，位於早、晚期之間，上引下聯，具有相當的銜接性與過渡性，在具體的定位上，不那麼容易達成完全一致的意見。但一般來說，漢至唐爲前一階段；宋以來則轉入後一時期，是爲絕大多數學者所認同的普遍共識。也就是說，秦漢作爲早期帝國的開端，延續至唐，在社會性格上，與宋以來的近世社會有著很不一樣的地方，而以唐宋，尤其是宋作爲轉型的開始，中國社會則逐漸進入了晚期帝國。由此再來考察「重農抑商」問題，就可以發現，總的來看，越進入

<hr>

〔註29〕李埏：《〈史記·貨殖列傳〉時代略論》，氏著：《不自小齋文存》，第401頁。

晚期帝國，「抑商」的力度似乎越來越小，尤其是承自於宋，活躍於明，綿延至清的江南經濟，商業化、商品化程度越來越高，上個世紀一度引起過熱議的所謂資本主義萌芽問題，就與此密切相關。

中國傳統經濟社會中的這種變化，無疑是一種重要的動向，它理所當然地得到了越來越多學者的關注與重視。在相關的探研中，有學者就此提出了所謂的「農商社會」說，認為，「中國三千餘年的文明發展史大致經歷了以下三個階段：即古代農業社會、近世農商社會和現代工商社會。」作為通向現代工商社會的一個入口，晚期中華帝國無疑屬於「農商社會」，從而與秦漢至唐的「農業社會」劃開了界限，由於「此時的社會經濟格局由單一農業結構變為農商並重結構。」「除了明初一個短暫時期以外，明清時代的『抑商』，已經不是現實的國家政策，也不是普遍的社會價值，而是一種殘存的昔時話語。」〔註30〕對於這樣的認識，筆者首先要加以承認的是，晚期帝國與秦漢以來的早期帝國的確有著相當大的差異性，所以，是宋至明清，而不是秦漢，走到了現代工商社會的門檻前，就本論題而言，晚期帝國在商品經濟的近代性上，遠非秦漢時代所能比擬。質言之，在這裡，近世與古代，早期與晚期，絕不僅僅是時間上的某種分際與概念，它們更是一種與近代工業或工商文明之間的距離。從這個角度來看，分析近世以來中國經濟社會的走向，考察其何以錯過走出中世紀的機會及相關問題，有著十分重要的意義，也因此，「農商社會」的提出，有其合理性的一面，學術價值不容忽視。

但是，不管如何釐定概念，也不管如何強調晚期帝國商品經濟發展的重要性，筆者不能同意的是，將晚期帝國的變化加以性質上的擴大。概言之，不管晚期的變化有多大，與現代工商文明多麼接近，它的腳其實還是死死地揪在中世紀的泥潭中而無以自拔，它在「量」上的擴張，並沒有衝破秦漢以來「質」的規定，兩千多年來，雖一次次地受到商品經濟的強力衝擊，但並沒有改變同質性的事實。就本論題來看，雖然商人及商業地位在發生著微妙的變化，但「農本商末」的基本思維及政策精神沒有改變；國家力量的強勢主導地位沒有改變；商人階層被輕賤的法律地位沒有徹底改變。而且，更為重要的是，以宋代作為近世的開始，就商品經濟的發展來說，並不是延續著

〔註30〕柳平生、葛金芳：《「農商社會」的經濟分析及歷史論證》，《求是學刊》2015年第2期，第150、151頁；趙軼峰：《明清帝制農商社會論綱》，《古代文明》2011年第3期，第104頁。

秦漢以來商品經濟的繁盛而穩步推進，而是呈現出一種由高而低，並再次飆高的走勢。具體說來，在早期帝國階段內，漢唐時代雖然有著商品經濟的繁盛，但秦漢之後，魏晉南北朝時期出現了一個明顯的低谷，此一時段雖然爲後世江南經濟的發展開闢了道路，但總的來說，商品經濟急劇退潮，自然經濟無可爭議地佔據了統治地位。而隋唐時代的商品經濟發展，則是這一低谷之上的一種反彈，故而，漢、唐相較之下，唐的商品經濟程度甚至都不如秦漢。有鑒於此，秦暉指出：

> 秦漢文明是以古典商品經濟爲基礎的社會文明，隨著古典商品經濟的衰落和自然經濟化，這個文明衰落了。隋唐文明是以中古自然經濟爲基礎的社會文明，隨著自然經濟的日近黃昏與商品經濟的復興，這個文明也逐漸失去了生氣。〔註31〕

按照這樣的思路來加以推演，不難發現，宋以來的經濟路向與唐異質，反倒相似於秦漢，故而，秦暉以「復興」一詞來加以概定。那麼，它復興的是什麼呢？是市場；是貨幣⋯⋯是商品經濟。也所以，日本學者內藤湖南指出：「唐宋之交是實物經濟的完結期與貨幣經濟開始的轉折時期。」〔註32〕毫無疑問，在這樣的時代，商人因其財力而具有較高的實際地位，是一個重要的風向標。但倘由此認爲「抑商」「不是現實的國家政策，也不是普遍的社會價值」，則未免只注意到了一面之事實。我們看到，宋明以來，一方面是商人地位的提升，但另一方面，「重農抑商」的觀念並沒有從主流意識形態中退場，所以當時還有人提出「課農桑，禁末作」的主張，對於所謂「末作競於奇巧，遊手半於閭閻。耕桑時廢，缺俯仰之資；教化未聞，成偷薄之習」，深惡痛絕。〔註33〕在此觀念之下，落實於具體政策中，一旦國家財政吃緊，政府往往想到的就是向商人伸手或徵稅。直至清末，這一習氣依然。例如，晚清的釐金制度雖暫時性緩解了財政危機，但對於商業發展所帶來的重重弊端，已是路人皆知的事實。但它爲何遲遲不加以取消呢？曾國藩說：「病農之錢不可取」、「病商之錢可取。」李鴻章則說：「自古加賦則爲苛虐，徵商未爲弊政」；「與其病農，莫如病商，猶得古人重本抑末之義。」所以，有學者指出：「釐金制度給

〔註31〕秦暉：《漢唐商品經濟比較研究》，氏著：《市場的昨天與今天：商品經濟·市場理性·社會公正》，廣東教育出版社，1998年，第128頁。

〔註32〕內藤湖南著、夏應元選編並監譯：《中國史通論——內藤湖南博士中國史學著作選譯》（上冊），社會科學文獻出版社，2004年，第332頁。

〔註33〕分見《宋史·史彌遠傳》、《明史·張翀列傳》。

中國工商業帶來的危害性，統治階級不是不知道。……但它們認為農業是『本』，工商只是『末』，因此，即使衝擊之也無傷大體。」〔註34〕

由此，不難看出，商人地位的提升不是事實的全部，它只是屬於商品經濟繁盛所帶來的一面之後果，所謂「農商社會」是如此，被有些學者視之為前一階段的秦漢時代，又何嘗不是如何呢？秦漢時代的人一度將為官與為賈相提並論，宣稱：「仕不至二千石，賈不至千萬，安可比人乎？」〔註35〕在巨大的財勢下，甚至還出現了「封君皆低首仰給」〔註36〕的景象。這些比起「農商社會」時代的商人，在氣勢上可以說有過之而無不及。然而，上述種種，歸根結底乃是下層意識的一種放大，在講求精英治國及政治優先的專制主義時代，它是附屬及第二位的。就商人地位的主流面而言，我們更要看到，政治總是在不斷壓制著商人因經濟力量而壯大的勢力，這一點雖晚期帝國與早期帝國在程度上有別，但在性質上並無二致。要之，商人地位的抬升是次要的，壓制才是長久和政策性的。在這樣的相似性下，我們看到，晚期帝國的所謂「農商社會」，在某種程度上，真可算是對秦漢商品經濟的一種「復興」，而不是異質而動。但問題是，走向近代的是明清以來的「農商社會」，而不是秦漢的商品經濟社會。二者又顯然不是可以隨便完全等同的。質言之，近世以來的商品經濟具備向現代工商社會邁進的勢能，而秦漢以來的早期帝國卻不具備這樣的潛在因素。所以，在同質性下，它們的內容及結構有著很大的不同和變化。也就是說，它們雖有同質性，但顯然又是有差別的商品經濟，或者說是帝制時代下，古代發達商品經濟的不同形態或表現。這樣，要真正讀懂晚期帝國的商品經濟變化，就需要以秦漢作參照；反之亦然。由於我們的論題以秦漢為研究對象，下面，就以所謂的「農商社會」作參照，來具體地討論一下秦漢「重農抑商」所涉及的早期帝國的商品經濟及相關問題。

我們先從商品經濟形態的差異入手，來看看秦漢在「重農抑商」中所透現的商品經濟問題。簡單地說，在本論題的視角之下，就性質而言，秦漢的商品經濟主要屬於外在型，受著政治資源的主導與拉動；而晚期帝國的農商社會，尤其是江南經濟主要是內驅型的，受著市場和消費的拉動。所以，秦

〔註34〕 張海林：《王韜評傳》，南京大學出版社，1993年，第246頁。
〔註35〕 《史記》卷122《酷吏列傳》，第3135頁。
〔註36〕 《史記》卷30《平準書》，第1425頁。

漢商人的獲利，很大程度上是政治讓利，或對政治資源進行分割的結果；而農商社會則主要是經濟社會自主推動，或自我尋找出路的後果。

為什麼說秦漢的商品經濟主要是外在型的？並受著政治資源的主導與拉動呢？我們以為，要解答這一問題，就必須將秦漢社會的政治及經濟特點結合起來進行考察。眾所周知，秦漢帝國上承戰國，下開魏晉，所謂商品經濟的繁盛主要是在西漢時代，它繼承戰國遺風，並使商業前所未有地獲得了全國性統一市場的支撐，商品經濟的發展如魚得水，勢頭強勁。李埏為此評價說：「當時商品經濟之盛確乎是我國歷史上鮮見的。」〔註37〕但東漢之後，情況有變，雖商品經濟依然有所發展，卻逐漸被莊園經濟奪去了風頭。從特定視角來看，東漢的商品經濟發展，不過是西漢的慣性所致，它骨子裏所透現的是越來越多的自然經濟色彩，市場、貨幣、交換等商品經濟要素，一直在走下坡路，東漢社會骨子裏所深埋的，是給魏晉做準備的勢能。待歷史走到魏晉時代，終於出現了經濟社會的分水嶺。所以何茲全說：「漢魏之際前後，判若兩個世界。」「這種經濟衰落、自然經濟佔優勢的時代，一直維持到唐中葉，顯著的特徵就是銅錢廢而不用，以布帛為幣。」〔註38〕有鑒於此，呂思勉在其名著《秦漢史》中，一開篇就敏銳地指出：「自來治史學者，莫不以周秦之間為史事之大界，此特就政治言之耳，若就社會性質而言，實當以新漢之間為大界。」〔註39〕

呂氏所觀察到的事實，極為重要。在此，需加以引申的是，這一經濟社會的後果，還需從政治的內在變化說起。

我們知道，秦漢帝國是從戰國的硝煙中一路走來，在軍國主義的底色下，政治經濟一度被政府全面管控，中央集權亦在此基礎上逐漸生成。所以，由前已知，在這樣的背景下，就有了「重農抑商」的理念和政策的出臺。但一個似乎令人不解的問題是，既然軍國主義掌控一切，又有「抑商」政策，為何還會有蓬蓬勃勃的商品經濟呢？這樣的問題當然十分複雜，不是在這裡可以三言兩語就全面加以解答的。就本論題來看，它的一個重要側面是，由於招商引資也是一种競爭，戰國時代各國為富強圖存，大力從事於此，遂為商

〔註37〕李埏：《〈史記‧貨殖列傳〉時代略論》，氏著：《不自小齋文存》，第 396 頁。
〔註38〕何茲全：《戰國秦漢商品經濟及其與社會生產、社會結構變遷的關係》，《中國經濟史研究》2001 年第 2 期，第 5、6 頁。
〔註39〕呂思勉：《秦漢史》，上海古籍出版社，2005 年，第 1 頁。

人的發展壯大提供了空間。然而，統一後，對於土地等自然資源及民眾這一類的人力資源進行全面的國家控制，已無窒礙之下，為什麼商人勢力卻還是一度壯大，甚至更為壯大呢？

我們還是要從軍國主義的問題說起。由經濟社會的角度加以考察，可以發現，軍國主義的表現，不僅是軍事與政治優先，一個更重要的問題是，國家對經濟實施的是統制主義，即經濟被政治及國家權力所統管。所以，查考史籍，又可以發現，在秦漢時代，就法律歸屬而言，資源原本都是屬於國家的，但國家又往往將這些資源，按照地位的等差分派給私人，以最終實現國家控制。從一定意義上來說，起於戰國，最終在秦漢時代，開創和實現了一種國家控制下的權利賦予模式。我們看到，這種模式自創立以來，就具有鮮明的軍政特點，在戰國時代，以秦推行得最為成功，既成為了統一天下的助推器，同時又為漢所承繼。具體說來，在殘酷的軍事鬥爭中，為了獲得最後的勝利，國家在集權的前提下，一方面要對各種資源進行統管，並最大效用地利用這些它們。另一方面，對資源進行分配及再分配，不僅是有效配置的需要，更重要的是，調動各方的積極性，更是要義所在。眾所周知，當時推行的是「耕戰」政策，戰士和農民倘不能得到應有的報酬，在作戰和耕作時，就容易失去動力；反之，對不執行命令者，不加以必要的懲治，也無法達其目標。在這樣的前提下，責任制和量化就成為了必要。按照軍事原則，耕作者和戰士，及相關人員按照軍事原則記功受獎，過則懲治，成為了一種趨勢，一條條細則開始被納入了社會生活，國家機器某種程度上成為了核算器和監控器，當時盛極一時的所謂「軍功爵制」，就是在這樣的背景下，不斷發揮著它的效用。

然而，由本論題出發，可以發現，這種權利賦予模式推行時日一長，首先在產權上就會遇到矛盾和衝突。我們注意到，對於秦漢時代的產權問題，學界一度評價甚高。有學者說：「到了西漢時代，中國才出現了完整的私有財產制，為了行使私有產權所賦予自己的自由，各地普遍出現了市場組織，不但有產品市場，而且有生產要素市場。」〔註40〕但問題是，這樣的私有產權是不完整的，它發端於戰國以來的君主「刑賞」，是一種國家資源的償付或轉換。何謂「刑賞」？《周禮·天官·大宰》曰：「七曰刑賞，以馭其威。」說

〔註40〕劉正剛：《中國傳統社會經濟的啟示——訪美國經濟學家趙岡教授》，《社會科學戰線》2000年第1期，第36頁。

的是君王根據中央集權的需要，對臣民或賞或罰，它又可稱之為「刑德」，是新型中央集權進行國家管理的一大利器。《韓非子·二柄》曰：「二柄者，刑德也。何謂刑德？曰：殺戮之謂刑，慶賞之謂德。」而就「賞」的層面來看，君王或政府必須擁有對各種資源的全面或絕大部份的絕對管控，在此情況下，才能實現資源的分配或再分配。而就本論題來看，這些資源又可分為兩大類，一類是政治資源，即官爵等政治身份，它具有「上之所擅，出於口而亡窮」〔註41〕的特點。但另一類資源──經濟資源，則另有特點。與前一資源相比，至少在一個階段內，它是有限度，可窮盡的。所以，自然資源，如田地、山川、人口等，在那個時代不可能完全私有，國家的影子一直在後面。而貨幣等，在作為財富尺度的同時，必須要多流通，才能使其在循環中呈現無窮盡的特點。

因為論題所限，下面，僅就經濟資源的問題加以申論，我們以為，這一問題的核心所在，主要是私有化。由前已知，經濟資源的產權本屬於國家，但是，當國家賦予私人之後，它還是國家的嗎？從理論上來說，應該不是了。那麼，國家或政府靠什麼來掌控經濟社會呢？主要是人身控制。尤其是漢帝國建立後，這一趨向與商品經濟的繁盛及「抑商」問題有著密切的關聯。我們看到，漢帝國有「授田」和「名田」之法，所謂「授田」，是國家將田地授予小農；而「名田」，則應該是對「田地」擁有私有產權，由於當時百姓各有戶籍，所以又有「籍名田」之法，也即是，以名籍來佔有田地，將其歸入自己名下。按照當時「重農抑商」的政策，授田對象為小農，一般商人是沒有或限制這種資格的，然後，再在名田制下，轉為私人所有。當然，政府對小農的田地賜予不是無代價的，小農在獲得土地的同時，也承擔著國家沉重的賦稅。但問題是，在那個時代，土地是整個社會的最後保障線，它不僅為財富所出，更是生計的最後依憑，就商人而言，也需要以土地來作為自己的財富及生活依靠，《史記·貨殖列傳》載：「以末致財，用本守之。」於是，商人購買或侵吞土地，就成為了一種常態，無限的貪求與有限的資源構成了強烈的對比，而這則加重了政府對商人的厭嫌，推動了「抑商」的進行。

我們看到，就秦漢以來的專制國家而言，授田於農，並承認其私有產權，是建立在掌握農民，並使其成為國家賦稅所出的基礎上的。也就是說，農民與田地本是緊緊地捆綁在一起的。但是，它與春秋以上以土地公有為基礎的

〔註41〕《漢書》卷24上《食貨志上》，第1134頁。

「授民授疆土」不同在於，當土地轉爲私有之後，雖可以煥發耕作者的勞動積極性，促進生產力的發展，同時也爲人田分離、土地兼併提供了條件。易言之，土地兼併之所以成爲秦漢時代一個令人頭痛的社會問題，從產權角度來說，它的根子實際上就在於私有化。《漢書‧食貨志上》引董仲舒之言道：「至秦則不然，用商鞅之法，改帝王之制，除井田，民得賣買，富者田連仟伯，貧者亡立錐之地。」政府授田於農民的初衷本在於，農民通過土地，既爲個人了提供生活來源，同時也是政府財稅的主要源頭。熟悉經濟社會史的人都知道，自秦漢以來，直至唐宋，由於賦稅還沒有與土地擁有量結合起來，在賦稅比重中，田租輕而人口稅重。從一定意義上來說，小農在獲得國家賦予資源的同時，也需承擔相應的義務，仕國家控制系統中，看重的是「人」，而不是田。質言之，對於秦漢政府來說，掌握農民，也就擁有了財富之源，而土地，從某種意義上來說，反倒是第二位的，是政府給農民的紅利。但土地兼併的惡化，失地農民的增多，使得民眾再也不能承擔賦稅，隨之而來的人口隱匿，流民問題等更是紛至沓來，在各種矛盾接踵而至之下，王朝的危機就難以避免。

　　習秦漢史者皆知，在漢代的土地兼併過程中，商人擔任了重要角色。《漢書‧貢禹傳》載：「貧民雖賜之田，猶賤賣以買，窮則起爲盜賊。」如果從經濟角度去加以考量，可以發現，商人對田地的佔有，不僅是因爲農業社會「以末致財，用本守之」的觀念所致，土地本身也是極爲重要的商品，對於那個時代的商品經濟有著重要的意義。可注意的是，早期商業是依託於農業之上的，不僅土地能夠成爲隨時兌現的財富，農產品尤其是糧食，也是能夠獲利的商品。僅就產業發展角度來看，商人吞併土地後，其實主要還是用於農業生產，只是多了規模化及商品化的特性，從表面上來看，對於農業本身似乎並沒有太多的衝擊。也就是說，農業與商業發展之間本沒有根本的矛盾。然而，中央政府對於商人佔有田地卻極爲敏感，《史記‧平準書》載：「賈人有市籍者，及其家屬，皆無得籍名田，以便農。」究其實，所謂的「便農」，不過是便於中央政府對農業和農民進行控制。要之，在「授田」制度下，國家將土地轉爲小農所有，通過土地的交換，換取農民對國家的賦稅等義務。然而，在商人的侵吞之下，土地由國家轉爲了商人控制，再加之以雇佃制度，又形成了對自耕農的搶奪。在這樣的背景下，土地買賣越繁盛，商品經濟越強大，中央政府越要加緊「抑商」。

　　由此，不難看出，就單純的經濟角度來作分析，似乎商人在土地兼併中，不僅不存在商業對於農業的破壞，而且可以促進農業的商品化生產，從某種程度上來說農商皆可得利。然而，這種得利具有短暫性，因為土地兼併所帶來的震蕩，表現在社會人群上，它拋出了大量的失地農民和流民，不僅會帶來巨大的社會問題，而且更是嚴重的政治問題。民眾日益流失且不說，政府通過「授田」給予農民的土地，漸漸納入商人名下，從某種程度上來說，它相當於一種變相的國有資產流失，這是專制政府所不能容忍的。然而，如果我們再次回到經濟問題上來加以分析，又可以發現另一個重要的事實，農民為什麼要將土地賣給商人呢？其中一個重要的因素就在於，那時土地獲利極少，它所帶來的利益不足於承擔國家負擔，前引《漢書・貢禹傳》在言及農民將土地賤賣於商人時，曾有這樣的表述：「農夫父子暴露中野，不避寒暑，捽屮杷土，手足胼胝，已奉穀租，又出槀稅，鄉部私求，不可勝供。故民棄本逐末，耕者不能半。」需知在秦漢時代，在經濟最為發達的黃河流域，還是較為粗放的耕作方法及經營模式，甚至牛耕都沒有全面推開。比較晚期帝國的經濟發展狀況，尤其是江南經濟，在土地獲利上，絕不可同日而語，這是生產力巨大差異之下的後果。

　　在這樣粗放的農業環境下，顯然，農民僅僅依靠田地是難以生存的。怎麼辦？他們需要其它經濟資源來補充生活資料的不足，而這一資源就是山川湖海。在當時地廣人稀的生存環境下，樵採於山海，常常可以補足物質上的不足，而所謂「授田」，其實也是這一狀態下的產物。我們看到，由漢至唐，一直實行著授田或與此相類的均田制，但隨著人口的增長，田地越來越不夠分配，所以，至唐代，雖也實行授田法，但其制已有異前代，不能全額配給了。《舊唐書・食貨志上》載：「所授之田，十分之二為世業，八為口分。世業之田，身死則承戶者便授之；口分，則收入官，則更以給人。」《新唐書・食貨志一》則載：「狹鄉授田，減寬鄉之半。」總之，自唐宋以來，人口增長，人均資源日益稀少，靠著自然資料進行粗放經營，不僅無法將傳統的農商產業推向前進，甚至可能會造成巨大的經濟倒退。秦漢時代在「重農抑商」政策中，要求「禁民二業」〔註42〕，其中一個重要考量就是，保證必要的農業人口，在生產力低下，人少資源多的狀態下，有著合理性與必要性。但當生

〔註42〕《後漢書》卷39《劉般傳》，第1305頁。

產力大幅度提高遭遇到人多田少，單純的耕作已容納不下這麼多農民時，就不得不順應形勢，調整政策。落實於具體舉措中，則是在致力於精耕細作，提高產量，引進新的農產品基礎上，農副並舉，多種化經營，農產品更緊密地結合市場，以獲取轉換與效益。所以，趙岡、陳仲毅指出：

> 中國古代的專業化生產的傳統，到了明、清兩朝在很大範圍內被扭轉了。各地快速地出現非農業生產的鄉村化及家庭化現象。農戶每年平均投放與副業生產上的勞動力比例逐漸增長。這是農民們在面臨巨大人口壓力時不得不實施的適應辦法，只有這樣才能養活這些過剩人口。〔註43〕

由此，我們就能理解，晚期帝國對於商業的寬鬆，從根本上來說，是形勢所迫，其中一個重要的內因乃在於，人口壓力需要相適應的產業轉換，在危機成為轉機的基礎上，我們或許也就更能理解，為何是人多田少的江南，在商品經濟發展上呈現出蓬勃的景象。要言之，晚期帝國的經濟尤其是江南經濟，其總體水平尤其是農業發展水平已大大超越了秦漢時代，筆者甚至認為，當時的生產力水準已達到了農業機械化之前的一個高峰。再加之人口的激增，在農業生產中遂產生了大量的過剩人口，這些人口投向於副業及工商業，既是形勢所迫，也是當時發達的農業生產力為其提供了支撐。

而反觀秦漢，農業生產水平相對落後，國家授予的農田難以承擔國家賦稅，就農民及農業的內部原因來說，政府對於小農的保護，以及對商人的抑制，的確就有其本身的脆弱性在起著作用。由前已知，秦統一後國祚短暫，「重農抑商」的典型性主要體現在漢代。考之史籍，漢政府有著許多對農民加以保護和傾斜的舉措，其中就本論題而言，特別值得注意的，是政府對山海資源的開放。當我們的眼光再次回到漢代，可以發現，按照當時的「官山海」政策，這些自然資源是掌握在政府手中的。但為了解民之困，漢政府卻不得不適時開放這些資源。我們看到，漢初以來直至商業高峰的文景時代，是開放山海的重要時段。《史記·貨殖列傳》載：「漢興，海內為一，開關梁，弛山澤之禁。」然而，我們又注意到，在這段材料中，「弛山澤之禁」的後果，竟然是「是以富商大賈周流天下。」而在前引《漢書·食貨志上》，董仲舒在批評秦漢政府土地私有化造就了兼併局面之後，緊接著譴責政府「又顓川澤

〔註43〕趙岡、陳仲毅：《中國經濟制度史論集》，第374頁。

之利，管山林之饒。」也就是說，董氏也是贊成通過「弛山澤之禁」，讓利於農的。然而，歷史就是這樣奇妙，初衷與結果往往背道而馳。本是讓利於農之事，最終卻造就了商人勢力的壯大。其原因何在呢？

筆者以爲，這要從當時商業的依託去加以考察。簡言之，秦漢的商業嚴重依託於農業及自然資源。就像前面所看到的，土地不僅是農業之本，它也是商業之本。同理，在那個時代，山川湖海既是農業的附屬——副業所本，也是商業之本。政府一旦放開這些資源，商人就可以大爲獲利，反之，則一落千丈。所以，他們是經不起政治或政府的政策調整的，這也是爲什麼秦漢商業起落巨大的重要因素。但問題是，商業的發展除了上述的各種因素，它最終還需要市場加以支撐，以秦漢較爲落後的生產力來加以衡量，它無疑不具備晚期帝國較爲發達的購買力，那麼市場是如何活躍起來的呢？就本論題來看，一個重要因素就是賦稅貨幣化。我們發現，秦漢的貨幣經濟極爲活躍，不僅由此促進了市場交換，與此同時，農民在賦稅繳納中，也通過貨幣形式加以償付，他們的農產品不得不進入市場，而當他們不足以負擔國家及私人的經濟要求時，則不得不賤賣或抵押自己手中的土地及其它物質，將其給付給商人甚至高利貸者，從而帶動了商品經濟的發展。還可注意的是，秦漢時代商品經濟的的發達主要在西漢，而東漢則逐漸走下坡路，其中一個重要問題就是東漢的貨幣化程度在逐漸下降。也就是說，在秦漢時代，尤其是盛行於西漢的商品經濟是由賦稅貨幣化，以及由此帶動的農產品商品化、債務貨幣化而發展出來的。毫無疑問，這種商品經濟的發達是變態的，不健康的。

關於這一問題，筆者已經有專門的論述，〔註44〕在此不加展開。在本文中需要進一步追問的是：爲何秦漢會有與生產力不相配的發達的貨幣化呢？這裡面的原因當然十分複雜，但筆者以爲有一個很核心的背景，那就是軍功爵及相關制度的推進。在秦所創立，漢所承繼的軍國體制下，爲了鼓勵軍功，以及可抵換爲軍功的耕作及勞績，秦漢時代，尤其是在東漢之前，帝國以軍功爵爲核心來進行鼓勵及核算。有多大軍功及爵級，就享受多大的利益。所以，如果關注漢代的文獻，尤其簡牘等出土文獻，就可以發現，在秦漢人的日常生活中，他們的各種工作都是被細加計量的，黃仁宇曾說，中國古代缺

〔註44〕 參看筆者《從債務問題看西漢商品經濟狀況》，《安徽史學》2003年第3期，已收入本書。

少數目字管理，〔註45〕但秦漢時代不僅不缺乏，甚至可以說到了很細碎化的程度。這種細碎，究其根源，其實就是由對軍功的計量發展而來的，以至於在政治上通過積功積勞而加官進爵，在經濟上由此獲得利益或接受懲處，成為了常態。在這一背景下，就經濟社會而言，與獎懲的細碎指標相適應，就特別需要易於分解的載體，由此，易於分割的金錢，以其所具的價值尺度、支付手段及儲藏手段等，成為了當然之選。也就是說，貨幣化本是適合軍國體制的一種模式，但對秦漢帝國統治者而言，他們萬沒想到的是，這恰恰成就了他們一直要抑制的商人以及民間商業，造就了秦漢尤其是西漢時代的商人階層，也即所謂的「素封」。然而，同是商品經濟興盛，漢代「抑商」與晚期帝國的「抑商」在表現上很不一樣。要而言之，漢帝國在「抑商」中呈現出政府與商人勢力之間的尖銳對立，而晚期帝國則不僅矛盾緩和，甚至有時專制政府與商人之間的依存，更多於對抗。這其中除了秦漢商業得利於政治，屬於政治導向型甚至讓利型商業，晚期帝國的商業具有內發性，與政治關聯度小之外，商人群體性格的差異，也有著重要的關聯。也就是說，漢代商人的性格易與專制政治引起衝突，而晚期帝國的商人則與政治具有妥協性與和諧性的一面，而這也使得漢代，尤其是西漢商人或商業具有鮮明的個性特點，成為中國商業史上一個耐人尋味的時段。

為什麼會這樣呢？

為了說清楚秦漢的問題，我們有必要先看看晚期帝國的商人性格。幾十年前，海外著名學者余英時曾對此做過專門研究，他指出，晚期帝國，尤其是明清以來的商人，在倫理上受儒家精神影響頗深，行為方式越來越接近士大夫，士商之間有著很多的一致性，不僅「取代了一大部份以前屬於『士大夫』的功能」，而且具有商人的「社會自覺」，「對於宗教和道德問題確有積極追尋的興趣。」〔註46〕就歷史長時段來看，這樣的一種結果，是長期發展累積而來的。這種後果要得以呈現，固然首先要接受以儒家為核心的主流價值觀念，與此同時，這一觀念還必須成為一種集體意識，才可能形成所謂商人的「自覺」。這樣，在追溯思想意識的源頭時，商人是否以謙卑的態度將自己置於儒家主流文化之下，是否有組織或群體意識，就顯得極為重要。

〔註45〕 關於此點可參看黃仁宇《〈萬曆十五年〉和我的大歷史觀》及相關論述，載於氏著：《萬曆十五年》（珍藏紀念版），中華書局，2006年。

〔註46〕 余英時：《中國近世宗教倫理與商人精神》，安徽教育出版社，2001年，第258、220頁。

　　然而，如果我們的視線拉回秦漢，卻可以發現，這一路向一開始不僅不顯然，而且明顯是背道而馳的。總的來看，西漢時代的「素封」們不僅在漢初沒有採取儒家的或類似的文化態度，就是在「獨尊儒術」之後，也沒有姿態上的大轉向，他們的變化，是在遭受到嚴酷打擊之後才開始發生的。而且從嚴格意義上來看，所謂的「素封」也由此隨之消失，商人結構和商人精神向著具有主流倫理，及協作互助的方向緩步邁進。由這一視角來看，以西漢嚴屬「抑商」為分水嶺，此前是桀驁不馴的「素封」，此後，商人則日益走向儒家及主流思想意識，並與大一統帝制之間形成相對和諧共處的局面，這也成為了後世「抑商」力度日漸輕微的一大主因。而漢初至武帝時代的反其道而行之，則不僅帶來了極為嚴重的的「抑商」後果，促使了此後商人結構的轉變及意識的重建，也使得此一時期的商人在整個中國古代的商人群體中顯得較為異類。

　　正如後世商人精神是歷史的產物，這種異類的發生，也由歷史所造就。倘要加以具體的說明，筆者以為，可從思想意識和社會人群結構兩大層面加以展開。

　　先說思想意識的問題。眾所周知，漢代從武帝開始，進行了「獨尊儒術」的思想建設，它不僅為漢帝國確定了新的思想秩序，也為整個帝制時代定下了意識形態的基調。自此，戰國以來至於秦，以法家及戰爭思維為主流的意識形態，正式宣告結束。我們看到，與戰國及秦的不同在於，漢代以來在意識形態的取向中，雖說也有著「外儒內法」的潛因，更有著殺戮的實際存在，但就其所鼓吹的基本精神來看，確乎是以和諧、仁愛為主。由此，從特定視角來看，秦、漢之間的分化，其核心乃在於意識形態的根本差異。質言之，前者的指導思想以對立、壓服為主，適合戰爭時代及軍國體制；而漢以來的思想走向則以共存、互助為特點，屬於和平年代的理論架構，適應這一變化的儒家思想由此成為了官方意識形態。《史記‧叔孫通傳》曰：「夫儒者難以進取，可與守成。」可以說，依稀將這種特徵揭示了出來。但是，在漢代秩序重建的過程中，在思想意識上，一開始並沒有形成各方人群都能接受的社會共識，而是有一個複雜的演進過程。在思想統一沒有完成之前，就當時的社會心理或集體意識而言，還深受戰國以來的影響，尤其是在經濟思維方面，更是如此。《漢書‧食貨志上》說：「時民近戰國，皆背本趨末。」就反映了這一事實。

而當這一事實投射到漢初以來的商人身上時，就可以發現，當時的商人理念，明顯以法家及戰爭思維為核心，他們還沒有調整步伐，以與大一統的帝制時代相合拍。翻檢《史記・貨殖列傳》，可以看到，在商業經營中，所充斥的是「伊尹、呂尚之謀、孫武用兵，商鞅行法。」於是「能者輻輳，而不肖者瓦解。」儼然一派商場如戰場的架勢。在這短暫的歷史際遇中，商人們在渾然不覺中既被捲入歷史，也書寫了一段看似榮光的自己的歷史。我們看到，如果說戰國分裂的局面，在一定程度上束縛了商人的手腳，秦代因過份專製造成了對商人的壓迫，那麼，西漢以來的大一統帝制既提供了統一的市場，又有著相對自由的氛圍，毫無疑問，它成為了商人放手搏殺的黃金時段。在這樣的拼殺中所走出的「素封」，有著弱肉強食的品格，無孔不入、功利主義等等，極為明顯地表現在他們身上。漢初之人常常痛恨商人「兼併農人」，〔註47〕但他們所「兼併」者，又何止是農人？作為同類的商人，不也一樣地被兼併、被蠶食？從特定視角來看，戰國各國之間的廝殺，被「素封」們移植到了商場及社會。

這樣的品質，使得「素封」階層雖然看起來強大，但並沒有真正的凝合力。其原因在於，在這些商人眼中，只有對手，而沒有或缺乏夥伴觀念。誠然，對於商業發展而言，競爭是無以避免的趨勢，但合作卻是更大的或長期的利益所在，為了這一長遠目標，工商業者結成合作關係，形成自我或組織性的約束，才能走向更為成熟的境界，而要做到這一點，就應該有著「行會」或相類性質的組織，將他們團結協調起來。然而，以漢代商人這樣的品質，是不可能結成行會的。傅築夫指出，「素封」們「個個都像猛獸鷙鳥之攫食和兵家之戰勝攻取一樣，進行著激烈的自由競爭，」「是與行會制度的基本精神相違背的。」也所以，在這個商品經濟的興盛期，看不到行會的痕跡，行會的出現，只能在商品經濟再次興盛的隋唐。〔註48〕我們注意到，在學界，有學者對西漢的「素封」評價甚高，認為他們的出現，意味著中國古代商人階級的興起，而且在西漢達到了最高點，在那時，「這個新興的集團已經壯大了。」
〔註49〕

〔註47〕 《漢書》卷24上《食貨志上》，第1132頁。
〔註48〕 傅築夫：《中國經濟史論叢》，第390、397頁。
〔註49〕 李埏：《論中國古代商人階級的興起——讀〈史記・貨殖列傳〉札記》，氏著《不自小齋文存》，第410頁。

但結合前面的論述，在筆者看來，要給戰國以至西漢的「素封」們下判定，說「新興」當然不是問題，「集團」或「階級」與否，尚值得探討。簡言之，作爲一個階級或集團，應有自我認同的群體自覺意識。但由前已知，這一點恰恰是他們所缺乏的，從某種程度上來看，他們應該是「團」而不「集」，不僅各自爲戰，而且以消滅對手爲最終目的。或者也可以這麼說，當他們將各國之間廝殺兼併，最後統一天下的思維用於商業經營時，這一集團在嚴格意義上甚至就不能稱之爲集團。我們知道，在商業運營中，即使眞的可以構建一個「帝國」，也無法消滅所有的對手，併吞天下，它與軍政規律是不一致的。但在當時，「素封」們不會有如是思維。一方面，當戰爭及爭勝的思維深入他們骨髓之際，吞併競爭成爲他們所追求和接受的方向。另一方面，更爲重要的是，由於漢王朝的統治者起自「布衣將相」，作爲政治上的勝利者，他們不僅演繹了一個神話，也爲他們樹立了一個標杆。我們注意到，「素封」們本也是「布衣匹夫之人」〔註 50〕，在現實的激勵下，難道他們會無動於衷？「素封」們或許並不認同後世所謂商人集團的身份，但同爲布衣，夢想著和漢初將相們一樣鯉魚跳龍門，應該是人之常情。也所以，在史籍中常見他們誇耀奢華，以財勢抗衡王侯之舉，這實質上是當時那個布衣爭勝的時代的表現或寫照，只不過他們移之於商場之上，並讓統治者感受到了隱隱的威脅。但他們畢竟不是眞的將相，他們是「素封」，「素」者，空也。在那樣一個早期商業發展的時代，他們一則無力統一商業之天下，二則眞正一統的政治力量怎麼會容忍他們的肆意發展呢？

所以，我們的結論是，缺乏自我認同與協作的「素封」們，注定了西漢商人群體在其強勢的表象下，深埋的是鬆散性與脆弱性。在與主流社會爭勝的前提下，等待他們的，只有打壓。總之，與晚期帝國相比較，秦漢以來商業的繁盛，充滿著外在的政治引導與拉動，是一個歷史階段的特異產物，從本質上來說，並不完全符合商品經濟的內在發展理路，所以，在政治的打壓下，時起時落，也就不奇怪了。

三、「抑商」：古代專制時代的結構性政治經濟矛盾的反映 ——以秦漢爲中心的考察

由前已知，「抑商」不僅屬於秦漢，更屬於整個中國帝制時代。作爲歷朝

〔註 50〕《史記》卷 130《太史公自序》，第 3319 頁。

歷代基本上沿用和推行的政策，一直綿延持續到了近代。爲了更好地看清秦漢，對於這一政策進行宏觀或整體結構性的考察，就成爲了題中應有之義。對於這種政策爲何能夠在幾千年中如此長久不變地存在並固式化？學界自有各種不同的相關討論。但我們以爲，這種狀況的背後，一定存有其政治經濟結構方面的共通性，抑商的產生，在很大程度上，應由這一共通性所派生。質言之，幾千年來基本體制的內涵不變，造就了這種狀態，即：抑商是古代專制時代結構性政治經濟矛盾的反映。只要這種政治經濟結構存在一天，這種矛盾就不會消失。下面，我們將不揣淺陋，以秦漢爲考察中心，從這一視角出發，就此問題略抒管見，以就正於方家。

（一）大一統的中央集權體制是「重農抑商」政策的政治背景
——以西漢爲例的考察

眾所周知，秦漢以來，中國步入了中央統一集權的專制帝國時代。在這種政治體制下，皇帝是最高統治者，中央對地方有絕對的權威，但這種政治形態並非天然形成，它有一個發展過程，不可能是一貫到底，一成不變的，但從歷史的眼光來看，中央專制集權越來越強則是它的基本趨勢。在此，我們不想作更多通論式的述說，由於漢代尤其是西漢，在中央集權初步形成及奠定的過程中，既有郡國並行之下的中央與地方抗衡分權的矛盾衝突，又有武帝時代正式開創的中央集權加大之後的，眞正「大一統」的實現。所以，作爲具有典型性的時段，它極具研究意義。由此，我們下面的討論，將重點從漢代，尤其是西漢帝國專制政治的發展這一歷史的脈絡出發，考察它與「抑商」之間，及與此相關的古代商業之間的關係，換言之，將專制政治環境作爲重要的「抑商」歷史背景來考察。

徵之史籍，可以看到，西漢有大量的富商大賈，他們擁有鉅額財富，並由此勢力坐大。《史記・貨殖列傳》論述道：「爲權利以成富，大者傾郡，中者傾縣，下者傾鄉者，不可勝數。」《漢書・貨殖傳》則說：「公擅山川銅鐵魚鹽市井之入，運其籌策，上爭王者之利，下錮齊民之業，皆陷不軌奢僭之惡。」不管評說的角度如何，價值趨向怎樣，無庸置疑，商人隊伍是西漢一支強大而不可忽視的社會力量。當然，這還只是一種一般性的評述，如果細加考察，在這中間還能發現一些階段性的差異。如在《漢書・貨殖傳》中，共列了 33 位富商，其中前 21 位與《史記・貨殖列傳》同，爲武帝以前或武

帝前期的商人，而《漢書》增補的 12 位主要活躍在成、哀、王莽時期，即西漢末期。從資產上來看，前期商人的經濟實力較之後期商人，相對而言要更雄厚些，但這些前期商人，其產業傳至後期也都衰亡了。從以上這些情況，可以得到以下幾點認識：一、西漢民間商人的黃金時期在中前期，無論從數量上還是實力上看，都是這一階段的商人占優。二、在以武帝時期爲核心的專制政治的高峰期，書中所載的大商人很少，幾乎沒有什麼具體的記載，〔註51〕可見當時的政治環境對商人的打擊，並不是一種泛泛的文本記載，從商人勢力變化的具體數字上，可以十分信服地印證這一點。三、西漢前期商人至後期都衰敗下去的事實表明，這一時期的商人從本質上看，根本經受不住專制政治的高壓。總之，從上述材料及推論中，我們認爲，將「抑商」與當時專制政治的發展聯繫起來，不僅是可能的，而且是必要的。它對我們加深問題的理解必然大有裨益。

由前已知，武帝時是西漢專制政治發展的高峰期，在此之前，西漢政府在政治上主要遵循一種「黃老無爲」的治國理念。在當時，雖然從劉邦開始的歷代帝王先後下達了一系列的「賤商令」，對商人從法律上進行貶斥，規定其低等的政治地位，並大多不得占田、爲官，等等。但由於政治的寬鬆，在具體運作當中，並不認眞加以深究。如漢第二任丞相曹參，據《史記·曹相國世家》，其對「吏之言文刻深，欲務聲名者，輒斥去之。」不願對中下層的自由發展進行過多的干擾與約束。在這種背景下，政治對民間私商的發展，束縛力是很小的。不僅如此，史載，曹參等「見人有細過，專掩匿覆蓋之。」換言之，法網鬆弛，上層統治者對下層的很多舉動開一眼閉一眼，任由其行。最典型的例子是，曹參在由齊相任上升任丞相時，要求其後任對齊國進行黑市非法買賣的「獄市」不要干擾，並說：「夫獄市者，所以並容也，今君擾之，姦人安所容也？」在這種狀態下，商人的財勢發展自然十分迅猛。那種「千金之家比一都之君，鉅萬者乃與王者同樂」〔註52〕的「素封」日益增多，以至於出現了「網疏而民富，役財驕溢，或至豪傑兼併之徒，以武斷於鄉曲」〔註

〔註51〕 武帝時期的大商賈當然是有的，如《史記·平準書》中所講的東郭咸陽、孔僅等，都是當時的巨富。但對商賈進行專門記載的《史記·貨殖列傳》及《漢書·貨殖傳》卻沒有武帝中後期的商人記錄，反映出比之其它時期，這一時期商賈勢力較弱。另外，前引東郭氏等後來也轉爲國家效力的「利官」。

〔註52〕 《史記》卷 129《貨殖列傳》，第 3282～3283 頁。

〔註53〕 《史記》卷 30《平準書》，第 1420 頁。

53）的局面。正是在這種政治環境之下，有了漢初惠帝、呂后時，「復弛商賈之律。」〔註54〕文帝前後，「開關梁，弛山澤之禁」〔註55〕的舉動，其目的都在於不願將政治這根弦繃得太緊，比之後來武帝時的嚴峻刑法，國家權力干預一切，無疑，它既為商業的自由發展提供了契機，同時又是中央集權還不強的表現。

但就中央集權的主體──最高統治者來說，不是他們不想加強集權，是形勢不允許，各種障礙太多，一時還沒有清理乾淨，只要這些障礙清理乾淨，中央集權是必然要到來的。而漢代加強專制主義中央集權的最大障礙，莫過於地方諸侯國勢力的坐大。事實上，西漢專制政治的加強，就是在對其勢力逐漸掃除的基礎上發展起來的。劉邦在剛剛建國，異姓諸侯王逐漸削平，天下初定的情況下，大封同姓王，其用意本是希望「懲戒亡秦孤立之敗。」〔註56〕認為：「以海內初定，懲秦之無尺土封，故封同姓，以塡萬民之心。」〔註57〕但由於諸侯王權力過大，卻日漸對中央專制集權造成了威脅。這些諸侯王有賦稅權、人事權、甚至軍權等各種權力，是一個相對封閉的獨立王國。史載，自劉邦開始，「諸侯皆賦，得自除內史以下，漢獨為置丞相，黃金印。諸侯自除御史、廷尉正、博士，擬於天子。」〔註58〕權力造就了欲望，與中央對抗，與他國競爭也就成了勢之必然。如何競爭呢？從經濟層面而言，發展商業獲利最大，當時的情況是「夫用貧求富，農不如工，工不如商。」這一原則在當時不僅對個人如此，對於區域性的政權而言，發展商業也能做到這一點。諸侯國之間吸納物產、資金必須靠商業，這一點與統一的中央集權時的狀況有所不同，因為總的來說，後者是處在一個封閉的農業環境中，與外界少有商業交換與交往，整個中華文化圈內實現經濟自給，不需要國家競爭，不需要大量吸納外資。而漢初郡國並行時，因各諸侯王國實力有限，在經濟上不能自成系統，它們要進行國家競爭，要發展經濟，要倚重商業，它們根本不可能關上門來獨自發展。這一點有些像春秋戰國時的情景，所以班固說那時，「時民近戰國，皆背本趨末。」〔註59〕是很有一些道理的。而如前所述，

〔註54〕《史記》卷30《平準書》，第1418頁。
〔註55〕《史記》卷129《貨殖列傳》，第3261頁。
〔註56〕《漢書》卷14《諸侯王表》，第393頁。
〔註57〕《史記》卷51《齊悼惠王世家》，第2012頁。
〔註58〕《史記》卷59《五宗世家》，第2104頁。
〔註59〕《漢書》卷24上《食貨志》，第1127頁。

地方政權的分立，使統一的政令受阻〔註60〕，物流在人為阻力下極為不暢，加之天下財富在分配上各地有各地的優劣，這又更使得商業流通在各地物資平衡中起著舉足輕重的地位。所以王夫之在《讀通鑑論·景帝》中這樣說道：「七國者，各君其國，各有其土，有餘不足，各產其鄉，遷其地而弗能為良。戰爭頻，而戈甲旌旄之用繁，賂遺豐，而珠璣象貝之用亟，養遊士，務聲華，而遊宴珍錯之味侈。益之以驕奢之主、後宮之飾，狗馬雁鹿袨服殊玩之日新，而非其國之所有。於是而賈人者越國度險，羅致以給其所需。人主大臣且屈意下之，以遂其所得，而賈人遂以無忌憚於天下。」可見，諸侯國勢力的強大與政治的相對獨立，的確為造就私商興盛提供了空間。當時各地諸侯都需要商業物流以促進經濟，都需要奢侈品以享樂，需要資金以擴充實力，那麼，這一國不歡迎，商人則可轉入另一國，他們的自由度與發展空間大大得到拓展。

其實，諸侯們從本意上來說，可能也想過「抑商」，但客觀形勢不允許他們這麼做，或不允許去有力度地加以推行。這正如春秋戰國時期，雖然各國都有不同程度的「禁末」思想，但商人照樣風光得勢，甚至有的還能執掌政權。這是一種理論與實踐的斷裂，而這個斷裂層上的橋梁則是統一的中央集權的政治系統。沒有了它，「重農抑商」就會成為一句空話，成為游離於政治真空中的東西。所以《管子·侈靡》一方面說：「商人於國，非用人也。」極力貶低其作用與地位，但另一方面在《管子·輕重乙》中又說：「請以令為諸侯之商賈立客舍；一乘者一食，三乘者有芻菽；五乘者有伍養，天下商賈歸齊如流水。」這段話明白無誤地要求齊招攬他國的商人，給予優厚的待遇，這真是形勢的無奈。春秋戰國時如此，西漢中前期諸侯坐大時也是如此。另外，從商人層面而言，他們也願意結交王侯，以相寄託。畢竟他們是「素封」，是沒有政治地位的人，所以，史載：「（大商人孔氏）大鼓鑄，規陂池，連車騎，遊諸侯，因通商賈之利，有遊閒公子之賜與名。」甚至大商人刁間的奴客，都「或連車騎，交守相。」〔註61〕當時的商人「因其富厚，交通王侯，力過吏勢，以利相傾」〔註62〕，已成為一種時尚與普遍現象。當然，對於商

〔註60〕西漢前期儘管是名義上的中央一統，但諸侯國並不買中央的帳。《漢書·淮南衡山濟北王傳》曰：「（諸侯）廢先帝法，不聽天子詔，居處無度，為黃屋蓋似天子，擅為法令，不用漢法。」即反映了這一情況。

〔註61〕《史記》卷129《貨殖列傳》，第3278、3279頁。

〔註62〕《漢書》卷24上《食貨志》，第1132頁。

人與王侯而言，這是雙贏性質的行為，是雙方都願意並能夠接受的一種事實。而這樣一來，所謂的「抑商」自然是辦不到或難於辦到了。當然，對商人而言，勾結王侯無非是又一樁買賣而已，是有利可圖才會去幹的，甚或說，這是一種有回報的商業投機。從這個意義上看，這種關係極不牢靠。《史記‧貨殖列傳》載：「吳楚七國兵起時，長安中列侯封君行從軍旅，齎貸子錢。子錢家以為侯邑國在關東，關東成敗未決，莫肯與。唯無鹽氏出捐千金貸，其息什之。三月，吳楚平，一歲之中，則無鹽之息什倍，用此富埒關中。」從上述材料可以看到，在平定「七國之亂」時，居住在長安的一些列侯，以十倍的高利貸都難於借到錢，原因在於，商人們害怕一旦戰事失利，這筆投入就要血本無歸，這既真實地反映了兩者間的利用關係，從另一方面看，正是商人始終存在的這種政治觀望態度，在當時獨特的政治環境下，反而更促使諸侯王等加緊對他們的拉攏。否則，其它政治勢力將其納入，無疑對自己封區內資金的吸納、物質的流通等方面，又是一個損失，而這再次證明了「抑商」與專制中央集權政治之間的必然聯繫。

既然商業利潤如此豐厚，尤其對於地方發展有著重要作用和價值，於是，不僅民間「素封」商人在郡國並行的空隙中大伸拳腳，許多諸侯王也親自經商，通過豐厚的利潤以增強國力，最著名的莫過於吳王劉濞，《史記‧吳王濞列傳》載，他「招致天下亡命盜鑄錢，煮海水為鹽。」利用山海資源以從事商業活動，從而大獲其利。以至於他在發動叛亂時，揚言道：「寡人金錢在天下者往往而有」，並規定了各級軍功的賞賜金錢數，真可謂財大氣粗。而這些金錢又主要來自於商業，尤其是鹽鐵、鑄錢等的收入。所以，針對這一點，在鹽鐵會議上，朝廷官員曾指出：「君有吳王專山澤之饒，薄賦其民，賑贍貧乏，以成私威，私威積而逆節之心作。」〔註63〕即指吳王利用鹽鐵等資源進行商業運作，在加強經濟實力後，收買人心，從而造反起事，嚴重地威脅中央專制政治體制的事實。就此，司馬遷也曾指出：「故吳，諸侯也，以即山鑄錢，富埒天子，其後卒以叛逆。」〔註64〕總之，憑藉強大的勢力以經商，對於諸侯而言，無疑也是一樁十分合算的買賣。不僅吳王濞如此，其它的諸侯，如趙肅敬王彭祖作經紀人，旁光侯殷、陵鄉侯訢放高利貸，〔註65〕等等。在

〔註63〕 《鹽鐵論‧禁耕》，參見王利器校注：《鹽鐵論校注》，中華書局，1992年，第67頁。
〔註64〕 《史記》卷30《平準書》，第1419頁。
〔註65〕 分見《史記》卷59《五宗世家》，《漢書》卷15上、15下《王子侯表》。

史書中，這種記載還可以看到很多，而中央專制政治權威的不夠，正是這種狀況得以滋生蔓延的溫床。所以，在平定「七國之亂」等一系列事件後，中央權威大大加強，此時的諸侯由於被剝奪了大部份的權力，與中央形不成對抗，不僅不復有上述的財勢與經商規模了，甚至於很大一部份王侯出現了經濟窘迫的狀況。史載：「諸侯獨得食租稅，奪之權。其後諸侯貧者或乘牛車也。」〔註66〕專制帝國時代政治地位的轉換決定著生存狀態與生活質量，這正是歷史的寫照。

諸侯王國要能夠眞正對抗中央，首先必須要有人爲之賣命，收攬人心也就成了不可或缺的政治基礎。史載：「會孝惠、高后時，天下初定，郡國諸侯各務自拊循其民。」〔註67〕地方諸侯們如何安撫民心以爲己用呢？當然各有各的做法，不會盡同，有的效果可能好些，有的可能差些，但這只是程度上的不同。我們還是以吳王劉濞爲例，看看諸侯王在這方面的一些具體做法。《史記‧吳王濞列傳》載：「其居國以銅鹽故，百姓無賦。卒踐更，輒與平賈。歲時存問茂材，賞賜閭里。佗郡國吏欲來捕亡人者，訟共禁弗與。如此者四十餘年，以故能使其眾。」通過這則記載，我們知道，吳王劉濞通過銅鹽等商業收入，國家富庶，老百姓爲此不需要交納賦稅。即便服役，諸侯國政府也要給予經濟補償。此外，吳王還要每年賞賜百姓，對於其它郡國搜捕的逃亡者，也千方百計爲之包庇藏匿，其目的當然是以爲己用。這一系列做法對於當時的商人而言，有很大的好處與吸引力。如吳王劉濞對百姓都免賦稅，對於商稅，自然也是要免的。這樣在吳地做生意獲利必然更豐。比之中央政府「令賈人不得衣絲乘車，重租稅以困辱之」〔註68〕的做法，這裡簡直是天堂。加之即使在生意投機中犯了事，也能得到庇護，商人們自然願意往這裡跑。如《史記‧吳王濞列傳》記載，有一個叫周丘的商人，由於作酒類買賣犯了事，逃往吳國，在曾被吳王薄待的情況下，尚且爲之賣命死戰。不是這種郡國並行的體制能夠爲之帶來好處，他又何必如此作爲呢？而且這一類人不在少數，周丘不過是一個典型而已。總之，劉邦建漢後，雖然建立的是一個統一的國家，但地方王國對中央政府有巨大的牽制，這使得商人有很大的發展空間，因而一方面這個統一國家的中央政府推出了「重農抑商」的政策，這

〔註66〕《史記》卷59《五宗世家》，第2104頁。
〔註67〕《史記》卷106《吳王濞列傳》，第2822頁。
〔註68〕《史記》卷30《平準書》，第1418頁。

是中央專制集權所必需的；另一方面地方王國卻極力籠絡大商人，爲其個體利益提供服務，這種政策上的矛盾及其獨特性是戰國與秦時期所不具有的。而這種矛盾的原因在於漢初名義上及理論上的中央集權與事實上的地方王國專權的並存狀態，以及兩者間的力量對比又基本處於動態與彈性之中。翦伯贊曾說：「從西漢初一直到武帝初年的歷史，可以說是中央集權和地方割據勢力激烈鬥爭的歷史。文、景削藩就是這種政治鬥爭的突出表現。……商人利用諸侯王的政治特權以謀求暴利，諸侯則利用商人的資財來強化他們的割據。有些『封君』甚至『低首仰給』於商人。這樣，就替中央集權制的建立帶來了困難。」〔註69〕我們認爲，翦氏的這一論斷是十分貼切而恰當的。此外，朝廷官員也是商人們重點結交的對象，因皇權還不夠強大之故，西漢中前期對其控制並不嚴格，許多官員往往是「諸所與交通，無非豪桀大猾。」〔註70〕而這些豪桀大猾當中很多就是商賈。

不僅如此，由於中國古代的專制政治，從某種程度上說，實質上就是以皇權爲中心的集權政治，皇權不強，則地方勢力不易控制，從這個層面上看，對諸侯勢力的抑制，也是與對中央及其它地方大員的抑制同步的，兩者有密不可分的聯繫。皇帝只有高度掌握中央權力，強大的皇權不僅能對地方形成制約，也能在中樞實現完全的管控，而這個過程一旦完成，抑商的阻力也就隨之冰釋了。事實上，論述西漢專制政治，從某種程度上說，就是論述專制皇權。然而，西漢帝國剛建立時，在中央政治權力體制中，皇帝雖然是最高統治者，但以丞相爲首的三公九卿等朝官對皇權有極大的制約，皇帝對其也十分優渥。如漢初爲尊相位，特意將官名由丞相改爲相國。從權力上講，丞相也是位重事繁，如《史記·陳丞相世家》中，文帝問丞相周勃與陳平錢穀及決獄之事，從一個側面證明了此兩項大權在丞相職掌之中。又如直至武帝前期，丞相還往往不通過皇帝自己任命官吏，以至於武帝曾對丞相田蚡發牢騷道：「君除吏已盡未？吾亦欲除吏。」〔註71〕隨著專制政治的發展，呈現皇權越來越大，相權越來越小的趨勢。皇權對相權的打擊最主要的方法，是武帝時的內外朝制度的推行。即以皇帝的近臣組成「內朝」官，也叫「中朝」，

〔註69〕 翦伯贊：《秦漢歷史上的若干問題》，氏著：《翦伯贊全集》，河北教育出版社，2008 年，第 744 頁。

〔註70〕 《史記》卷 107《魏其武安侯列傳》，第 2847 頁。

〔註71〕 《史記》卷 107《魏其武安侯列傳》，第 2844 頁。

使其成爲國家決策機構，而以丞相爲首的原三公九卿相應地成爲「外朝」。〔註72〕內朝官身份多爲侍從、文書之類，位卑但權重。他們在皇帝的支持下，逐漸剝奪了「外朝」的大部份權力。如武帝時石慶爲丞相，當時，「九卿更進用事，事不關決於慶，慶醇謹而已，在位九歲，無能有所匡言。」〔註73〕根本就無所作爲。而這種情況的出現，正說明了專制政治的極度發展。權高位重的丞相在「內朝」的打擊下失權，並非是由於「內朝」本身的強大，弱小能欺於強大，只是在於在它之後還有一個更爲強大的皇權。爲更清晰地看出它的發展軌跡，我們列表如下：

漢初至武帝時丞相基本情況表〔註74〕

序號	姓名	擔任丞相時間	所在帝王	退位原因	備　註
1	蕭何	13 年（前 206～前 193）	高祖、惠帝	去世	
2	曹參	3 年（前 193～前 190）	惠帝	去世	
3	王陵	2 年（前 189～前 187）	高后	另任	由丞相遷升爲太傅
4	陳平	11 年（前 189～前 178）	高后、文帝	去世	
5	審食其	7 年（前 187～前 180）	高后	免	中間一度遷爲太傅
6	周勃	2 年（前 179～177）	文帝	免	中間一度辭相又復官，以列侯就國名義免相。
7	灌嬰	1 年（前 177～前 176）	文帝	去世	
8	張蒼	14 年（前 176～前 162）	文帝	免	張蒼年齡極大，已難於視事。
9	申屠嘉	7 年（前 162～前 155）	文帝、景帝	去世	
10	陶青	5 年（前 155～前 150）	景帝	免	
11	周亞夫	3 年（前 150～前 147）	景帝	免	以病免。

〔註72〕　《漢書・嚴助傳》顏師古注道：「中，謂天子之賓客，若嚴助之輩也；外，謂公卿大夫也。」
〔註73〕　《漢書》卷46《石奮傳》，第2197頁。
〔註74〕　本表據《漢書》卷19下《百官公卿表》制。因篇幅所限，此表不能將所有丞相列入，故僅至武帝時。

序號	姓名	擔任丞相時間	所在帝王	退位原因	備　註
12	張舍	4 年（前 147～前 143）	景帝	去世	
13	衛綰	3 年（前 143～前 140）	景帝、武帝	免	
14	竇嬰	1 年（前 140～前 139）	武帝	免	
15	許昌	4 年（前 139～前 135）	武帝	免	
16	田蚡	4 年（前 135～前 131）	武帝	免	
17	薛澤	7 年（前 131～前 124）	武帝	免	
18	公孫弘	3 年（前 124～前 121）	武帝	去世	
19	李蔡	3 年（前 121～前 118）	武帝	有罪自殺	
20	嚴青翟	3 年（前 118～前 115）	武帝	有罪自殺	
21	趙周	3 年（前 115～前 112）	武帝	有罪自殺	
22	石慶	9 年（前 112～前 103）	武帝	去世	
23	公孫賀	12 年（前 103～前 91）	武帝	下獄死	
24	劉屈氂	1 年（前 91～前 90）	武帝	下獄腰斬	
25	田千秋	12 年（前 89～前 77）	武帝、昭帝	去世	任職的大部份時間在昭帝時期。

　　上表列出了從高祖到武帝時共 25 位丞相的基本情況。從上表中我們可以看出以下幾個特點：1、前期丞相的任職時間相對較長。如蕭何 13 年，陳平 11 年，張蒼 14 年。即便時間較短的，如曹參、灌嬰也都是死於任上。2、前期丞相多善終於任上，即便免職，也多有緣故。如張蒼年紀太大，根本不能視事；周勃請辭相，王陵則是明升暗降為太傅，等等。而自景帝時開始，尤其是武帝時，丞相公然被免、下獄死的佔了很大的比重。可見此時丞相不但無權，甚至在任上還有性命之憂。例如，從上表可以看到，武帝一朝有丞相 13 人，結果 5 人免職；2 人下獄死；3 人獲罪自殺；僅 3 人得以善終，然而就是這 3 人中，還有 1 人，即田千秋主要活動於昭帝時期，其長期任相，當與昭帝時專制政治有所鬆動有一定聯繫，但即使是這樣，也已是大權旁落，明日黃花。這樣，武帝時的丞相，如除去田千秋，以 12 人計，不得善終者竟佔了 83%。4、西漢前期丞相任免週期較長，而後期頻繁換相。如本表所列 25 位丞相中，武帝一朝就有 13 人，由此可見其隨意性、波動性及丞相地位的不

穩固。這也說明，相權在此時已毫無力量對抗皇權了，皇帝已形成了對中央官員嚴密的控制與絕對的權威。所以，班固在描述武帝時的情景時說：「其後，李蔡、嚴青翟、趙周、石慶、公孫賀、劉屈氂，繼踵爲丞相，自蔡至慶，丞相賓館丘虛而已，至賀、屈氂時壞以爲馬廏、車庫、奴婢室矣。」〔註 75〕破敗的景況映襯著強力君權凌駕之下的官僚權力的下滑，然而餘暉殘照的另一端，卻是專制政治的如日中天，是皇權的強盛與不可一世。

要加強專制政治的中央集權，就必須削弱和限制地方權力。如前所述，西漢前期地方權力極大，尤其表現在諸侯王勢力上。爲此，中央政府一步步地採取削藩舉措，從一開始的直接削地，到後來武帝時以所謂「推恩」之法，規定諸侯王除由嫡長子繼承王位以外，其它諸子甚至兄弟也可在王國範圍內再裂土分封，以產生一個新的侯國，從而達到「不行黜陟，而藩國自析」〔註 76〕的效果。前者在運作過程中遭到了巨大的阻力，最終釀成「七國之亂」。中央政府以平叛爲契機，對諸侯王的權力大加限制，而後者則完全以政治手段，徹底消除了諸侯王對抗中央的政治實力與能力。從而使其成爲僅僅「衣食租稅」的封君，毫無政治權力可言。

不僅如此，據《漢書‧諸侯王表》，西漢政府在這一過程中，還推出了「左官律」、「附益法」等限制王侯權力的法令。規定王國官吏低於中央任命的官吏；至於附益，則規定「或曰阿媚王侯，有重法也。」等等。除了政治權力，在經濟權力上，中央也與地方諸侯展開了爭奪，其中最重要的就是鑄幣權的回收，這使得像吳王劉濞那樣的諸侯不能再通過地方資源鑄幣以謀利。爾後，在貨幣統一的基礎上，中央政府又採取均輸平準、鹽鐵專賣等辦法，在中央財政機構大司農的直接管理下，在各郡國設分支機構，統一各地的官方商業運營，既從經濟上極大地削弱了地方勢力，也爲中央專制政治的更加強大提供了資金支持。所謂「今山澤之財，均輸之藏，所以御輕重而役諸侯也。」〔註 77〕與此同時，商人則在這一過程中遭到了前所未有的打擊。此外，中央政府還日益加強對地方的監察力度，如武帝時分派刺史監督各郡國，刺史位卑而凌貴，對比自己級別高得多的官吏都有權彈劾，並直接向中央負責，從而保證了中央對地方的監控。再加之思想上以「罷黜百家，獨尊儒術」的辦法，

〔註 75〕 《漢書》卷 58《公孫弘傳》，第 2623 頁。
〔註 76〕 《漢書》卷 14《諸侯王表》，第 395 頁。
〔註 77〕 《鹽鐵論‧力耕》，王利器校注：《鹽鐵論校注》，第 28 頁。

統一思想，加強控制，樹立天子的君權神授權威，並大開民間選才之路，使察舉選官逐漸發展起來。以前士人主要通過爲王侯賓客的辦法以求仕進，而現在則可以直接通過學術走上仕途。無疑，這是中央與地方的一種人才爭奪，從這個特定層面，使地方無「用武之英雄」，人才網羅於中央，大大減少了地方叛亂的成功幾率。對於這一點，西漢中央政府是有高度警覺性和清醒認識的，《鹽鐵論・晁錯》曰：「日者，淮南、衡山修文學，招四方遊士，山東儒墨咸聚於江淮之間，講議集論，著書數十篇。然卒於背義不臣，使謀叛逆，誅及宗族。」正反映了中央政府對這一問題的認識。

　　總之，經過西漢中前期幾十年的發展，專制政治一步步建立並最終強化了下來。至武帝前後，這個統一的專制中央集權，已經在每一地區，每一行業滲入，並牢牢地把握著社會生活的脈跳。這個專制政治嚴密控制下的帝國，其最主要的目標是求穩、求定、求不變。這樣一個封閉的古代農業圈內，如果沒有巨大的外來壓力破壞乃至摧毀其專制制度中的內核，它不歡迎什麼新變化，也不必要有什麼新異之處，它的根本理念就是：「天不變，道亦不變。」〔註78〕民間商業發展的流動性與不穩定性，是它的制度本質所不能容的。它最希望的是臣民附著於土地，因爲這樣好管理，秩序好安排。所謂「不地著則離鄉輕家，民如鳥獸，雖有高城深池，嚴法重刑，猶不能禁也。」〔註79〕當然，不是說這種政治環境下就不要民間商業的發展，畢竟這與現實相距太遠，根本不可能做到。但一則商業規模與勢力不能過大，這是專制政治所難於接受的，換言之，它一定要牢牢地鉗制住商業發展的空間。二則政府經常以亦官亦商，但主要是官的成分多的官方商業行爲，來取代眞正意義上的民間商業貿易，但事實上，如前所述，即使是官商，至一定規模後也要削減，這樣一來，無論從哪個角度來看，專制政治下的抑商也就成爲了一種必然。

　　總之，「重農抑商」是一種與中國古代大一統中央集權直接對應的政策。商業的流通發展，與大一統體制對政治、經濟的嚴格控制，有著無法迴避的矛盾。當商業勢力到一定規模時，將爲大一統的政治體制所不能容忍，它的高度強制性的特點，必將形成對商人的經濟強制和政治限制，這就爲「重農抑商」提供了必然。一般而言，中央集權越強，抑商的力度越大。所以漢初中央雖然實行重農抑商的政策，但由於商人結交王國勢力，因而這一政策在

〔註78〕《漢書》卷56《董仲舒傳》，第2519頁。
〔註79〕《漢書》卷24上《食貨志》，第1131頁。

執行上力度是不夠的。直至「七國之亂」平定，一直到武帝時，中央集權的發展達到頂峰，而抑商也隨著達到了一個高峰。對於大一統的中央集權而言，它必須用政治權力嚴密控制整個國家直至每一個人，每一個人、每一項行動都必須服從大一統的中央權力，從上而下，令行禁止。政治權力至上，尤其是中央最高政治層直至到皇帝的政治權力至上是大一統的核心；它要求至上而下的各項統一，政治統一；思想統一；經濟統一，以達到最有效的嚴控。所以在中央集權強盛的武帝時期，明顯加大了對商人的打擊力度，當然，這種打擊並不是針對整個商業的，而是針對私商。因為大一統的中央集權在資源調配上必須有效地讓經濟服從政治的需要，而商人們往往是「不佐國家之急」的，所以打擊商人就成為大一統的中央集權帝制國家在經濟方面加強控制的一個表現：經濟控制直至經濟統一。武帝時期用的是以官商侵入乃至替代私商的做法，而在大一統的中央集權國家裏，當私商與國家的爭奪達到白熱化時，這其間往往還有奪取國家經濟命脈的涵義，大一統的中央集權在經濟上也應該是大一統的，否則經濟命脈掌握於私商之手，中央集權也就從這一層面開始動搖了，直至最後的退場。其實對普通農民而言，不光私商要侵奪他們，官商也一樣要盤剝他們。如《鹽鐵論》中有些篇章就反映了一些農民與官商的矛盾。所以說，「抑商」只是一個國家行為，是為政治服務的，至於商人與普通百姓的衝突固然存在，但它不是國家打擊商人的根本點。

當然，由於政治是經濟的集中表現，商人在有了經濟勢力後，在政治上就容易成氣候，所謂：「大者傾郡，中者傾縣，千金之家比一都之君，鉅萬者乃與王者同樂。」〔註80〕對於原本是國家控制的下層民眾，也會因經濟原因，轉而為富商所控，從而成為政治隱患。而大一統的中央集權根本不能容忍這樣的勢力存在，所以打擊是在所難免的，所以武帝時搞「七科謫」，將賈人徵發邊疆；並通過告緡使「商賈中家以上大率破。」〔註81〕對比一下東漢光武時「度田事件」的失敗，可以看出中央集權的強弱是抑商、抑制豪強的一個尺標。武帝時中央集權達到高峰，「抑商」自然立見成效；而光武時代豪強在政治上擁有強大的發言權，中央對下的控制力已大大減弱。另一方面，在中央集權打擊下，商人也日益與政治更緊密地勾結在一起，資金日益流向土地，因為不如此，在大一統中央集權之下的私人商業是隨時有被政治蕩滅的危險

〔註80〕 《史記・貨殖列傳》，第3282～3283頁。
〔註81〕 《史記・平準書》，第1435頁。

的。所以武帝後隨著中央集權權力的減弱，地主、官僚、商人的三位一體使經濟與政治日益勾結，所謂「重農抑商」也就難於貫徹了，中央集權也一損再損，「度田事件」就是一個很好的例證。從特定視角來看，事件的失敗就在於「三位一體」的形態已經形成，尤其是豪強們有較大的政治勢力。所以，我們看到，「抑商」打擊後的商人們，與此前以「素封」抗衡王侯不同，他們開始儘量擠入政治圈，以保障經濟財富；官吏們則儘量多取錢財，從而介入商業，以索取更大的利益，在整個漢代，鬥爭的結果是擁有巨大政治實力，獲取農業和商業雙重利益的豪強日占上風，由此也可見，在帝制時代，政治在商業運作中的巨大作用。在《史記‧酷吏列傳》中，武帝時期的酷吏寧成在失官後曾立下「仕不至二千石，賈不至千萬，安可比人」的誓言，從而在罷官之後在南陽一帶大發商業財，但面對南陽太守義縱卻是「側目送迎，然縱氣盛，弗爲禮。」而最後還是「遂案甯氏，盡破其家。」所以，在這樣的政治狀態下，強大的政治權力是一切的保障，中央政府需要保持它，商人們也要搶奪它，而它也成爲了促使以後出現「三位一體」的一個因素。因此綜合而言，大一統的中央集權是「重農抑商」的政治背景，這在秦漢，尤其是西漢，表現得最爲典型和突出。

（二）從一元性權威崇拜與商人的中層擠佔之間的矛盾看「抑商」

自上世紀下半葉以來，在研究中國傳統社會的過程中，許多學者注意到了社會結構問題，其中秦漢以來的社會結構，更是引起了學界的高度興趣。金觀濤、劉青峰由此提出了所謂的「超穩定結構」問題，認爲這種社會結構，「一方面具有巨大的穩定性；另一方面表現出周期震蕩。」從而使得「統一的中央集權」的「大一統」帝國制度成爲傳統社會的「主導形式」。〔註82〕金氏與劉氏所論，準確與否姑且不論，所謂見仁見智，盡可展開相關的討論。但那是另外一個研究方向上的問題了，在此，我們無意，也不能夠就此展開深入的論述。就本論題而言，需要提出的一點是，這樣的問題意識，無疑給了我們一個重要的思考方向。它提醒我們，要理解中國傳統社會的超穩定性，就必須深入到其結構內部，才可更爲靠近眞相。我們看到，雖然幾十年來在與此相關的研究方向上，已經結出了一些豐碩的果實，但以往研究的重點，多集中在地主與農民；貴族與平民；城市與鄉村；上層與下層這樣的對立結

〔註82〕金觀濤、劉青峰：《興盛與危機：論中國社會超穩定結構》（增訂本），香港中文大學出版社，1992年，第12、20頁。

構思維中，說得嚴重點，並沒有脫離當年那套階級對立的分析模式。我們不否定這種研究思路的可取處，但我們更認爲，要更爲深入地瞭解中國傳統社會面貌，就應該從單純的二分思維中走出來，對於其內在的流動性及中層問題，應給予更高度的關注。而這樣的問題取向，與商人階層及「重農抑商」問題，有著高度的關聯，爲了集中討論，下面，我們以「抑商」爲關注點，來看看這種學術關照下所凸現的社會結構及相關問題。

習史者皆知，自秦漢以來，貴族世襲專政的政治體制被徹底打破，在社會生活中，流動性加強。筆者以爲，它體現在政治系統中，就是各階層的身份互換性與不確定性。今天是平民，明天或許就「爲民父母」，所謂「朝爲田舍郎，暮登天子堂」；今天的一介武夫，明天或許就被黃袍加身，君臨天下，等等。在這種體制中，每個人都可以作著相同的登升之夢，雖然這是一個等級的社會，等級是固定的，但擁有等級的人卻在其間不停地流動，鯉魚跳龍門的神話在民間一次次成爲現實。多少草莽英雄、白衣秀士出將拜相，甚至和尚也能登上龍床。反過來，世家大族雖顯赫一時，卻也經不起歷史的磨洗，「舊時王謝堂前燕，飛入尋常百姓家。」不僅是衰微，甚至乎家破人亡，「白茫茫一片眞乾淨」的，也不在少數。所以，從某種意義上來說，帝制時代的中國，並沒有永遠的貴族，也沒有永遠的平民。社會結構的主流趨向，就在這兩者之間來回往復地運動，在這樣的專制體制下，往往非官即民，非民即官。而商人作爲這種體制中的另類，主要以經濟身份來顯示自己的存在，對於他們而言，政治既充滿了誘惑力，更既有排斥性。作爲「四民」之一，他們既因經濟因素而醒目，更因政治的打壓而處在邊緣。然而，爲了生存與壯大，他們一直在努力適應與擠入社會的主流層，並力爭成爲具有話語權的群體。而這樣爭鬥與博弈的結果，往往使得他們在經濟高峰與政治低地之間徘徊震蕩，他們亦高亦低，不高不低，在動態的發展中，成爲夾在社會架構的中間部份，作爲專制體制下從外來插入的一部份，顯得特爲異類及醒目。

揆之於史，可以看到，正規的仕途對於商人群落往往是關閉的，在許多朝代甚至有明文規定，限制商人爲官，即便爲官，也多遭輕慢，他們大多只能爲民。但作爲民的商人，尤其是大富商，又往往比一般平民的生活更爲闊綽，甚至乎「千金之家比一都之君，鉅萬者乃與王者同樂。」〔註83〕由財勢所輻射擴展開，的確很容易成爲一個介乎民與官之間的中層。它一旦強盛，

〔註83〕 《史記》卷129《貨殖列傳》，第3282～3283頁。

並固定下來，則將阻格上下層，這是為專制政治所不能接受的。事實上，中國古代專制政治經濟結構能夠長久存在的一個訣竅，正在於中層的缺失，使官無常貴，民無常賤。〔註84〕在頻繁流動中，相互牽纏，相互對立統一，民可為官，這種白日飛升的夢，往往可消弭下層的反抗意識；官可為民，讓你在「高處不勝寒」，震懾於專制政治的權威之下，而在這之上的，則是專制政治經濟體制的代表──「人主」。由他們不斷調節、整合這種系統，《商君書·修權》謂之為：「權者，君之所獨制也。」由人主在最高層對下面進行操縱，無可制衡的權力必須而且只能來自於它，從而形成一種「定於一」的一元性政治經濟結構。所謂「人主擅操柄，如天持斗魁。賦予皆自我，兼併乃奸回。」〔註85〕「賦予皆自我」，正是這種專制結構的要害所在，《管子·國蓄》曰：「予之在君，奪之在君，貧之在君，富之在君」是也。也就是說，不管下面如何流動，人主這一層次的權威不能失去，否則只有以新權威代替舊權威，完成一次新的自上而下的一元性政治結構的更替，這是專制體制在古代中國的命脈所在。所以，要不失去控制，就必須不斷加強人主階層的權威與生殺予奪的力量，不斷使上下層流動，也只有在這種連綿不斷的翻滾中，才能浪濤滾滾，承載起古代專制結構的大船，而不至於擱淺。

所以，在這種體制中，以人主的絕對權威為核心的一元性政治結構是基石，中層的缺失是關鍵，現實中的一切權威都必須並且只能派生於唯一的最高權威。要做到這一點，就不能讓中下層有固定的權威，就要使各階層身份不斷打亂、流動。商人階層的危險正在於，如果不加以抑制，很可能形成一個鞏固的中層，構成對最高權威的威脅，從而衝擊一元性結構。可類比的例子是，許多高官顯貴，由於功高震主，往往被莫須有地排擠，甚至是招致生命之憂，而深受民眾愛戴的一些清廉官吏，也往往由於下層「只知青天，不知天子」，被莫名其妙地參上一本，從此結束政治生命，等等。這些都說明在這種專制體制下，人主的權威是不可有些須動搖的。在這個社會中，不論你處在哪個位置，只要違此禁忌，必遭打壓。總之，在這裡，權威的重要性是生死攸關的，而且它落實於個體。只有最高個體絕對權威一代代樹立，才能

〔註84〕關於中國古代專制時期中層的缺失，黃仁宇在其《中國大歷史》中將其形象得比喻為「潛水艇夾麵包」。「上面一塊長麵包稱為官僚階級，下面一塊長麵包稱為農民，兩者都混同一致，缺乏個別色彩。」（第231頁，生活·讀書·新知三聯書店1997年）

〔註85〕王安石詩：《兼併》，四部叢刊本《臨川先生文集》。

保證這種體制不致崩潰。所以，這種體制從一開始就帶有很深的權威崇拜特性：或者崇拜，或者被崇拜。如劉邦、項羽在一覽秦始皇出巡的威儀後，一個是感慨道：「大丈夫當如此也！」另一位則放言：「吾當取而代也。」〔註86〕正是這種權威崇拜相反相成的反映。

也所以，權威崇拜，主要是個體權威崇拜，彌漫於幾千年來的帝制時代。這種崇拜，或者稱之為卡里斯馬特徵〔註87〕，深入到了這種時代的每一根神經之中。而中國古代的這種權威崇拜，又往往具有強烈的排他性和獨佔性，這樣就使得最高層在不斷強化自己權威色彩的同時，又不斷提防其它的權威出現。《宋史‧王安石傳》謂之為：「流俗權重，則天下之人歸流俗；陛下權重，則天下之人歸陛下。」所以，甚至在選派地方官時，也往往採取各種限制措施，儘量不使其久留一地，以成為強大的「卡里斯馬」人物，以避免尾大不掉。而地方事務總還得要有人打理，一幫地位不高，久居地方的胥吏，在一定程度上反而掌握了地方的實際權力，能夠上下其手。這種「流官固吏」的格局，對地方商賈勢力往往有利，官員是流動的，難於長期控制地方，對小吏們，中央鞭長莫及，控制力度不及，於是借助於地方吏勢以成富的，大有人在。在民間「富商積貨儲物以待其急，輕賈奸吏收賤以取貴」的現象時有出現。總之，商人們能夠利用這種體制的空子，越是法網嚴密，可能還越能得利。〔註88〕

總之，這種專制體制一方面排斥著商人，另一方面又為其提供了發展的孔隙及機會。但不管怎麼說，下層商人勢力的發展與崛起，對於專制體制而言是不和諧的。更重要的是，如果說官僚縉紳的權威，還由其政治地位所造就，而這種政治地位又來自於一元性系統以內，有「奉天子詔」，「為天子理陰陽」的色彩，也就是說，本質上是一元結構的最高權威所派生的一個權威，那麼，「素封」商人則明顯是在這一系統以外產生自己的權威，是以財勢樹立「卡里斯馬」形象。前者在一定限度內尚要加以抑制，所謂「名成身退」，歷朝歷代莫不如此；現在，在這個一元性的系統之外，如果在中層上產生出新的「卡里斯馬」類型，對一元性的政治經濟結構，無疑是極大的衝擊。如明

〔註86〕分見《史記‧高祖本紀》及《項羽本紀》。

〔註87〕關於卡里斯馬特徵的論述，可參看馬克斯‧韋伯的《儒教與道教》（商務印書館，1995年）第二章，另外也可參看S.N.艾森斯塔得的《帝國的政治體系》（貴州人民出版社1992年，閻步克譯）第232～233頁。

〔註88〕《日知錄》卷八《法制》曰：「夫法制繁，則巧猾之徒皆得以法為市，……於是法愈繁而弊愈多。」

初朱元璋時，湖州大商人沈萬三以其巨富爲之犒軍，並修都城的三分之一，最終卻險遭殺身之禍。這一段故事不僅在野史中爲人所津津樂道，甚至在《明史・高皇后傳》中都有記載。雖然有學者出而澄清「沈萬三」的故事只是一個傳說，明朝並無此人。〔註89〕但「沈萬三」及「沈萬三」們的遭遇卻足以說明，專制體制是絕不容許在一元結構以外，有現實或潛在的強大勢力存在的，哪怕你並不涉及政治，也不管這種勢力對專制政治採取何種態度，所謂「匹夫無罪，懷璧有罪」，說的就是這種景況。因此，一元性的政治經濟結構操縱下的社會層面，需要缺失中層，而商人們又恰恰易利用這種層面的不足，從這一結構體系之外擠佔中層，對最高專制權威的「卡里斯馬」形象形成衝擊，從而構成體制性的內在矛盾，此時，商人群落的政治態度如何已不再重要，它的強大存在，本身就是一種威脅，而「抑商」也就成了防止這種矛盾向不利於專制結構傾斜的一把利器。

（三）結構性的「均平」、「隔離」指向與抑商要求

如前所述，在專制的政治經濟結構中，各階層之間的人員是流動的。但這種流動是指個體屬性的變動而言，如貶官爲民，遷民爲官，其原有的等級框架並不動搖。如由民轉爲官，不是說民的等級可以轉化爲官等級；恰恰相反，不但民與官在制度上而言，等級不能互換，而且這種區劃越來越嚴格。所以我們所說的流動，是指具體的個體由民的等級跳至官的階梯；或由官的層面貶入民的階層。如朱元璋作過農民，當過和尚，最後成了皇帝。成爲人主之後，就再也不能說他還是農民，更不能說農民階層可與帝王階層互換，只是朱的身份發生了改變，農民還是農民，皇帝依然是皇帝，兩者天差地別。事實上，在專制體制控制之下，一個重要特徵就是行業與身份的單一和隔離，這種體制要求人們固守他現有的地位，「在其位，謀其政；不在其位，不謀其政。」在什麼位置講什麼話，做什麼事，都有一套規範，不可僭越，不可竄亂。如作農民時應埋頭於耕作；如成爲官員，則可講議國政，而不能不顧身份，也就是所謂的「本分」。正是這種流動性與凝固性，構成了一種相反相成的統一。社會的人員流動，屬性改變，像大江東去，水流不止；而等級身份則像歸然不動的幾道閘門，控制著水流。這一點對小農等而言，自然較容易做到。但有些大商人因富而有勢，以財勾結官吏倒也不說，光是其排場，便

〔註89〕參看顧誠：《沈萬山及其家族事蹟考》，氏著：《明朝沒有沈萬三：顧誠文史箚記》，光明日報出版社，2012 年。

可以讓許多顯貴黯然失色。這就破壞了這種等級秩序，或換言之，此種商人沒有或難以固守其本分。所以歷代對商賈的著裝，以至其它生活標準，都加以抑制，以示其作為民與官的差別。《史記‧商君列傳》中就說，要商人「雖富無所芬華。」東晉時，石崇與貴族王愷爭富，因過於富侈，最終蒙殺身之禍。〔註90〕可見，在單一隔離的要求下，富商一旦不安於專制政治給自己的安排，難免要遭覆滅，但富商又恰恰因其財勢，最易衝破這種地位限定要求而僭越「本分」，所以，抑商的要求總是隨之而出。

此外，單一與隔離的要求，從經濟層面看，要求農民「地著」，即附著於土地，但事實上由於商業利潤的吸引，許多農民往往棄農從商，或兼作商業，官員也往往從事商業。古代一再重申的「禁民二業」等，其主要指向是，一方面農民、官員不得經商，另一方面，限制商人作官。這樣在經濟上固守於一業，就可以達到單一與隔離的要求。後漢桓譚曾說：「夫理國之道，舉本業而抑末利，是以先帝禁人二業，錮商賈不得宦為吏。」〔註91〕說的正是這個意思。因為只有大家都從事於一種行業，最高權威才能對下進行有效的控制，而商業往往要求滲入與兼併，它與這種要求構成了難於調和的矛盾。傅築夫在論述中國古代的商業時曾這樣論述道：「商品經濟特別是其中的商業，恰恰是引起變化的起點。在一個以自然經濟占支配地位和一切都處於靜止狀態的社會中，商業在那裏出現，變化就在那裏開始。為了從根本上把變化遏止，把可以引起變化的一切因素，在它剛剛萌芽的時候就連根拔掉，便是抑商政策的根本意圖。」〔註92〕所以，這種體制下的「政策特別重視各種地域群體和職業群體的相對自給自足性，儘量減少他們之間的『自由』聯繫，並通過份割和控制不同群體來對這種聯繫施加調節。」〔註93〕

然而，事物的發展總是不均衡的，各階層、各方面、各時段，各種量的積纍總會有所差別，專制政治要保持自身結構的穩固，保證下面的單一與隔離，就必須要隨時避免下面任何一部份的量過於積聚，從而出現衝破整個結構的危險。這樣，「均平」成為一種當然的選擇，即不斷調整各方面的力量，取長補短，不讓某一部份過強、過大、過於顯貴。對於官僚政治層面而言，

〔註90〕 《世說新語》卷30《汰侈》載有石、王爭富一事；《晉書‧五行志》則記載了石崇之被殺。
〔註91〕 《後漢書》卷28上《桓譚傳》，第958頁。
〔註92〕 傅築夫：《中國經濟史論叢》，第665～666頁。
〔註93〕 S.N.艾森斯塔得：《帝國的政治體系》，第235頁。

是不斷強化君權，削弱臣權，用以弱淩強，以卑淩貴的辦法，以內朝架空外朝；以三省六部架空三公九卿；以內閣替代中書省等，所謂「一朝天子一朝臣」，去強、去貴，老的貴族被打擊，新貴粉墨登臺，如此循環往復。當然，這些不在我們的討論之列。我們現在需要關注的是，由體制所衍生的這種均平指向，對下層而言，主要對商人而言，發生什麼樣的影響。

一般而言，從整個群體來加以考察，商人比農民更富有。再加之前所論及，官僚的更迭頻繁，使其在下層的各種不動產等，很大一部份為富商收並。這樣，更成為均平中所關注的焦點。《論語・季氏》說：「有國有家者，不患寡而患不均，不患貧而患不安。蓋均無貧，和無寡，安無傾。」《商君書・說民》也說：「治國之舉，貴令貧者富，富者貧。貧者富，富者貧，國強。」可見，無論是儒家還是法家，在均平這一點上其取向是一致的。這一理念的具體運作反映在經濟上，主要是通過稅收等對商人課以重賦。如漢初就曾對商人「重租稅以困辱之。」〔註94〕S.N.艾森斯塔得指出：「不同的稅收政策，實際上經常是一種具有『截長補短』或『平齊』之功的工具，它能夠削弱許多強大的群體（例如貴族和商人）的經濟政治權力。」〔註95〕其實，不止是在經濟上，在稅收方面「平齊」，這種均平在政治資源等方向上也是一樣，商人比農民富，則在政治上必要深加抑制，在這種體制看來，只有這樣才能保持平衡，這是另一種類型的「截長補短」，所以歷代王朝總是在政治上抬高農民的地位，壓制商人，不能說沒有這方面的原因。事實上，也只有在均平之後，專制政治經濟結構才能謀求穩固的下層控制。所以，在史書中我們往往可以看到，統治者農商並舉，將其置於矛盾的兩端，這樣的舉措無疑對於專制體制有好處，雖然從漢代時的「法律賤商人，……尊農夫」〔註96〕開始，農民實際上並沒有得到多少實際利益，直至清代，卻還在強調「四民之業，士之外，農為最貴，凡士工商賈皆賴食於農，以故農為天下之本，而工商皆末也。」〔註97〕這不過就是均衡而已，但也正是在這種理念下，「抑商」不可避免地成了這種體制的派生物，質言之，這種體制要求最高權威之下的均平與隔離，從而帶來了抑商的後果。必須指出的是，抑商不等於消滅商，均平是以削弱

〔註94〕 《史記》卷30《平準書》，第1418頁。
〔註95〕 《帝國的政治體系》，第127頁。
〔註96〕 《漢書》卷24上《食貨志》，第1133頁。
〔註97〕 《世宗實錄》卷57，《清實錄》第七冊，中華書局，1985年，第866～867頁。

下面的強勢所形成的均衡，來保持最上層的權威，這是這種體制存在的基礎，如果一旦對商的抑制過於強烈，以至於超過了極限，則對專制政治經濟結構又會產生新的副作用，同樣也違背了這種結構的要求。如北宋時歐陽修批評王安石的新法時說：「自新法既用，小商小販至少，大賈絕不通行，前世爲法，以抑豪商，不使過侵國利爲僭侈而已。至於通流貨財，雖三代至治，猶分四民，以相利養。今乃斷絕商旅，此其爲害二也。」〔註98〕在這段話中，「以抑豪商，不使過侵國利爲僭侈而已」是問題的關鍵所在，不「抑商」不行，但一旦「抑商」抑得接近滅絕，則顯然不符「不使過侵國利爲僭侈而已」的原則了。而這種原則歸根到底是由均平與隔離的要求所派生，所以「抑商」而不是消滅商，是專制時代政治經濟結構的又一矛盾反映。

（四）從官僚政治的商品化看抑商

如前所述，帝制時代，高度專制的中央集權爲其基本特徵，所以，爲強化君權，削弱臣權，往往要不斷產生新的機構，以架空原有的實權機構，如內朝之於外朝；內閣之於中書省。爲權力分化，還往往要將許多的職位一分爲幾，如相權一再分割，其事務由幾個職務來分別取代，再如明初把軍權極大的大都督府一分爲三，等等。加之以虛銜優寵大臣，以及品級與實權的分割等，無疑大大擴展了官僚隊伍的數量，如果再算上日益龐雜的特務隊伍等，中央集權是加強了，但龐大的國家機器所帶來的冗官冗費問題卻日益突出，再遇上災荒、戰爭，以及上層的肆意揮霍，在財政上，政府往往陷入窘境。在這種狀況下，賣官鬻爵成了一種常用的斂財方式。這種方式不僅在古代中國，在歷史上其它的古代專制帝國，都是一種通用性的辦法。S.N.艾森斯塔得告訴我們：「這種制度，在絕大多數我們所考察的社會之中都出現了。在拜占庭、中國、絕對專制時期的法國和其它歐洲國家，以及西屬美洲帝國，猶爲突出。統治者通常是把它作爲解決財政問題的手段。」〔註99〕因爲最上層的絕對專制，權力往往難於掣肘，對於官爵授予所具有的隨意性，也就不奇怪了。如西漢時晁錯就對文帝說：「爵者，上之所擅，出於口而亡窮。」認爲官爵是由人主隨意操縱的。所以，在西漢時，武帝「置賞官，命曰武功爵。級十七萬，凡值三十餘萬。諸買武功爵官首者試補吏。」〔註100〕又如《後漢書·

〔註98〕歐陽修：《論茶法奏狀》，四部叢刊本《歐陽文忠公集》。
〔註99〕《帝國的政治體系》，第155頁。
〔註100〕《史記》卷30《平準書》，第1423頁。

靈帝紀》載，漢靈帝在西邸賣官，明碼標價，二千石官價二千萬，四百石官價四百萬。此外，歷史上大量的捐官、捐功名，明清時的捐監生資格等，無一不是實際或變相的賣官賣爵行為。有學者認為：「納貲捐官，顧名思義是使官僚政治商品化。」〔註101〕我們同意這個判斷，但所要進一步討論的是，這種官僚政治的商品化與專制政治經濟結構之間的矛盾，及由此而引起的抑商後果。

眾所周知，中國古代專制社會講究等級，有了政治地位，各種好的境遇就會隨之而來；而這種地位，說到底是以官本位為核心。《儒林外史》中范進中舉後，恭維的、送禮的紛沓而至，而此前他所遭遇的卻是挖苦與冷眼，其奧妙正在於官民身份的改變。古人云：「書中自有黃金屋，書中自有千種粟，書中自有顏如玉。」其實不是「書中自有」，而只是「書中」有作官的可能，是「學而優則仕」的派生。從某種程度上看，所謂等級就是官級，作不作官，作什麼官，官多大，決定了一個人在社會中所處的位置。功名富貴是緊密聯繫在一起的。一般而言，只有依託於功名，才有富貴。換言之，富是來自於貴的。即有了功名，作了官，具備了政治上的貴，經濟上的富就順理成章了。這種由貴入富是一種規範性的運作過程，是專制體制所深許和推動的。《論語·顏淵》中齊景公講：「善哉！信如君不君，臣不臣，父不父，子不子，雖有粟，吾得而食諸？」這一提問無疑告訴我們，政治上的貴是富的充分前提，每個人都必須遵循這種貴賤有常的等級，如果不由貴入富，連國君都有吃不到糧食的危險。也正因為如此，這種專制體制十分需要強調等級，突出官本位，在社會生活中政治地位優先。而商人如以財富而取貴，則明顯地是逆結構而行，當然要受到這種結構的排斥，不但是因為由富入貴不是正途，更要緊的是它會對這種結構帶來致命的衝決。然而問題是這種結構的其它因素，卻恰恰為商人提供了由富入貴的機會，即所謂賣官鬻爵，與體制的內在規範發生了矛盾，這是問題的癥結所在。要解決它，還得從抑商上去做，甚或可以說，這種矛盾的顯現與突出，反而為抑商提供了又一個可能，畢竟保持體制結構不被衝擊是最要緊的，不管出於什麼原因，什麼背景，誰對基本政治經濟結構構築威脅，誰就必須被強力抑制，這一點應該是不言而喻的。所以，一方面這種結構本身造成的官僚商品化急流，衝決著自己的體制堤岸，另一方面面對這股急流，抑制、堵塞不可避免。質言之，官僚商品化與結構內生

〔註101〕白鋼：《中國政治制度史》，天津人民出版社，1991年，第44頁。

的等級要求之間的衝突，必將導致抑商。所以在歷史上，如漢武帝時一方面賣官，許多商人也確實登上了朝堂，另一方面，抑商卻達到了有漢以來的最高峰。明清時商人可以捐官、捐功名，但對商人的政治高壓卻極爲嚴厲。總之，官僚政治商品化與專制等級結構之間的矛盾，不但不會消弭對商人的打壓，反而會更加重對商人勢力的抑制。

總之，通過對專制時代政治經濟結構的考察，可以看到，商業其內生性地具有的對專制最高權威的威脅，和對中層的擠佔；專制政治經濟結構所提出的單一與隔離的要求，形成了與商業勢力的尖銳矛盾；以及官僚政治的商品化與等級專制的衝突中的商人角色，及與此相關聯的其它矛盾對立等，都決定了抑商的可能與必然，而這種可能與必然則是由專制時代的政治經濟結構的本質所派生。所以我們說，抑商是古代專制時代結構性政治經濟矛盾的反映。

四、國家與商人的資源搶奪是秦漢時代採取「重農抑商」政策的內部原因

「重農抑商」是一項國家政策，同時又是一種抑制性的經濟法令，這說明作爲抑制方與被抑制方的國家和商人之間存在著較大的矛盾衝突，而且，這種矛盾的尖銳程度到了需要通過強制來加以解決的地步。

就資源的佔有和爭奪的角度來看，作爲工商業階層與國家之間的矛盾，主要在於，在古代專制制度下，商人對國家資源的搶奪到一定程度以後，便觸及了國家的利益，從而產生了一系列的矛盾。這種矛盾的產生，固然由古代國家的政治經濟結構所派生。質言之，作爲專制主義的國家系統，在資源上雖有讓渡及讓步之處，但總的來說，其常態是收權於上，統於一元的。從特定意義上來看，一切資源皆屬於國家，由君王所主管，一切分割之事皆爲非常態的表現。關於這一點，在前面已經作了論述，在此不再贅論，下面的重點是對這種矛盾表現，作具體的分析。我們以爲，這種矛盾主要體現在四個方面：一、對產品資源的搶奪。二、對資金資源的搶奪。三、對土地資源的搶奪。四、對勞動力資源的搶奪。

先看看產品資源，它主要包括農產品和工礦產品。作爲古代的農業國家，農民是主體勞動者，農產品是主體財富。國家對農產品的徵收是財政的重要來源，但商人爲取得利益，收購農產品，囤積居奇，經常造成不良的後果，

其後果有二，一是由於商人對農民的兼併，使得農民離棄土地，最終會造成農產品數量的減少，二是農產品數量的減少則又使國家在農產品，尤其是糧食的庫存方面受到嚴重影響，而商人在利益驅動下，賤買貴賣，一逢自然災害等更是大售其奸。而工礦產品，則主要來自於本屬於官家所擁有的「山海」，其中尤以鹽、鐵等最為重要。總之，倘要對產品資源加以具體化，則糧食、鹽、鐵最為焦點。

前已論之，秦漢時代的商業及商品經濟由外在政治因素所主導，並依託於農業產品及自然資源之上。所以，商人在這一類資源上的爭奪，既是商業趨利的必然結果，也由當時的產品結構所導致。但是，這一類資源同時也聯繫著統治者及國家的利益關切，甚至對於政權的穩定發展都有著非同尋常的意義。也所以，商人在這一領域的搶奪，一旦走向深入，無論於私還是於公，都深深地傷害著古代國家的政權系統，累積至一定程度，甚至可以說是扼住了它的咽喉，在深刻的危機感下，容易讓統治者感受到某種壓迫甚至是窒息。

具體說來，就私而言，它使得統治者日漸失去自己的潛在財富。這其中主要以鹽鐵之利最為典型。我們看到，作為產品資源的工礦產品在秦漢時主要以鹽鐵經營為代表，在工商主規模小、利潤低時，尚不構成與國家的衝突，但隨著社會的發展，對鹽鐵等的需求越來越大，利潤越來越高。所謂「鹽鐵之利，二十倍於古。」〔註102〕使得工商主掌握大量財富，而他們用來發財致富的卻又恰恰是本屬國家財產的山海等自然資源，所以在小規模時，可活躍發展經濟，規模一大則為帝制國家所無法容忍。史書載：「至於蜀卓、宛孔、齊之刁間，公擅山川、銅鐵、魚鹽、市井之入，運其籌策，上爭王者之利，下錮齊民之業。」〔註103〕所謂「上爭王者之利」，就說明，「山海」等自然資源原為以皇帝為首的統治者所有，現在卻眼睜睜地成為商人口中之食，看到大批本屬於自己的財富為商人所據，最高統治者心中自然不暢。此外，農田雖然私有化，但它畢竟本是國家賦予，在理論及情感上，本屬於最高統治者，所謂「普天之下，莫非王土。」當國家將土地授予農民時，雖產權已經讓渡，但一則小農弱小且土地呈現分割之勢，二則從一定意義上來說，這是國家賦稅的載體與交換物。而現在看到大片土地被商人據為己有，不僅因農民失地，

〔註102〕《漢書》卷24上《食貨志上》，第1137頁。
〔註103〕《漢書》卷91《貨殖傳》，第3694頁。

而失去大量的賦稅額，而且在情感上亦難以接受，自己曾經的財富在金錢勢力下換了主人，專制主義的威嚴和利益受到了嚴重的衝擊。

不僅如此，更為嚴重的問題還在於，於私而言，倘矛盾主要基於經濟或物質上的衝突，還可通過徵稅、加派等高壓手段加以解決，以求得利益及情感上的平衡。但於公而言，秦漢商人在產品資源上的搶奪，對於國家政權具有鬆動的可能，而這才是真正的心腹大患，具有致命的危險。簡言之，它的最終走向，會對國家安全造成危害。這種危害主要表現在，商人及商業財富會衝擊以糧食為核心的農產品體系及國家財政體系。眾所周知，作為一個農業國家，糧食的生產及儲備，不僅僅關係到經濟發展指標，更是政治層面優先考慮的問題。說得通俗點，沒有飯吃，國家就會亂，老百姓就會造反。倘若軍隊沒有糧食，不戰自亂，則邊境之外，以匈奴為代表的那些游牧民族就會大舉南下。總之，充足的糧食儲備，是國家安全的最大保障。為此，文帝時代的賈誼上《論積貯疏》，指出：「漢之為漢，幾四十年矣，公私之積，猶可哀痛」，如果「卒然邊境有急，數十百萬之眾，國胡以饋之？」一旦「兵旱相乘」，則「天下大亂」。〔註104〕然而，漢初以來，由於商業利潤的誘惑力，許多農業人口流失於商業領域，糧食生產呈現出下降的危險。雖然文帝以來有所謂的「貴粟」政策，讓商人通過購買糧食取得爵位，從而保證國家的糧食安全。但這也引發了新的憂思，倘若商人通過金錢控制糧食供應，國家怎麼辦？還有就是，鹽鐵在很長一段時間內屬國家專營。它不僅是利益之爭，作為財政和國計民生的支撐，也有著經濟安全的考量。總之，在那樣一個時代，經濟發展中有著嚴重的產品依賴，重要物質一旦出於國家控制力之外，將直逼政權的穩定，其脆弱面是顯然而快速的。故而，漢代商人越是在農產品及鹽、鐵等方面擁有優勢，國家政權就越有危機感，「抑商」也就由此成為了一種必然走向。

除了產品經濟的問題，就金融面來看，國家對商人的抑制中還有一個資金搶奪的層面。從某種意義上來說，商人的強勢，靠的就是錢，即所謂「財勢」，這一點在秦漢時代，尤其是西漢表現得最為突出。如漢初的幾個富翁，宛孔氏「家致富數千金」；曹邴氏「富至鉅萬」；刁間「起富數千萬」；師氏「能致七千萬」〔註105〕，等等。但是，漢代國家，尤其是西漢中期以來，除了常

〔註104〕《漢書》卷24上《食貨志上》，第1128、1129頁。
〔註105〕以上俱出《史記・貨殖列傳》。

規的用度在不斷增多之外，漢匈大戰及國家建設日益需要資金，財政上越來越困難。而在國家資金短缺，「縣官大空」的情況下，「而富商大賈或蹛財役貧，轉轂百數，廢居居邑，封君皆低首仰給，冶鑄煮鹽，財或累萬金，而不佐國家之急，黎民重困。」〔註106〕這不僅加劇了漢政權對商人群體的厭嫌，也成為「抑商」的直接動因之一。說得通俗一點，國家需要錢，需要資金來解困，而商人群體又恰恰瞅準這個機會大發其財。矛盾在所難免，尤其在武帝時代最為尖銳，最終形成了嚴厲的「抑商」政策。

其實在武帝朝，統治者也一度想通過所謂榮寵的辦法，換取商人群體對國家的資金輸出，但看起來並不奏效。事實上，商人對資金的控制是由其內在的利益驅動所導致的，它不是帝制國家通過感召或給予榮譽一類的手段，可以使其改變的。在這種情況下，只有通過法律手段，實行抑制；用國家的政治行政強權來干預經濟，才能真正取得效果，所以武帝元狩四年出臺了算緡令，實則主要是針對工商主的財產稅和個人所得稅。其目的在於「出此令，用鋤築豪強、兼併、富商大賈之家也。」〔註107〕這既是一項財政政策，也是一種通過資金向國家分流以達到「抑商」的手段。

我們注意到，在資金的強佔上，漢代商人還有兩種更為快捷的方法，即鑄錢和放高利貸。漢剛建立時是不允許民間鑄錢的，到文帝時「除錢律，民得鑄錢。」〔註108〕私人鑄錢一是獲利極大；二是易作假，而這將造成兩個不良後果：一是使貨幣金融出現混亂，損害國家的長遠經濟利益；二是由於鑄錢利大，極易造成豪強勢力。所以班固認為：「鑄錢之情非淆雜為巧，則不可贏，而淆之甚微，為利甚厚。」〔註109〕《鹽鐵論·復古》則載，當時的農民「農事棄捐，而採銅者日蕃，釋其耒耜，冶熔炊炭。」作為商人則更是不會放過這種機會的。一般而言，商人比農民更具經濟實力，他們可以「一家聚眾或至千餘人」，憑這樣的實力，通過鑄錢，何愁不富？而一旦富裕後，又可更加「役財驕溢，或至兼併，豪黨之徒，以武斷於鄉曲。」〔註110〕從而成為重大的社會問題，歷史上吳王劉濞也正是通過鑄錢之利，「富埒天子，後卒叛逆。」雖然後來鑄錢收歸國營，不得私鑄，但漢初在較長一段時間內，

〔註106〕《史記》卷30《平準書》，第1425頁。
〔註107〕《史記》卷122《酷吏列傳》，第3141頁。
〔註108〕《史記》卷22《漢興以來將相名臣年表》，第1126頁。
〔註109〕《漢書》卷24下《食貨志下》，第1153頁。
〔註110〕《史記》卷30《平準書》，第1420頁。

商人通過鑄錢牟利與國家形成資金搶奪卻是不爭的事實。除了鑄錢，放高利貸也是商人致富的捷徑，由於農民生活困苦，經常入不敷出，在無奈之下不得不受商人的高利貸盤剝，《鹽鐵論·未通》載：「（農民）田雖三十而以頃畝出稅，樂歲未乏米糧戾而寡取之，凶年飢饉而必求足。加以口賦、更賦之役，率一人之作，中分其功。農夫悉其所得，或假貸而益之，是以百姓疾耕力作，而飢寒遂及己也。」所以農民僅有的一些錢，在高利貸的盤剝下常常頃刻烏有，最後招致破產。《史記·貨殖列傳》載：「（曹邴氏）貰貸行賈遍郡國。」亦可見其放貸規模之大。不僅如此，當時連一些貴族都被迫向商人借貸，使大批資金流入商人的口袋。《漢書·食貨志》載：「封君低首仰給。」顏師古注曰：「封君受封邑者，謂公主及列侯之屬也，低首猶俯首也，時公主列侯雖有國邑，而無餘財，其朝夕聽領，皆俯首而取給於富商大賈，後方以邑入償之。」封君們向富商借貸時，態度卑微，與百姓一樣重受盤剝，而通過盤剝以求利則正是商人的本性。一個典型的例子是在景帝時期，「吳楚七國兵起時，長安中列侯封君行從軍旅，貲貸子錢，子錢家以為侯邑國在關東，關東成敗未決，莫肯與。唯無鹽氏出捐千金貸，其息什之。三月，吳楚平，一歲之中，則無鹽氏之息什倍，用此富埒關中。」〔註111〕無鹽氏以十倍之利大放其貸，一年成為巨富，這實在是帝制國家所不願看到的。所以後來國家對此做出了交貰貸稅及限制利息的法令，以加強控制，避免資金過多地流向大商人，從而造成「縣官大空」的局面。《漢書·王子侯表》載：「旁光侯殷，河間獻王子，元朔三年十月癸酉封，十年，元鼎元年，坐貸子錢不占租，取息過律，會赦，免。」劉殷主要有兩個罪行，一是隱藏高利貸的子錢數目，以達到逃稅的目的；二是取息過律，即利息超過了法律規定。總之，資金搶佔問題是漢朝政府與商人之間的一個重要的矛盾衝突，尤其至武帝時期發展到頂峰，一方面國家需要大量資金，用度極為不足；另一方面，富商們卻「不佐國家之急」，因而，這也從反面促使漢將抑商政策推及至一個頂峰，加大打擊力度。

土地是中國人心目中的命根子。作為農業社會，對其是異常珍惜的，可以說對土地的珍愛是中國人一個傳統的觀念。《管子·乘馬》曰：「地者，政之本也。」《禁藏》篇則云：「夫民之所生，衣與食也，食之所生，水與土也。」而商業不是靠土地而致富的，《史記·貨殖列傳》曰：「夫用貧求富，農不如

工，工不如商，刺繡文不如倚市門，此言末業，貧者之資也。」但商人致富後，傳統觀念卻是「以末致財，以本守之。」所以商人致富後大肆吞併土地，國家則被迫出臺法律，不准其吞併。但即便如此，也無法阻止這一趨勢。我們知道，農民的貧苦使得他們有「賣田宅、鬻子孫以償債者。」〔註112〕他們的債很大一部份來自於商人的高利貸，而到最後無其它財物可抵債時，惟有以土地抵押。自秦在法律上正式確定土地私有，「令黔首自實田」後，一般而言，農民都有一塊自己的土地，雖然政府不希望小農將土地出賣，但土地已為私有，它就可以成為商品，這是政府無法阻止的潮流。農民在只剩一塊土地，餘此一無所有，而又負債累累之下，除了典當土地，難道還有他法嗎？但這一情況不加控制則會形成土地瘋狂兼併的結果，出現「富者田連阡伯，貧者無立錐之地」的局面。失去土地的農民，或成為流民，或從事其它的行業，「或耕豪民之田，見稅什五」〔註113〕，而這「豪民」中大部份就是商人，他們通過強佔土地，使農民從土地上脫離開，使國家的賦稅、財政等受損，正如漢晁錯所言：「此商人所以兼併農人，農人所以流亡者也。」〔註114〕由於土地已轉為私有，國家根本無力控制下層的土地買賣，於是，古代一些知識分子便將土地兼併歸於井田的破壞，歸於土地私有的結果，對以前的井田制充滿了留戀。如董仲舒說「（秦）改帝王之制，除井田，民得買賣，富者田連阡伯，貧者無立錐之地。」〔註115〕東漢仲長統則認為：「井田之變，豪人貨殖，館舍布於州郡，田畝連於方國。」〔註116〕以上言論充滿了對土地私有制下土地兼併的無奈，但另一方面土地私有又是當時不可逆轉的歷史潮流，王莽就在這一問題上撞了個頭破血流。在這種情況下，對商人採取抑制的辦法可能是唯一的選擇。但武帝以後，地主、官僚、商人的三位一體已成為潮流，「重農抑商」的政策已實際上不發生作用，剩下的只是觀念性的東西，而土地兼併終於不可遏止地伴隨著西漢的滅亡。但不管怎麼說，土地資源的搶奪是帝制時代國家與商人的主要矛盾衝突之一。

農業社會的主體勞動者是農民，但由於商業的利潤，許多農民開始離

〔註112〕《漢書》卷24上《食貨志上》，第1132頁。
〔註113〕《漢書》卷24上《食貨志》，第1137頁。
〔註114〕《漢書》卷24上《食貨志》，第1132頁。
〔註115〕《漢書》卷24上《食貨志》，第1137頁。
〔註116〕《後漢書》卷49《仲長統列傳》，第1651頁。

開土地轉而經商。班固在論述漢初情況時說:「時民近戰國,皆背本趨末」,許多有識之士都認識到了這一情況的危險性,漢初賈誼建議:「今毆民而歸之農,皆著於本,使天下各食其力,末技遊食之民,轉而緣南畝,則畜積足而人樂其所矣。」在漢重農抑商的過程中,從漢初到武帝時的確加大了力度,力圖限制商人利益,以保證必要的農業勞動力,但隨著重農抑商從政策轉爲觀念,農業勞動力已非常多地流失,甚至直至東漢時,洛陽一帶「資末業者什於農夫,虛僞遊手什於本業,……天下百郡千縣,市邑萬數,類皆如此。」這樣,就形成了商人與政府對農業勞動力的搶奪問題,並且在搶奪中,商人通過對農民的兼併,使小農經濟遭到破壞,小農丟失了自己的土地,然後卻又被迫受到商人富豪的壓榨。如史書載:「關東富人益眾,多規良田,役使數千家。」「(西漢人寧成)貰貸陂田千餘頃,假貧民,役使數千家。」「帝舅紅陽侯立,使客因南郡太守李尙占墾草田數百頃,頗有民所假少府陂澤,略皆開發。」等等。這些貧民多由小農轉化而來,本來是要向政府納租,現在他們轉而爲豪強耕作。除了這一部份耕作貧農,還有一部份農民轉爲奴婢,成爲漢重大的社會問題。勞動力被兼併,土地被兼併,是商業利益使之然也,它與帝制國家之間的矛盾是體制上的矛盾,一方面是商人的利益驅使,另一方面是政府作爲社會管理者,必須要有可管理的相應的農業人口,這既是經濟上的需要,也是國家政治統治的需要,國家一定要有自己控制的一定數量的依附於土地上的農民,即所謂「地著」,「不地著則離鄉輕家,民如鳥獸,雖有高城深池、嚴法重刑,猶不能禁也。」一旦農民失去土地,對農民自身是損害,對農業國家也是不穩定的開始。農業勞動力的流失是一個方面,另一個方面還存在著「成姦僞之業,遂朋黨之權」的巨大危險。

總之,以上四方面是專制政府與商人之間的矛盾焦點,也是「重農抑商」政策出臺的深層次內因,尤其在政府放寬對山海資源管理及小農經濟興盛的漢中前期,這種矛盾更爲突出,而另一個情況是商人在遭重創之後,資金也更多地日益流向土地,並與官員更加勾結,日漸形成官僚、地主、商人的三位一體的形態,從而在對商人的打擊中,存在著階層鑒別上的困難和政治上的巨大阻力。而在小農經濟被破壞,日益形成莊園經濟,乃至豪強經濟後,由於小農的迅速減少,造成擠壓空間縮小,豪強們旗鼓相當,對土地、農產品、勞動力的搶奪反而困難起來,使農商矛盾反倒顯示不出小農經濟時代的

那種異常尖銳性。但帝制國家對豪強的打擊從來沒有停止過，只不過作爲「重農抑商」而言，它已日益由政策走向觀念而已。

五、秦漢「重農抑商」的個案考察之一：從西漢黃金問題看抑商

現在學術界有許多關於西漢黃金問題的討論，但一般而言，多是僅論及黃金是否具有貨幣職能，及西漢多金的緣由〔註117〕。本人認爲，如果能在角度上加一些調整，從西漢幣制混亂及商業興盛（至少是中前期）的外環境出發，來探討其黃金意義，及由此相關的抑商問題，或許能得出更多的一些東西，對我們理解漢經濟或許能有所裨益。下面，將從這一主旨出發，略抒淺見，以就正於方家。

（一）從西漢混亂的幣制看黃金的貨幣意義

如前所述，西漢黃金的貨幣功能是學術界爭論的焦點，但不管如何爭辯，大都以黃金是否爲貨幣，及其貨幣職能到底有多發達爲論題的歸宿〔註118〕。筆者以爲，黃金在西漢爲貨幣應無大問題，《史記·平準書》中言之鑿鑿：「幣爲二等，黃金以鎰名，爲上幣；銅錢識曰半兩，重其文，爲下幣。而珠玉龜貝銀錫之屬，爲器飾寶藏，不爲幣。」有學者以爲：「『上幣』以『上用』爲基本職能。『上用』，係供統治層……在上下、相互之間，作財富轉移、再分配、寶藏等用。……因此，『上用』之上幣，是不承擔確實的貨幣職能的貴金屬。」〔註119〕但問題是，「上用」除了上層使用之義外，也還可解爲崇尚使用之義，它並不僅局限於一個意思。《漢書·食貨志上》曰：「（黃金）饑不可食，

〔註117〕 自五十年代以來，傅築夫等先生就有關於這一問題的討論，如有興趣，可參看秦暉的《漢金新論》（見秦暉著《市場的昨天與今天》，廣東教育出版社 1998 年；此文並載於《歷史研究》1993 年第 5 期），對以前的觀點，其收錄甚詳，此不贅舉。近年來關於這一問題的文章，有前引秦氏一文，其力主西漢黃金爲幣說，與此相似的有甌燕：《試論秦漢黃金爲上幣》（《中國錢幣》1989 年第 1 期），而與此觀點對立的則有：王裕巽、徐蔚一：《秦、西漢「上幣」新論》（《中國錢幣》1988 年第 1 期）；龍登高：《西漢黃金非幣論》（《中國錢幣》1990 年第 3 期），此外，有李祖德的《試論秦漢的黃金貨幣》（《中國史研究》1997 年第 1 期），主要探討了黃金貨幣與銅錢之間的不協調關係，等等。

〔註118〕 除前注有關「漢金」的文章外，近年來探討西漢貨幣的有：張南：《西漢貨幣職能研究》（《安徽師大學報》（哲社版）1985 年第 2 期）；張誠：《秦漢幣制改革略論》；（《鄭州大學學報》（哲社版）1993 年第 2 期）；丁光勳：《試論西漢貨幣結構的形成》（《上海師範大學學報》1994 年第 2 期），等等。

〔註119〕 王裕巽、徐蔚一：《秦、西漢「上幣」新釋》，《中國錢幣》1988 年第 1 期，第 66 頁。

寒不可衣，然眾貴之者，以上用故也。」這裡面的「眾」就似乎不僅是指上層，還應該包括下層百姓，至少「上用」之義，在此有許多商榷的餘地。更何況下層用金是不乏其載的，如《史記‧張釋之馮唐列傳》云：「廷尉奏當，一人犯蹕，當罰金。」就是針對百姓對文帝造成驚駕而需罰金一事而講的，可見黃金顯然不是上層專用。〔註120〕加之前引《史記》的記載，黃金在西漢應為貨幣無疑。

但不可否認的是，由於黃金本身的貴重，雖然在上層社會，黃金動輒以上萬甚至幾十萬的量賞賜、贈予，下層擁有量不會多。《史記‧蕭相國世家》載：「高祖以吏繇咸陽，吏皆送奉錢三，何獨以五。」在小吏中，蕭何多送兩個小錢尚為寶貴，何況一斤值萬錢的黃金呢？〔註121〕中下層畢竟是消費的主體，銅錢才是最普遍使用的貨幣，因而在史書中經常金錢並舉。如《史記‧平準書》中：「天下大抵無慮皆鑄金錢矣。」此篇中又講：「（武帝）用帛百餘萬，錢金以鉅萬計，皆取足大農。」而《漢書‧東方朔傳》中館陶公主為董偃散財時，曾說：「董君所發，一日金滿百斤，錢滿百萬，帛滿千匹，乃白之。」我們既已認識到金為貨幣，而上述材料中，則金與錢分而言之，何故？這其實不過是一個廣義與狹義的問題。黃金在漢朝，是一種稱量貨幣，貴重與稀少決定了它自身不可能成為市場流通貨幣的主體，因而作為貨幣它是廣義上的；從狹義上講貨幣其實就是指銅錢。而且，黃金一般需要在市場上轉換為銅錢，《九章算術》卷七《盈不足》載：「今有人共買金，人出四百，盈三千四百。」即以銅錢買金之例。

所以，漢時黃金有獨特性，即既為物品，又是一種廣義上的複雜的貨幣，而且在銅錢難於履行其職能時，它越能凸現出其貨幣職能的這一面。所以東漢初年，在天下大亂後，「貨幣雜用布、帛、金、粟。」〔註122〕布、帛、粟是衣食之物，以實物貨幣的面目出現並不難理解，而黃金則以其自身所天然具有的貨幣特徵躋身其間，而且愈亂愈顯現這種特點。從這一角度出發，我們可以發現，西漢一朝幣制極亂，銅錢的形制重量的不一給民眾造成極大損害，

〔註120〕 其實史書中關於下層用金的記載是很多的，如《九章算術》卷六《均輸》中就有講到持金出關交關稅的問題，現因文章篇幅所限不加贅舉。另外，日本學者堀毅認為《九章算術》反映的是戰國與秦的物價，本人未見其書，但我主張傳統說法更為合理，應作為反映漢的材料加以研究。

〔註121〕 《漢書‧食貨志下》曰：「黃金重一斤，值錢萬。」《史記‧平準書》的《索隱》注：「如淳云：時以錢為貨，黃金一斤直萬錢。」

〔註122〕 《後漢書》卷1下《光武帝紀下》，第67頁。

黃金的作用頗有些像 1948、49 年前後，國民黨政府的法幣大貶，銀洋吃香的情景。所以幣制混亂的因素才是黃金在西漢顯得特別令人注目的最關鍵性因素。爲方便說明，茲列表如下：

表一：漢至武帝時幣制表

時　間	錢　種	重量	材料來源	備　註
劉邦建漢之初	莢錢	三銖	《漢書·食貨志下》	又名榆莢錢，史書中未注明具體年份
高后二年（前 186 年）	八銖錢	八銖	《漢書·高后紀》	
高后六年（前 182 年）	五分錢	三銖	同上	《高后紀》應劭注：「即所謂莢錢。」
文帝五年（前 175 年）	四銖錢	四銖	《漢書·食貨志下》	《食貨志下》曰：「乃更鑄四銖錢，其文爲半兩。除盜鑄錢令，使民放鑄。」按：造成錢文與重量不等，並允許民間鑄錢。
建元元年（前 140 年）	三銖錢	三銖	《漢書·武帝紀》	
建元五年（前 136 年）	半兩錢	四銖	同上	
元狩四年（前 119 年）	三銖錢	三銖	《史記·平準書》	同時鑄「皮幣，直四十萬」，「又造銀錫爲白金。」（《平準書》）按：幣面與實際價值極不相稱。
元狩五年（前 118 年）	五銖錢	五銖	《漢書·武帝紀》	
元鼎二年（前 115 年）	赤側（仄）錢	五銖	《史記·平準書》	《平準書》載：「一當五，賦官用，非赤側不得行。」即一枚錢當五個郡國錢。
元鼎四年（前 113 年）	上官五銖錢	五銖	同上	鑄幣權收歸中央，幣制從此較穩定。

我們從表一中可以看出，至武帝最後一次幣改時，其時間間隔爲平均 10

年不到，加之放民私鑄，各郡國錢形不一，從而「市肆異用，錢文大亂」〔註123〕，民間的煩苦可想而知。雖然前113年的五銖為漢乃至古代中國最穩定的錢種，但事實上武帝以後的五銖也是逐漸減重的，如1957～1958年，在洛陽西郊墓中，共出土了一萬多枚五銖錢，從中挑選西漢各個時期的標準錢十枚，逐一實測其重量，平均數為：武帝時每枚重3.35克，昭帝時每枚重3.26克，宣帝、平帝時每枚重3.07克。此外，剪輪五銖、小五銖等在西漢中後期大量出現，其剪磨程度可達三分之二，說明那時貨幣狀況的惡化。〔註124〕至於公元7年開始的王莽幣制改革更是達到惡化的頂點。

那麼，由上述材料，無疑我們可以形成如下認識：總體上西漢一朝幣制始終混亂（主要是改銅錢），那麼，作為上幣黃金的重要性便不言而喻。所以沈家本認為漢代「凡物之平價皆當以黃金為程」〔註125〕，這從另一側面說明了漢時銅幣信用差，穩定的黃金才最足為權威的價值尺度。

（二）從漢金的地位看政府與商人的斂金行為

黃金最核心作用當然是財富的代表。有了金子，就有了財富，但黃金的實際作用在西漢到底有多大呢？我們可以通過它的購買力來進行一些觀察。下面，我就以一斤黃金為基數折合成其它物品進行換算，通過表格，看看黃金在日常生活中的一個大致面貌。

表二：西漢黃金折算表（以一斤黃金為基數）〔註126〕

物品	數量	材料來源
糧	50石〔註127〕	《漢書·馮奉世傳》：「（元帝時）比不登，京師穀二百餘，邊郡四百，關東五百。」《漢書·食貨志上》：「（元帝時）齊地饑，穀石三百餘。」按：歉收及饑時尚二百至四百錢一石，今以二百錢一石糧計。〔註128〕

〔註123〕《漢書》24下《食貨志下》，第1154頁。
〔註124〕引自丁光勛：《試論西漢貨幣結構的形成》，《上海師範大學學報》1994年第2期，第40頁。
〔註125〕沈家本：《漢律摭遺》，轉引自秦暉《漢金新論》。
〔註126〕此處黃金一斤以萬錢計。
〔註127〕《墨子·城守》有「日二升、三升、四升」的吃糧記載，50石糧以一日吃四升計，大致可吃1250天，即三年左右。
〔註128〕西漢一朝糧價極亂，有「米至石萬錢」（《史記·平準書》）的特殊情況，也有宣帝時「穀至石五錢，農人少利」的局面，今取其間較正常穩定的價目。

物品	數量	材料來源
竹	1250 個	《九章算術》卷二《粟米》「（竹）一個，五錢四十七分錢之三十五」，「買竹七十八個，欲其大小率之，問個幾何？答曰：其四十八個，個七錢；其三十個，個八錢」。按：以八錢一個計。
肉	1250 斤	《居延漢簡甲乙篇》釋文頁 116「肉十斤，直卅。」206 頁「凡肉五百卅斤，直二千一百六十四。」289 頁「□肉百斤，直七百□。」則肉分別為 3 錢、4 錢、7 錢一斤，今按 8 錢一斤計。
布	25 匹	《居延漢簡甲乙篇》釋文頁 214「入布一匹，直四百。」《九章算術》卷三《衰分》：「今有布一匹，價直一百二十五。」按：一匹以 400 錢計。
羊	40 只	《居延新出土的漢簡》（《文物》1978 年第 1 期）：「羊二，直五百。」《九章算術》卷七《盈不足》：「羊價一百五十。」按：以 250 錢一隻計。
雞	142 隻	《九章算術》卷七《盈不足》：「雞價七十。」卷八《方程》：「雞價二十三。」按：以 70 錢一隻計。

由上表可以看出，黃金有相當大的購買力，加之以儲存、攜帶方便，決定了人們必然對黃金要極為珍視，時至東漢，這一風氣依然。如《盧江七賢傳》載：「（陳翼）病困曰：『有金十餅，素二十匹，死則賣以殯殮。」〔註129〕黃金成為送終的保障，其珍視程度可想而知。因而人們有黃金是不會輕易出手的，如《漢書‧疏廣傳》載：「疏廣既歸鄉里，日令家共具設酒食，請族人故舊賓客與相娛樂，數問其家金餘尚有幾何，趣賣以供具。」黃金是家裏儲存的財富，需要時才用來換銅錢以購物。而出門遠行，金子更顯重要，它輕便安全，如換成銅錢，則笨重且引人耳目，《漢書‧直不疑傳》載：「（直不疑）同舍郎有告歸，誤將持同舍郎金去，已而同舍郎覺亡，意不疑，不疑謝有之，買金償，後告歸者至而歸金，亡金郎大慚。」那麼從上文中可知，遠行者攜金歸家，是極普遍之事。而作為商人，出於資金儲備與方便安全的需要，對黃金的需求當然更迫切，他們是不會不想辦法去積纍黃金的。

其實，政府與商人有同樣迫切的要求。黃金儲備從某種程度上講，是金融安全的保障，我們過去長期以來多著眼於漢朝廷的大規模賜金，從而得出的只是漢多金的印象。但實際情況到底如何呢？《漢書‧淮南衡山濟北王傳》中講：

「其非吏，它贖死金二斤八兩」，而此後的天漢四年卻是「令死罪入贖錢五十萬減死一等」〔註130〕，前引材料中的罰金折合爲錢三萬還不到，而用錢來計算則需要五十萬，差價實在太大，如認爲這一時期爲特例的話，那麼我們可以看時間較近的《漢書・惠帝紀》的記載：「民有罪，得買爵三十級以免死罪。」應劭注：「一級值錢二千，凡爲六萬。」這也比二斤八兩金在價錢上高出一倍以上。看來黃金不但不多，只有相對較少才有可能這樣，最下層民眾固然難有贖罪的財力，有錢贖罪的中層民眾黃金也多不到哪裏去。此外，《漢書・哀帝紀》注中講：「諸侯在國，名田他縣，罰金二兩。」二兩金折成銅錢不過千錢，此法卻用於列侯；而且武帝時一些列侯因各酋每千戶需交的四兩的酎金而被罷爵，以至於「奪爵者百六人」〔註131〕。可見他們也並不是都有大量的黃金，否則上述一系列材料就難於解釋。史書中是出現了擁有大量黃金的一批人，但西漢幾百年間，從比例上看，鉅額黃金擁有者畢竟還是少數，而且少數人黃金越多，社會其它民眾黃金就越少，就越難於證明時代的多金。因而與其說是黃金數量多，倒不如說是黃金集中顯得其多。而這種集中，又主要是皇室、大官僚、巨商，有時就是有些列侯在黃金佔有上也是有些窘迫的。

此外，在政府賜金的一面外，我們還必須看到它斂金的另一面，如王莽末年時，「省中黃金萬斤者爲一匱，尚有六十匱」〔註132〕，光此一項，就據有黃金60萬斤。王莽還命令「禁列侯以下不得挾黃金，輸御府受直，然卒不與直。」〔註133〕竟然不准列侯以下的官員擁有黃金，黃金上繳後還不給貨幣補償。然而，並不只是王莽如此。我們可以來算一下武帝時期的酎金一年有多少。《史記・高祖功臣侯表》中記有143侯，至武帝時尚有73侯，其中後來因上交酎金或少或輕罷去了20侯；《史記・惠景間侯者表》記有93侯，武帝時尚有37侯，其中後也因酎金罷去8侯；《史記・建元以來侯者表》記武帝以來73侯，其中後因酎金罷去6侯。《漢書・武帝紀》講：「列侯坐獻黃金酎祭宗廟不如法，奪爵者百六人。」這樣光通過史書反映的侯的數目，就有 106＋（73〜20）＋（37〜8）＋（73〜6），即 255 侯。〔註134〕而「諸侯列侯給以民口數，率千口奉金

〔註130〕 《漢書・武帝紀》，第 205 頁。
〔註131〕 《漢書・武帝紀》，第 187 頁。
〔註132〕 《漢書》卷 99 下《王莽傳下》，第 4188 頁。
〔註133〕 《漢書》卷 99 上《王莽傳上》，第 4087 頁。
〔註134〕 《漢書・地理志下》：「訖於孝平，凡郡國一百三，縣邑千三百一十四，道三十二，侯國二百四十一。」侯少於武帝時。

四兩，奇不滿千口至五百口亦四計，皆會酎，少府受。」〔註135〕如以 250 侯計，
每侯以千口、以四兩計，也有近 70 斤黃金。至於諸侯王的酎金，則列表如下：

表三：西漢諸侯王酎金表〔註136〕

國　　別	口　　數	酎　　金
趙	口 349952	金 1400 兩
廣平	口 198558	金 796 兩
眞定	口 178616	金 716 兩
中山	口 668080	金 2672 兩
信都	口 304384	金 1216 兩
河間	口 187662	金 752 兩
廣陽	口 70658	金 284 兩
菑川	口 227031	金 908 兩
膠東	口 323331	金 1292 兩
高密	口 192536	金 772 兩
城陽	口 205784	金 824 兩
淮陽	口 981423	金 3964 兩
梁	口 106752	金 428 兩
東平	口 607976	金 2432 兩
魯	口 607381	金 2428 兩
楚	口 497804	金 1992 兩
泗水	口 119114	金 476 兩
廣陵	口 140722	金 564 兩
六安	口 178616	金 716 兩
長沙	口 235825	金 944 兩

〔註135〕《續漢書・禮儀志上》注引丁孚《漢儀》，第 3104 頁。
〔註136〕此表據《漢書・地理志》及孫毓棠《兩漢國家財政與帝室財政》（載於《孫毓棠學術論文集》，中華書局 1995 年）中的統計數字列出，其中孫先生的幾處引用錯誤，已據《漢書》加以更正。

由上表可知，每年由諸侯王可得酎金 1500 餘斤，再加上列侯的酎金，光此一項，每年可得黃金 1600 斤左右。再加上罰金、沒收財產及其它手段，每年的斂金量決不在少數。

（三）資金搶奪與抑商

西漢自建立以來，商業大發展是眾所周知的。所謂「漢興，海內為一，開關梁，弛山澤之禁，是以富商大賈周流天下，交易之物莫不通。」〔註 137〕商人們憑藉雄厚的財力，傲視王侯，日漸提高著自己的地位。以至於時人有言：「仕不至二千石，賈不至千萬，安可比人？」〔註 138〕將富商與二千石的高官相提並論。而我們講，這其中的緣由不過是由於商人錢財多，獲利厚罷了。所以司馬遷感慨道：「千金之家比一都之君，鉅萬者乃與王者同樂。豈所謂『素封』者邪？」〔註 139〕認為這些富商的生活趕得上顯赫的王侯了，只是沒有封號而已，而商人是沒有政治地位，沒有其它先決優勢的，他們地位的提升，其前提只是家有千金之財。富有提高了他們的地位，而這又更促使他們設法取得更多的財富。

黃金無疑是最能穩定地代表財富的，在西漢時，幣制的混亂更顯現了它顯赫的地位，銅錢則隨時有或貶或廢的可能，所以趨利的商人不可能不與黃金發生關係，甚或說，商人與金子其實是密不可分的，這一點並不難理解。當時無論從哪個方面講，商人不但要佔有黃金，而且他們還想最儘量多地佔有，因而史書中所謂「千金之家」、「萬金之家」不絕於載。更何況，黃金的可信度也決定了在混亂幣制中，進行交換時其公認的尺度地位。《史記・貨殖列傳》載：「宣曲任氏之先，為督道倉吏。秦之敗也，豪傑皆爭取金玉，而任氏獨窖倉粟。楚漢相距滎陽也，民不得耕種，米石至萬，而豪傑金玉盡歸任氏，任氏以此起富。」七國之亂時，無鹽氏向長安列侯放貸，也是「出捐千金貸」。以上材料至少說明兩個問題：一是黃金在商業中最具可信度，不但現代亦然，古代更是如此，而再加以幣制混亂，則黃金又更有無可替代的意義。二是西漢時巨商們的黃金擁有量決不在少數，因為「豪傑」也罷，「任氏」也罷，都拼命「爭取金玉」；而無鹽氏則更是一口氣拿出了千金來放高利貸。這其實也不是什麼奇怪的事情，除了黃金自身內在特性與幣制混

〔註 137〕《史記》卷 129《貨殖列傳》，第 3261 頁。
〔註 138〕《史記》卷 122《酷吏列傳》，第 3135 頁。
〔註 139〕《史記》卷 129《貨殖列傳》，第 3282～3283 頁。

亂的大環境造就了這一現象外，我們可以看到，外貿交換中需金；出外長途經商，爲方便攜帶儲藏也需金；爲保證資金不因政策等原因受貶受損，更需要將銅錢轉換成黃金。對商人而言，黃金的需要幾乎無所不在。而漢王朝至西域買馬時，也是「持千金及金馬，以請宛王貳師善馬。」〔註140〕等等。

當大商人們在以黃金爲重心的財富積纍至一定規模後，必然要與大一統的古代專制國家在經濟上構成矛盾，這種矛盾是資金搶奪上的矛盾。古代大一統的專制國家是希望將一切都牢牢地抓在自己手上的，在經濟上亦不例外，它不允許出現與之抗衡的力量，現在大商人將大量資金控制在手，專制國家的權威大受其害，國家雖然可以通過銅錢的變更從下面收斂財富，但對於黃金而言，其本身穩定的貨幣特性，是這種時代的政府以純粹經濟手段所達不到目的的。它反而使「商賈以幣之變，多積貨逐利。」〔註141〕乘亂投機大撈一把，這樣，一些巨商更巨，金錢更多，與政府的資金矛盾反而更深，眞正受害的是以小農爲主體的百姓，而這又無疑損害著政府的財稅基礎，同時商人則趁機通過錢財兼併小農，從而出現《漢書・食貨志上》所言的「商人所以兼併農人，農人所以流亡者也」的局面，無疑其結果是雙方矛盾更進一層。我們可以看到，至武帝時，這種矛盾的發展，再加之戰爭頻繁，終於造成了國家資金短缺，「縣官大空」的局面，「而富商大賈……財或累萬金，而不佐國家之急。」〔註142〕這是漢政府所難於容忍的，政府固然曾採取過一些措施，如方才所論及的幣制改革，它其實就包含了抑商因素在內。關於這一點，武帝時大臣張湯講得明白：「請造白金及五銖錢，籠天下鹽鐵，排富商大賈。」〔註143〕但如前所述，最後是富商反而更富。甚至於一些貴族都要向財力強大的富商去借貸了。《漢書・食貨志下》曰：「封君皆氐首仰給。」顏師古注曰：「封君受封邑者，謂公主及列侯之屬也，氐首猶俯首也，時公主列侯雖有國邑，而無餘財，其朝夕聽領，皆俯首而取給於富商大賈，後方以邑入償之。」《史記・高祖功臣侯表》還有一則河陽侯陳信「不償人責（債）過六月，奪侯，國除」的記載。這種種矛盾的存在，使抑商在當時的條件下，其實已成爲不可避免。因爲從資金搶奪角度而言，西漢政府是絕對不會任由

〔註140〕《史記》卷123《大宛列傳》，第3174頁。
〔註141〕《史記》卷30《平準書》，第1430頁。
〔註142〕《史記》卷30《平準書》，第1425頁。
〔註143〕《漢書》卷59《張湯傳》，第2641頁。

大商人資金擴展，以構成對政府的經濟安全威脅的。最終，武帝以極端的告緡法來掠奪財富了。所謂「中家以上大氐皆遇告，……得民財物以億計，奴婢以千萬數，……於是商賈中家以上大氐破。」〔註144〕這一行為主要是針對富商，而其內在目的又主要是財物掠奪。如前所述，資金是一個搶奪的重點，漢政府曾經希望「財或累萬金」的富商能夠向國家交錢，以「佐國家之急」，但富商趨利的本性，以及漢政府對其低等的政治待遇，決定了其事實上的不可能。所以，通過對西漢黃金問題的考察，以及由此引出的資金搶佔問題，或許我們可以對漢抑商問題，從另一個視角有一個更深的體會。

總之，西漢黃金問題不僅僅是一個作為貨幣特性的質與量的問題，這一問題之所以引人注目，還有一個後面的大背景，即商業大發展前提下商人與政府的斂金行為，及混亂的幣制下黃金的異常顯赫。通過上述材料及論證，對西漢黃金問題，我們基本上可以形成如下的認識：一、西漢黃金為廣義上的貨幣，民間金錢並稱時，狹義上錢僅指銅錢。二、西漢黃金與其說其多，不如講是集中，而且是在西漢一朝幣制混亂的情況下，使黃金的重要性在當時更凸現了出來。三、政府與民間都盡力儲金，而且漢政府的大量賜金與斂金同時存在，兩不偏廢，不能因前者而忽略後者。在上述認識的基礎上，考察西漢黃金問題，能使我們從資金搶奪的角度，更深一層地觀察漢抑商的可能與必然，從而對漢經濟有進一步的瞭解，進而得出一些有益的思考。

六、秦漢「重農抑商」的個案考察之二：西漢荒政與抑商

西漢是中國歷史上受災荒困擾較大的一個時期，雖然從數量上看，它的災害遠不如明清等時代多，但即使排除記載上的疏闊因素（西漢材料遠不能與明清時豐富詳盡的歷史檔案相比），災荒所帶來的問題，也是十分嚴重的。伴隨著王朝覆滅的流民、農民起義等問題，概莫不與此有重大而直接的關係。雖說漢政府採取了許多措施以舒緩矛盾，但各種衝突還是在荒政下不可遏止地顯現與激化。近年來，許多學者對荒政等問題作了有益的考察，下面，我想就西漢荒政與抑商關係問題作一個初步的探討，以就正於方家。

（一）西漢災荒的嚴重後果及同時期政府的抑商措施

對於秦漢的災害，鄧拓在其《中國救荒史》中統計道：「嬴秦、兩漢四百

〔註144〕《漢書》24 下《食貨志下》，第 1170 頁。

四十年中，災患之作，竟已達三百七十五次之多。」〔註145〕這一數字不可謂不觸目驚心。為便以集中說明問題，筆者以《史記》、《漢書》中的諸《帝紀》、《五行志》及《王莽傳》所列的資料為依據，重加測算，得出下列數字：西漢231年間（含新朝），共有62年79次災害；幾乎4年不到即發一次災，而如以次數平均，則 3 年不到就有一次災害。需要指出的是，這個數目還只能說明部份問題，其它資料由於過於零散、不成系統，或無法統計出精確數字，故未列入，所以實際情況遠過於上述數字所能體現的程度！〔註146〕

災害直接造就了嚴重的災荒問題，在西漢其後果極為嚴重，人員財產損失不可勝計。如漢宣帝本始四年的一次山崩，就「壞城郭室屋，殺六千餘人。」〔註147〕成帝建始三年，三輔地區暴雨成災，結果「凡殺四千餘人，壞官寺民舍八萬三千餘所。」〔註148〕而王莽地皇三年，由於蝗災，「流民入關者數十萬人，……饑死者十七八。」〔註149〕至於沒有具體數字的人員傷亡，如「流殺人民」、「民多凍死」、「民多暍死」〔註150〕，等等，更是史不絕書。此外，《漢書·武帝紀》載：「（元鼎二年）夏，大水，關東餓死者以千數」，這個數字可算是大了，然而《漢書·谷永杜鄴傳》更有成帝永始年間「災異屢降，饑謹仍臻。流散冗食，餒死於道，以百萬數」的記載，以至出現「民大饑而死，死又不葬，為犬豬食」〔註151〕的悲慘景象。大災之年，許多民眾不僅流離失所，財產不保，一家老小死無葬身之地的也不在少數。所以針對災荒，《漢書·平帝紀》中有「賜死者一家六戶以上葬錢五千，四屍以上三千，二屍以上二千」的記載。

災荒還造就了大量的流民，光元封四年有「關東流民二百萬口，無名數者四十萬。」而正是這一年夏，「大旱，民多暍死。」至於人相食的例子史書中也不絕於載，再加上災後疫情，這一切不可避免地造成了「民眾久困，連

〔註145〕鄧拓：《中國救荒史》，商務印書館1993年7月影印版，第11頁。
〔註146〕如《西京雜記》卷二曰：「元封二年，大雪，雪深五尺，野鳥獸皆死，牛馬皆卷縮如蝟，三輔人民凍死者十有二三。」此條在《史記》、《漢書》中未見記載；又如《漢書·王莽傳下》「關東饑旱數年」的記載，難於得出具體的年份與次數，類似情況都不加以計算，等等。
〔註147〕《漢書》卷75《夏侯勝傳》，第3158頁。
〔註148〕《漢書》卷27上《五行志上》，第1347頁。
〔註149〕《漢書》卷99下《王莽傳下》，第4177頁。
〔註150〕分見於《漢書·元帝紀》、《五行志中之下》、《武帝紀》
〔註151〕《漢書》卷72《貢禹傳》，第3070頁。

年流離，離其城郭，相枕席於道路。」〔註152〕的慘狀。西漢政府花了大量的
力氣，進行賑災、救濟等荒政工作，但在執行中，在財力物力等方面，往往
捉襟見肘，窮於應付。各種矛盾在荒政下更加顯現、激化起來，與商人的矛
盾更是激烈異常。而事實上，西漢許多的抑商措施，大致都有一些災荒的背
景。為了便於說明，今以西漢抑商最為典型的武帝時期為例，將這一時期的
抑商措施與災害情況對應列表如下：

武帝時期災害與抑商情況對應表〔註153〕

時　間	災害情況	資料出處	抑商措施	資料出處
元光五年 （前130年）	八月，螟	《漢書·武帝紀》		
元光六年 （前129年）	夏，大旱，蝗	同上	初算商車	《漢書·武帝紀》
元狩元年 （前122年）	大雨雪，民凍死	同上		《史記·平準書》 《漢書·食貨志》
元狩三年 （前120年）	夏，大旱山東被水災	《漢書·五行志》 《漢書·食貨志》	鹽鐵官營	同上
元狩四年 （前119年）			初算緡錢	同上
元狩六年 （前117年）			楊可告緡	同上
元鼎二年 （前115年）	夏大水，關東餓死者以千數	《漢書·武帝紀》		同上
元鼎三年 （前114年）	三月水冰，四月雨雪，關東十餘郡人相食	《漢書·五行志》	令民告緡者以半予之	同上
元鼎五年 （前112年）	秋，蝗	同上		同上
元封六年 （前110年）			均輸、平準	同上

說明：武帝時的幣改也是一種抑商措施，但因篇幅緣故不列入本表。

〔註152〕分見於《史記·萬石張叔列傳》、《漢書·武帝紀》及《賈捐之傳》。
〔註153〕按照《漢書·武帝紀》與《五行志》統計，武帝時的災害年份為23年，災害
　　　　次數為28次，此處表格中的內容不包括所有災荒情況。

由上表不難看出，西漢災荒與抑商確實有密切的聯繫，往往在災害的當年或一兩年之內，必有抑商措施出臺。而且，這兩者之間的聯繫，並非時人無意爲之，而是在災荒下有意識地採取了抑商行爲。這一點，《漢書‧張湯傳》說得極爲明曉：「山東水旱，貧民流徙，皆卬給縣官，縣官空虛。湯承上指，請造白金及五銖錢，籠天下鹽鐵，排富商大賈，出告緡令，鉏豪彊并兼之家、舞文巧詆以輔法。」再如對於均輸、平準措施，《鹽鐵論‧力耕》曰：「山東被災，齊趙大饑，賴均輸之畜，倉廩之急，戰士以奉，饑民以賑。故均輸之府庫之財，非所以賈萬民而專奉兵師之用，亦所以賑困乏而備水旱之災也。」總之，從西漢荒政角度看抑商，對於更好地理解與認識西漢經濟是大有益處的，這一視角無疑將十分有助於我們對一些問題的深入考察。

（二）從荒政下西漢政府財政危機的加劇看抑商

西漢政府對荒政是比較重視和認眞的。它花費了大量的人力、物力、財力用於賑災，從而在財政上造成了極大的壓力。《史記‧平準書》記載元狩三年的一次賑災，「天子遣使者虛郡國倉廥以賑貧民，猶不足，又募富人相貸假，尚不能相救。乃徙貧民於關以西，及充朔方以南新秦中，七十餘萬口，衣食皆仰給縣官。數歲，假予產業，使者分部護之，冠蓋相望。其費以億計，不可勝數，於是縣官大空。」《漢書‧何武王嘉師丹傳》則載：「（元帝時）都內錢四十萬萬。」對於此條，《補注》中沈欽韓曰：「《太平御覽》六百二十七引桓譚《新論》，漢百姓賦斂，一歲爲四十餘萬萬，吏俸用其半，餘二十萬萬藏於都內爲禁錢。」那麼，照上述材料折算，則光這一次賑災就用去百姓一年賦斂錢的四十分之一，而如果除去官俸錢，則二十分之一的錢都用在這裡了，難怪要「縣官大空」了。而且需要指出的是，元帝時的這個數目在西漢時期算是比較多的了，在連年兵荒，災害不斷的武帝中後期，還沒有這麼多的賦斂錢。但災害下的流民卻是有的，武帝元封四年，就有「關東流民二百萬口，無名數者四十萬。」以上述標準核算，七十萬人用去的至少是 1 億錢，這一次如要賑救，則絕不能少於 3 億錢，災荒用錢之巨可見一斑。

上述元狩三年的那次賑災記載是十分簡略的，如果細分一下，我們可以看到，在賑災中，至少需要如下款項：a、災害治理費；b、災民安頓費；c、生產生活資料費；d、醫藥費；e、喪葬費；f、運輸費。b、c、d、f 由於難於考實其經費標準，在此我們不作深入的核算，但有一點是明晰的，花錢決不在少數。因爲那麼多的人要吃、要穿、要住、要幫助生產自救，等等，哪一

項不需要鉅額資金呢？下面我們先集中看看第一項經費：災害治理費。災害發生後，第一任務當然是遏止它，而這則需要錢，如據《漢書‧平帝紀》，平帝時發生蝗災，「遣使者捕蝗，民捕蝗詣吏，以石斗受錢。」發出多少錢，我們無從得知，但那時「天下民訾不滿二萬，及被災之郡不滿十萬，勿租稅。」則二萬錢可能是當時的生活最低保障線，漢時一般為五口之家，這樣最少每人有四千錢才能保證生活。對於捕蝗者而言，如果最後達不到這個經費標準，是不太會有人去幹的。而即便是一萬人捕蝗，那麼這一筆支出也要四千萬。再如黃河水患的治理費用，我們也可以大致看一下。王莽時期曾預備撥出一筆錢以治河患，當時核算道：「費不過數億萬，亦可以事諸浮食無業民。」〔註154〕這還不包括治理堤岸的錢，《漢書‧溝洫志》載：「今瀕河十郡治堤歲費且萬萬，及其大決，所殘無數。」如兩項相加，這個數目簡直觸目驚心！此外，如前所述，對於死去的災民，西漢時曾規定：「賜死者一家六屍以上葬錢五千萬，四屍以上三千萬，二屍以上二千。」〔註155〕而西漢時災荒死亡人數之多又是不爭的事實。即便是萬把人死亡，用去的錢財也要以千萬計。我們在這裡列了 6 項費用，但僅兩項相加就要億萬的錢財。再加上災荒後，國家喪失了災民的租賦等費用，頗有坐吃山空之勢。不僅如此，在緊要時，如災民為飢寒而造反，則政府還得出動軍隊，從而擔負大量的軍費，無疑這又更加重了財政負擔。《漢書‧賈捐之傳》曾云：「暴師曾未一年，兵出不踰千里，費四十萬萬。」而西漢時民眾因災荒為「盜賊」的又史不絕書，如「間者災變不息，盜賊眾多」，「連年久旱，百姓饑窮，故為盜賊」〔註156〕，等等。

　　為了解決財政上的困難，政府多方籌措經費，《史記‧平準書》中就有「募豪富人相貸假」的記載，漢武帝還命令「吏民有振救饑民免其厄者，具舉以聞。」〔註157〕國家財政困難到要向民間的富人借錢了，而且是借貸，有錢的商人自然是主要的債主，但「富商大賈或蹛財役貧，……財或累萬金，而不佐國家之急。」〔註158〕整個西漢只有一個卜式「持錢二十萬予河南，以給徙民。」〔註159〕災荒下的政府除了急需錢財，物質也奇缺。成帝時曾重賞「吏

〔註154〕《漢書》卷29《溝洫志》，第1697頁。
〔註155〕《漢書》卷12《平帝紀》，第353頁。
〔註156〕分見《漢書‧息夫躬傳》、《王莽傳下》。
〔註157〕《漢書》卷6《武帝紀》，第182頁。
〔註158〕《史記》卷30《平準書》，第1425頁。
〔註159〕《史記》卷30《平準書》，第1432頁。

民以義收食貧民，入穀物助縣官振贍。」〔註160〕但所謂以仁義賑災者，多不是商人，即使在士大夫和官員中，人數也極少。在《漢書·平帝紀》中我們找到一條相關記載：「（元始二年夏）郡國大旱、蝗，青州尤甚，民流亡。安漢公、四輔、三公、卿大夫、吏民爲百姓困乏獻其田宅者二百三十人。」從這則材料，我們至少可以得出兩點認識：一、當時以義賑救者並不多，統共四五層官吏才二百三十人捐獻田宅，其效果實爲杯水車薪。二、捐獻者中反映不出商人的痕跡，而且其它書中也無類似記載。至於國家借貸只是緩一時之急，以後還要還錢，並且還得追加利息。很明顯，西漢荒政的啓動運作，使政府的財政窘境暴露無遺，擁有大量資金的大商人在其間的不友好態度，則更是讓政府大爲光火。本來，政府在此缺錢之際，就有很大的可能性要向富商們大敲一筆。試想，大災之年，農民流離失所，本身要靠救濟，政府官員是自己人，不好亂來，那麼，對於一個古代的專制政府而言，不向商人開刀，捨此其誰呢？現在既然富商們「不佐國家之急」，官府也就沒什麼客氣了，加緊抑商勢成必然。

（三）西漢荒政下的商人角色與社會矛盾的加深

西漢荒政雖然規模力度都不算小，但災荒之害完全不是它的能力所能全部控制和解決的。災荒使各種社會矛盾不斷迸發，而商人在各種矛盾中往往扮演著十分微妙的角色。

由於災荒頻繁，西漢時的小農經濟極爲脆弱，自耕農的破產是須臾之間的事。晁錯說：「農民勤苦如此，尚被水旱之災，急政暴賦，賦斂不時，朝令而暮改。當具有者半賈而賣，亡者取倍稱之息，於是有賣田宅鬻子孫以償責者矣。」〔註161〕這段話包含兩層意思：一、災害加上暴政使自耕農始終處於高利貸威脅之下，因爲他們必須借貸以納賦稅；二、農民在最後無以抵當時，惟有賣兒賣女賣掉田地。而我們知道，高利貸者一般都是富商，所以晁錯就此得出結論：「此商人所以兼併農人，農人所以流亡者也。」〔註162〕的確，災荒加劇了商人對農民和土地的兼併，因爲在災荒下政府也不得不放鬆人口、土地的買賣，高祖時發饑荒，就曾「令民得賣子，就食蜀漢。」〔註163〕《漢書·賈捐之傳》

〔註160〕《漢書》卷10《成帝紀》，第321頁。
〔註161〕《漢書》卷24上《食貨志》，第1132頁。
〔註162〕《漢書》卷24上《食貨志》，第1132頁。
〔註163〕《漢書》卷24上《食貨志》，第1127頁。

曾論道：「人情莫親於父母，莫樂夫妻，至嫁妻賣子，法不能禁，義不能止，此社稷之憂也。」當然，災民的買主並不僅僅是商人，官僚、地主們也會利用這個機會，但官員是自己人，而許多地主本身就是官僚，比較之下，富商的人口佔有則是對政府的最大威脅。除了賣兒賣女外，在災害之年，民眾還可出賣自己的爵位（漢承秦制，民有民爵），如《漢書・文帝紀》載：「（後六年）天下旱，蝗，⋯⋯發倉庾以振貧民，民得賣爵。」《漢書・嚴助傳》則曰：「數年歲比不登，民待賣爵贅子以接衣食，賴陛下德澤振救之，得毋轉死溝壑。」爵位的購買者一般也多為商人，官員無須購買；有錢的地主一般而言，早就購買了爵位；受災農民無力也無必要購買，惟有商人一則政治上地位低〔註164〕，二則較之農民而言，災害對於他們損失較少，故能成為主要買主。

農民受災後，賣掉土地是一件痛苦但又不得不的事情。同是受災農民，自然是買不起的，在半是買賣，半是侵奪的過程中，能上下其手者，除了官僚地主，主要的是大商人。因為在大災之年，一些大商人不但不受損，反而可以大牟其利，他們囤積積奇，以待暴利。所以《鹽鐵論・本議》曰：「萬物並收則物騰躍，騰躍則商賈牟利，自市則吏容奸豪，而富商積貨儲物以待其急，輕賈奸吏收賤以取其貴。」在這一背景下，許多富商趁機兼併小農地產，造成了重大的社會問題。漢代缺乏這方面的具體資料，但我們可以看一個相類似的例子。1928年，貴州反排苗族地區發大災，據一份調查報告，「災後，⋯⋯富戶趁機掠奪農民的田地，以致富者更富，貧者更貧。⋯⋯據說那時用三、五斤米就可以換一挑田。」〔註165〕兼併農民土地者，自然也有官僚，也有地主，而且數量不少，但如前所述，有些地主本身就是官僚，不好查處；而且漢代「禁人二業」〔註166〕，對於非商人地主，政府還是可以相對容忍的，惟獨是商人，法令規定：「賈人皆不得名田、為吏，犯者以律論。」〔註167〕但漢商人一般的經營原則卻是：「以末臻財，用本守之。」〔註168〕即以商業利潤購買土地以守家業。西漢朝廷對商人占

〔註164〕《漢書・食貨志上》，晁錯曰：「法律賤商人。」史書中載有許多西漢貶低商人政治地位的舉措，因篇幅不加贅舉。

〔註165〕貴州編輯組：《苗族社會歷史調查》，貴州民族出版社，1986年，第137頁。

〔註166〕《後漢書》卷28上《桓譚傳》，第958頁。此處雖為後漢典籍，但所指卻是整個漢代。

〔註167〕《漢書》卷11《哀帝紀》，第336頁。

〔註168〕《史記》卷129《貨殖列傳》，第3281頁。

田大爲不滿，幾次三番下令，不准他們「名田」，而這又恰恰證明當時商人占田之廣，影響之大。在災年，這一矛盾無疑更爲激化。當時普遍出現了「貧民雖賜之田，猶賤賣以賈，窮則起爲盜賊」〔註169〕的嚴重狀況。而我們知道，漢政府的賜田，主要是災荒下居多，這也是荒政的一個重要舉措。如《漢書·武帝紀》中：「山東被水災，……假予產業。」而所謂「產業」，以田地爲主要項目。又如《漢書·平帝紀》中：「郡國大旱蝗，……賜田宅什器，假予犁、牛、種、食。」現在，商人既然要奪朝廷的賜田，這必定加劇官府與商人之間的矛盾。

　　災荒發生後，災民們除了一部份由國家安置外，大量的民眾向山林川澤地帶湧去，因爲在那裏，或許能找到一些覓活的食物，而平原一帶如沒有物品救濟，則難於存活。如王莽時期，「南方饑饉，人庶群入澤，掘鳧茈而食之，更相侵奪。」〔註170〕又如劉邦時也曾下詔令：「民前或有相聚保山澤，不數名數，今天下已定，令各歸其縣，復故爵田宅。」〔註171〕可見，災亂之年，民眾入山林川澤的很多。但這樣一來，極易醞釀出造反起事之舉，因爲起義者多居山林，正如董仲舒所指出的：「民愁亡聊，亡逃山林，轉爲盜賊。」〔註172〕災荒之年正是這一現象的典型期。如綠林起義，因災荒而入山；因入山而成大規模起義。在山林中，朝廷難於控制其力量組合，而商人往往有許多在山林中從事工礦產業，如《鹽鐵論·復古》載：「豪強之家，得管山海之利，採鐵石鼓鑄、煮鹽。一家聚眾，或至千餘人，大抵盡放流人民也。遠去鄉里，棄墳墓，依倚大家，聚深山窮澤之中，成姦僞之業，遂朋黨之權，其輕爲非亦大矣。」從以上材料，我們不難看出，因工礦產業需要大量人力，漢政府十分擔心商人們在山澤之中憑藉「放流人民」，從而「輕爲非」，即十分容易就造反了。本來商人在漢政治地位就很低，至少法律上是如此規定，因而他們對於朝廷是一種異己力量。而一旦他們以雄厚的財力，利用災荒之下的山澤流民起事，那麼官府就難於應付。在當時，曾有官員提出「禁民不得挾弓弩」〔註173〕，其目的就在於防止人民暴動。但如在居山冶礦的條件下，要做到這一點，實在有很大的難度。在成帝時期就有鐵官徒申屠聖與蘇令暴動的

〔註169〕《漢書》卷72《貢禹傳》，第3075頁。
〔註170〕《後漢書》卷11《劉玄傳》，第467頁。
〔註171〕《漢書》卷1下《高帝紀下》，第54頁。
〔註172〕《漢書》卷24上《食貨志上》，第1137頁。
〔註173〕《漢書》卷64上《吾丘壽王傳》，第2795頁。

記載〔註174〕，雖說漢時還未發現工商業主以工礦之利暴動的，但既然官府監控下的鐵官徒尚能暴動，無疑這使統治者不得不十分防範富商們的舉動。

如前所述，災荒下的漢流民餓死、病死者不計其數，造反者亦有之，搶奪物品更是常事。那麼，商人就不怕自己的財物被掠奪嗎？這是自不待言的。所以，爲了保障生命財產安全，富商們還需廣集人手，修造各種保衛屏障，以圖自救。自西漢末開始，塢堡興起，不能說災荒背景不是一個重要的推動因素。如《後漢書・劉盆子傳》載：「（王莽時）三輔大饑，城郭皆空，白骨蔽野，遺人往往聚爲營保，各堅守不下。」要聚保的當然不全是富商，官僚、地主也要聚保，從理論上講，對政府而言，爲自身權威與統治安全著想，不論是哪一種身份的塢堡主，政府都是要抑制的，但在官僚、地主、商人之間，當然首先要抑商，至於後來塢堡主的身份爲什麼多數並不是商人，或者說有商人身份淵源，則是另一個問題，擬專文另加論述，本文暫不探討。但質言之，從抑商角度看，災荒必引起商人的聚保，而這又必然讓政府對那些不安分的商人們提心弔膽。總之，在荒政下，商人對土地、人口的搶佔，更易使其與政府間固有的矛盾加劇；而災荒環境下的商人，也更易被朝廷目之爲對統治不利的對立或威脅力量。

綜上所述，我們可以得出如下認識：一、西漢嚴重的災荒與政府的抑商，在時間與力度上，有相當的對應關係。二、荒政下西漢政府財政十分窘迫，而富有的商人大多並不救助國家之危。在法律上，漢是「賤商人」的，本來政府僅僅爲缺錢就有可能向商人敲上一筆，現在，既然「商人不佐國家之急」，從財政上講，足以堅定政府的抑商決心。三、荒政下所激化的社會矛盾中，商人對農民土地、人口等的搶佔，無疑會大大刺激古代農業社會的專制政府，再加之荒政下的社會環境也造就了商人與政府對抗的可能性與危險性。故而，荒政對於西漢政府的抑商而言，無疑是一支強力催化劑。從這個角度出發，我們再度審視西漢的社會經濟，或許能夠對我們更準確、全面地理解當時的歷史狀況提供一些有益的幫助。

七、結語

「重農抑商」作爲理念雖不形成於秦漢，但它是適應著帝制時代而來的

〔註174〕俱見《漢書》卷10《成帝紀》。

理論。從特定意義上來看，它就是大一統集權下的一種經濟表徵及反映，各種經濟層面的問題，其實質是政治的驅動及需要。由此，這一理念真正得以落實於政策，是在秦漢時代。作爲一種由理論到政策的演進，對秦漢時代的「重農抑商」問題進行研討，不僅可以從政治經濟互動、互用的層面上，去探求古代中國的結構性問題，也可以在對秦漢個性做考察的基礎上，對以秦漢爲代表的早期帝國的政治經濟狀況，獲得更爲深入的理解。要之，以「重農抑商」爲視點來考察整個古代中國的農商及經濟問題時，秦漢所具有的典型性及個性都十分突出。爲此，我們以秦漢爲考察中心，從「重農抑商」概念的內涵與外延的演進，及政策的歷史表現入手，既有對秦漢「重農抑商」的總體考察及理論思考，也希望通過個案分析，具體深入地理解歷史的真實面貌。

總之，「重農抑商」作爲歷史現象，有其必然性和內在的歷史根據，但它同時也對商業的發展產生了巨大的負面效應。但無論怎麼評價它，它是由政治所拉動，各種歷史要素結合互動之下的產物。概言之，它與政治上的集權體制相呼應，是對古代的商品經濟與自然經濟之間的衝突進行調整的產物。雖然今天面對市場經濟，我們主要在現代經濟法範疇內處理類似問題，歷史上的這一政策已基本不能適用。但作爲歷史的沉澱，與此相關的大量觀念，在現代生活中卻不絕如縷，相信通過對這一問題的探討，能爲我們今天的活動提供許多有益的思考和啓示，而這或許正是討論這一問題的現實意義所在吧。

本文由若干篇相關論文修訂、整合而成。其中，第一、四部份爲主體，以《試析秦漢重農抑商的幾個問題》爲題，刊於《南昌職業技術師範學院學報》2000 年第 2 期，發表時刊物作了刪節；第三部份主要內容以《抑商：古代專制時代的結構性政治經濟矛盾的反映》爲題，刊於《貴州社會科學》2002 年第 2 期；第五部份以《從西漢黃金問題看抑商》爲題，刊於《安徽史學》2000 年第 3 期；第六部份以《西漢荒政與抑商》爲題，刊於《中州學刊》2000 年第 5 期；而第二部份則是新寫的文字。此外，第三部份的第一小部份的內容，以筆者的碩士畢業論文《西漢商業政策研究》（華東師範大學，2001 年 6 月）第三章第一節爲基礎改訂而成。這些文章在收入並整合的過程中，都根據需要，進行了適當的調整與修訂，本文初稿改訂於 2014 年 12 月。二稿改訂於 2015 年 11 月；三稿改訂於 2016 年 9 月。

西漢商人身份地位的法律限定

　　西漢是中國古代商業繁盛的時代，同時也是專制政府與商人激烈鬥爭的時期，西漢政府推行了一系列以抑商爲準則的商業政策，以對商人進行打擊，關於漢代抑商方面的文章，在學界已經非常多了，下面，筆者僅就西漢政府對商人在身份地位上的法律限定問題，略陳管見，以就正於方家。〔註1〕

一、爲什麼是西漢？

　　探討中國古代的商人及商品經濟問題，西漢是一個關鍵點。

　　爲什麼這麼說呢？

　　首先，就商品經濟的發展及商人集團的出現來說，西漢是早期帝國中最爲引人注目的時代。

　　毫無疑問，在西漢之前，中國已經有了商品經濟的發展，甚至還出現過較爲繁榮的局面。具體說來，在先秦時代，尤其是西周以來，商品經濟的發展已有著蓬勃的生命力，有學者據此認爲：「西周時代社會上已普遍存在著商人這一職業群體，無論是王朝內部還是在它與周邊方國之間，都存在著較爲經常的商業貿易活動。」而由春秋到戰國時代，商品經濟的發展更是出現了

〔註 1〕　學界雖然關於抑商的文章極多，但從商人身份地位的法律限定方面進行討論的還非常少，近年來，與此方向相關的論文主要有李成良：《西漢的商賈和商賈政策》(《四川師範大學學報》社科版 1991 年第 2 期)；賴華明：《西漢商人社會地位的演進》(《四川師範大學學報》社科版 1992 年第 6 期)，孫忠家：《西漢商業政策探論》(《中國史研究》1995 年第 4 期)，等等。此外，高敏的《試論漢代抑商政策的實質》(《鄭州大學學報》1963 年第 3 期) 等對本文的論述也很有參考價值。

質的飛躍，成爲當時「經濟體系中的一個重要的組成部份，商品經濟是戰國社會變遷的有力槓杆。」〔註2〕尤其在貨幣經濟方面，「已有了突出的或優勢的發展」。〔註3〕總之，強調西漢商人及商品經濟的重要性，並不意味著否定此前商品經濟的作用及價值，不僅不否定，而且在我們看來，它就是此前，尤其是戰國經濟發展的一個延續。《漢書‧食貨志上》在討論西漢商品經濟問題時，曾有這樣的論述：「時民近戰國，皆背本趨末。」正可說明這一點。

然而，先秦時代的商人群體及商品經濟問題，與西漢時代又有著很大的不同。

不同之一在於政治及經濟社會土壤的差異。

眾所周知，秦漢之後，中國進入帝制時代，大一統的中央集權樣式成爲政治常態。在這樣的政治基礎上來看商品經濟及商人問題，就可以發現，此後二千年來的基礎及發展軌跡，在這一時段得以奠定，不管後期或晚期帝國有何巨大的變化或發展，在本質上，它們都是同一制度模型和性格下的產物。具體表現在經濟層面，在中央集權對商品經濟及商人發展構成超強制約力的同時，產權私有化又爲商品經濟的發展提供著內在的催化作用，加之大一統之下的全國統一市場，既促進又制約著商品經濟的發展與競爭，催生了中華帝制下既邊緣又常常滲入經濟社會核心的商人群體。表現在思想文化層面，則是從秦漢開始，隨著思想的統一，帝制時代下的商賈文化日漸形成，農、商產業；士、商身份；義、利價值之間既衝突又融合的發展歷程，構成了中國商業文化的主基調。揆之於史，在這一歷史起點上的秦漢時代，其商品經濟及商人群體，與先秦時代相較，顯然有了本質的不同。或者也可以這樣說，秦漢不僅在政治上開創了帝制時代，與之相適應的經濟社會發展的要求，也使得商品經濟及商人群體進入了一個新時代。

而在這一新時代中，秦雖然早於西漢而建帝制，但不久即分析離崩。這就使得秦漢之際的政治，有著分封與中央集權的選擇性矛盾，是重回裂土而封的時代，還是堅持秦的大一統中央集權模式，成爲了重大問題。最終漢興楚亡，「漢承秦制」之下，最終奠定了此後兩千年的帝制基礎。然而，我們看

〔註2〕 邵鴻：《商品經濟與戰國社會變遷》，江西人民出版社，1995年，第26、310頁。

〔註3〕 傅築夫：《中國經濟史論叢》，生活‧讀書‧新知三聯書店，1981年，第19頁。

到，漢對「秦制」絕非照搬，否則就要重蹈秦亡之路，在「過秦」成為輿論主潮的前提下，西漢帝制早已拋棄了秦制度文化中的一些酷深之處，而代之以相對寬鬆的政治精神，加之此後的思想統一，大一統真正得以實現。從這個意義上來看，漢制雖承自於秦，但屬於早已改造了的「秦制」，準確地說，它其實就是秦基礎之上形成的漢制。由此，我們可以說，真正使得帝制得以成功施行的是漢，而不是秦。要考察大一統時代之下的商人問題，西漢較之於秦，更有典型性。所以，在釐清秦漢分際的基礎上，本文將重點以西漢，而不是秦，作為考察帝制時代商人問題的起點。

不同之二，在於商人群體的身份性質問題。

在先秦時代，商人作為群體力量，還處在形成與發展過程之中，也就是說，商人作為有力力量的獨立階層，應以西漢為分水嶺。熟悉中國社會經濟史的人都知道，西漢商人勢力一度十分強大，與此同時，考察先秦時代，尤其西周以來，是否像有學者所說的：「普遍存在著商人這一職業群體」呢？我們以為，這是值得商榷的。眾所周知，西周時代推行的是所謂的「工商食官」制度，工商業者在官府管控下，地位極低，他們的身份是不自由的，很難說是一個獨立的階層。而自春秋戰國開始，私商雖日漸興盛，但他們的勢力遠不能與西漢商人相提並論。以《史記‧貨殖列傳》為例進行考察，可以發現，作為一部為春秋至西漢以來的商賈立傳的專作，它在時間點上分出了兩大部份，前一部份是春秋戰國時代，獨立的商人階層在此期開始興起，但並不強大，後一部份則是西漢時代，「素封」勢力如日中天。表現在人物的事蹟及編排上，這兩部份顯得很不均衡。李埏指出：

> 商賈人數的多寡是首要問題。不言而喻，人數少了是不能成為一個大的集團的。上部份二百數十年才六七人，下部份百年乃多至二十餘人。上部份之所以寡，是不是因為年代久遠，不少人已湮沒不稱？恐不能如此臆測。太史公廣訪周咨，博識多聞，若有可採，是絕不致遺闕的。實際的情況只能是商賈為數尚不甚眾，按標準中選入傳者尚不甚多，所以僅得此六七人而已。這反映商人正在成長為階級的過程中。〔註4〕

〔註4〕李埏：《中國古代商人階級的興起──讀〈史記‧貨殖列傳〉札記》，氏著：《不自小齋文存》，第 406 頁。

按照這樣的學術邏輯來考察，我們可以這麼認為，西漢時代不僅是商人發展的繁盛期，也是真正成長為一種獨立力量的時代。由此，在對帝制時代的商人問題進行研究時，西漢就有了重要的典範意義。

其次，在中國商業發展史上，西漢商人的特點最為鮮明，與政治的衝突最為尖銳。

揆之於史，可以發現，西漢商人在社會身份上有著明顯的「一高一低」。所謂「一高」，指的是他們所具有的超高的經濟地位。在西漢，商業所帶來的豐厚回報，使得一大批商人成為了民眾所豔羨的「素封」，在實際待遇上直追王侯。在《史記‧貨殖列傳》中，司馬遷評價道：「今有無秩祿之奉，爵邑之入，而樂與之比者，命曰『素封』。」他們之中，「千金之家比一都之君，鉅萬者乃與王者同樂。」《正義》曰：「言不仕之人自有田園收養之給，其利比於封君，故曰『素封』也。」這些「素封」們財勢煊赫，甚至一度使得「封君皆氏首仰給。」〔註5〕由於這樣的緣故，農民棄農從商，成為了一時的風氣，而這又加劇了漢政府對商人的抑制，即所謂「重農抑商」。然而，與上述情形構成反差的是，在政治上，「素封」卻屬於低等群落，《漢書‧食貨志下》所謂的「法律賤商人」，正說明了這一點。而武帝時代對商人的大規模打擊，更是使得這一群體遭遇致命的創傷，有學者評述為：「一場嚴重的階級鬥爭，」並由此拉下了「時代的帷幕。」〔註6〕性質和情形是否如此嚴重，尚可商榷，但它說明，商人的核心——「素封」，作為一個相對獨立的階層，在西漢為專制中央集權所不容，並最終消失。在此後的歷史走向中，從官僚、地主、商人的「三位一體」，到士、商身份的模糊，都使得西漢的商人在身份和特點上顯得十分醒目，並對當時及後世的社會思維帶來了深刻的影響。由此，有學者評價道：「（素封）這一豪族集團的特點，可謂經濟上的巨人，政治上的矮子。具有如此特點的社會階層，不僅先秦時代沒有，即便後世也屬罕見。這是秦漢時期一個別具特色的社會階層。」〔註7〕

在筆者看來，這種充滿反差的「特色」之所以在西漢出現，與當時的政治及社會背景緊密相聯。為什麼是西漢，而不是後世的商人，與專制政府之

〔註5〕《漢書》卷24下《食貨志下》，中華書局，1962年，第1162頁。

〔註6〕李埏：《〈史記‧貨殖列傳〉時代略論》，氏著：《不自小齋文存》，第400、402頁。

〔註7〕馬彪：《秦漢豪族社會研究》，中國書店，2002年，第8頁。

間矛盾最爲尖銳呢？進一步言之，比之晚期帝國的明清等朝，從專制的嚴厲程度來看，漢還是相對寬鬆的時代，而明清商人與朝廷之間的關係，卻更爲融洽。這是爲何呢？

筆者認爲，這是由於：一、總的來說，西漢以後的專制政府在與商人集團進行博弈時，政治權力已佔據壓倒性的優勢，而商人群體卻比較弱勢。但在西漢，商人群體沿襲戰國以來的餘風，往往要與中央政府分庭抗禮，所以在這一時代所呈現的「封君皆氏首仰給」，在後世是萬萬不可能有的。一強一弱之下，後世的商人勢力討好朝廷成爲常態，衝突自然可以避免或淡化；而西漢在兩強相爭之下，必然會產生更爲激烈的後果。二、西漢之後，深受重創的商人勢力在向專制政治屈服的同時，與政治之間的滲透關係也在慢慢加強，也就是說，由異己力量逐漸轉爲了依附力量。我們注意到，後世的商人總是千方百計地討好政治，依附官員，儘量使自己納入國家系統。而西漢的「素封」們則不同，他們與政治權貴們有著心理上的平等性，《史記・貨殖列傳》說「素封」爲「布衣匹夫之人」，比之後世的商人，政治地位本來是最低的。但考慮到秦漢之際爲「一大變局」，那時，政治上的新貴們也是由平民層一躍而上，最後構建了「布衣將相之局」。作爲「布衣爭雄」的時代，「素封」以財勢抗衡於政治權勢，遂成爲了一種歷史的內在邏輯，同時也帶來激烈的衝突。三、西漢時代的商人還沒有被儒家思想所整合，他們沿襲戰國的縱橫、兵家之風，搶佔資源，推崇自利，缺少社會責任感，在倫理層面上無法與國家達成一致。《史記・平準書》曰：「不佐國家之急，黎民重困。」這也成爲了漢朝廷下定決心整治這一群體的內在動因。總之，西漢商人的鮮明特點及與專制政治的衝突，是歷史所帶來的後果，深入到這段歷史之中去進行深入探研，也就成爲了題中應有之義。

第三，西漢是一個秩序重構的時代，它本由政治勢力主導，但西漢商人以其財勢深度介入到了當時的政治之中，構成了對權力秩序的挑戰。這種挑戰任由發展，將會破壞秦漢社會長期形成的控制機制。這種控制機制，簡單說起來一是軍功爵制，二是基層社會的控制問題。

就軍功爵層面來看，西漢承襲秦以來的政策，要取得社會地位，就必須以軍功以及可抵軍功的事功作爲基礎。如果沒這一條，就失去了身份的合法性。這一點從蕭何之事就可以看出。眾所周知，漢家能贏得天下，蕭何居功甚偉。《史記・蕭相國世家》載，當天下已定，諸將爭功之時，高祖認爲蕭何

「功最盛」。然而，這在後世本是順理成章的事情，卻激起了武將們的反詰：「今蕭何未嘗有汗馬之勞，徒持文墨論議，不戰，顧反居臣等上，何也？」諸將反對蕭何的理由十分簡單：沒有軍功。這樣的態度逼迫著劉邦以「功狗」、「功人」來加以辯解，劉邦說，諸將們的貢獻如同獵狗，其功勞在於「追殺獸兔」；而丞相蕭何的貢獻如同獵人，以「發蹤指示」為特點，二者之高下不言而喻。也正因為如此，高祖在給功臣定位次時，諸將中「身被七十創」，被公認「功最多」的曹參列在蕭何之後，最終形成了「蕭何第一、曹參次之」的排序。我們注意到，高祖在為蕭何爭功時，純粹是從戰爭角度來突出其貢獻，這是由軍功爵的本質所決定的。不是直接軍功，也必須等同於軍功，如此才能獲得相應的地位。而老百姓如果不從軍，就不會有軍功或相類的事功，他們在軍功爵體系中如何獲得自己的空間呢？答案是以耕作為核心的農業生產。《史記・商君列傳》載：「僇力本業，耕織致粟帛多者，復其身，事末利及怠而貧者，舉以為收孥。」也就是說，在軍功爵體系下，做好農民，從事於農業生產，也是軍國體系所必需，它一樣可以抵充軍功，這也就是所謂的「耕戰」。

要之，在軍功爵之下，商人因其行業所限，是很容易被排斥和邊緣化的。具體說來，不從事農業生產的商人無法取得相應的爵位，其社會地位就居於下層，形成前所論及的「一低」。《史記・商君列傳》載：「明尊卑爵秩等級，各以差次名田宅，臣妾衣服以家次。有功者顯榮，無功者雖富無所芬華。」也就是說，在秦漢身份制之下，依照法律，「無功者雖富無所芬華」，這樣的規定不僅是一種生活待遇上的控制，也是一種身份上的等差及羞辱。對於擁有的財勢的西漢商人來說，造成的心理壓抑可以想見，所以他們要想方設法衝破這種禁錮。事實上，這一禁令是得不到他們認真執行的，《漢書・食貨志上》描述他們：「男不耕耘，女不蠶織，衣必文采，食必粱肉。」

不僅如此，他們還依據財勢，「因其富厚，交通王侯，力過吏勢，以利相傾」，在基層社會中把持一方。卜憲群指出：「商人勢力在政治上的另一危害性表現在他們企圖樹立獨立於國家秩序之外的所謂『私威』。」「清楚說明商人利用經濟實力形成社會威望，插手所在地的社會事務，構成了擾亂國家秩序的另一種政治勢力。」〔註8〕我們注意到，西漢是一個秩序重構的時代。從

〔註8〕 卜憲群：《秦漢社會勢力及其官僚化問題——以商人為中心的探討》，《江蘇行政學院學報》2006年第5期，第128頁。

特定視角而言，秦漢之際，秦政治大廈轟然倒地，漢統治者作爲起自民間的力量，最終轉爲了上層階級。這種政治巨變就使得在秩序重構中，西漢政權特別重視基層社會的建設，而在這樣的背景下，如果任由商人以財勢把持鄉里，不僅不利於國家政策的推行，也將顛覆已有的政治秩序。從特定意義上來看，這一類型的低端人群一旦控制了基層社會，就意味著漢政府國家控制的失效或弱化，從而爲專制政府所不容。所以，要維護統治秩序，對商人進行政治上的打壓，就成爲西漢政府的一大要務。而這些壓制措施，體現在法律上，就是對商人身份進行必要而有針對性的限定。

總之，對商人進行身份性的法律限定並非限於西漢一朝。但就政策性而言，西漢作爲帝制時代的典範和眞正開端，其所具有的個性及普適性，使其成爲古代社會的一個關鍵時段。故而，展開相關研究，成爲了題中應有之義。

二、法律限定的一般內容

總的來看，西漢推行著以抑商爲準則的商業政策，自然要在法律上對商人大力貶斥。晁錯說：「今法律賤商人」〔註9〕，即爲證明。晁錯的話不是空穴來風，就具體措施而言，西漢政府的的確確圍繞著這一目標，頒佈了許多有關法令條款。高敏曾就漢代抑商政策的內容總結了四個特點：「第一，是禁止商人作官的規定；第二，是禁止商人擁有私有土地的規定；第三，關於強制商人另立戶口；第四，是主要的集中地打擊鹽鐵商人的精神。」〔註10〕這其中的前三個特點，從總體上說（在具體情況下有一定變異，有時從表面上看來甚至差異還很大），是一個對西漢商人身份地位進行法律限度的很好的總結與闡釋。

首先，漢初立國不久，政府就在法律上明確宣佈：「市井之子孫亦不得仕宦爲吏。」僅就文字材料而言，這一規定出現在惠帝、呂后執政的時代，見於《史記‧平準書》中，是一條對高祖時代的法規作回應及修訂的文字，全文爲：「天下已平，高祖乃令賈人不得衣絲乘車，重租稅以困辱之。孝惠、高后時，爲天下初定，復弛商賈之律，然市井之子孫亦不得仕宦爲吏。」我們注意到，所謂「復弛商賈之律」，重點在「弛」，也即是，對高祖時代嚴厲的

〔註9〕《漢書》卷24上《食貨志》，第1133頁。
〔註10〕高敏：《試論漢代抑商政策的實質》，氏著：《秦漢史論集》，中州書畫社，1982年，第167頁。

商賈政策作寬鬆處理。但其所寬弛或放開的，主要是「衣絲乘車」的限定，理由在於，《漢書‧食貨志上》載有晁錯在文帝時代所上的《論貴粟疏》，其中對商人有這樣的描寫：「冠蓋相望，乘堅策肥，履絲曳縞。」在此，商人「衣絲乘車」已成為常態，則惠帝、呂后時代廢止了高祖時代的這一相關法令，是毫無疑義的。此外，從《論貴粟疏》「無農夫之苦，有阡陌之得」的論述中，也可以推定，或許「重租稅以困辱之」也被一併取消或削弱。要之，不管如何「弛商賈之律」，它所放開的是在經濟待遇方面的限定。政治上既然是「亦不得仕宦為吏」，一句「亦不得」，就足以說明，在高祖時代，已經有了商賈不得為官的規定，所以作為底線，為惠帝、呂后所遵守。概言之，商賈不得為官，為祖宗之制，是西漢立國以來的基本國策。

但這一基本政策，在文帝時代出現了一次重要的鬆動，即所謂的「貴粟拜爵」。前已言及，在文帝時代，晁錯曾上著名的《論貴粟疏》。這一奏疏最基本的要義在於，面對著商人富裕，農民貧困，從而出現民眾棄農從商的危局，出於糧食安全的考量，政府以糧食為獎勵的基本物品和槓桿，「使民以粟為賞罰。令募天下入粟縣官，得以拜爵，得以除罪。」在這樣的政策刺激下，商人可以通過購買糧食而取得爵位，而農民則由此從糧食市場獲得金錢，從而形成「富人有爵，農民有錢」的局面，最後達到刺激農業生產的目的。由前已知，商人本是排除在漢代軍功爵系統之外的人群。「貴粟」政策的出臺，無疑將商人納入了這一系統，這對商人政治地位的提升，有著轉折性的意義。孫忠家指出：「爵位是政治地位的一種象徵，商人通過這一途徑獲得爵位。他們的地位在政治上得到承認，這正是商人地位變化的表現。儘管文景時期對商人還有種種限制，但漢文帝採納晁錯的建議，推行拜爵令是對商人地位的承認，也是對傳統商業政策的改變。」〔註11〕

當然，官與爵的問題在漢代十分複雜。就本論題而言，有兩點值得注意，一方面，爵雖然不是官，但是它可以對應官階。如在張家山漢簡中，《二年律令‧賜律》中有明確的規定，從「關內侯以上比二千石」，到「上造、公士比佐史」，一一對應，十分清晰。由此，朱紹侯指出：「到了漢代就出現了官與爵相分離狀況，有爵者不一定有官，但有爵者仍可享受相應的官級待遇。」〔註

〔註11〕 孫忠家：《西漢商業政策探論》，《中國史研究》1995 年第 4 期，第 23 頁。

〔註12〕 朱紹侯：《從〈二年律令〉看漢初二十級軍功制的價值》，氏著：《軍功爵制考論》，商務印書館，2008 年，第 274 頁。

12）但另一方面，「爵」畢竟只是待遇，而不是官這樣的職事，隨著西漢「官重爵輕」局面的日漸發展，政府一直在堅守著「市井之子孫亦不得仕宦為吏」的底線。所以至西漢末，漢哀帝還一再重申：「賈人皆不得名田，為吏，犯者以律論。」〔註 13〕而東漢初，桓譚在給光武帝的上疏中，則回憶道：「（西漢時）先帝禁人二業，錮商賈不得宦為吏，此所以抑併兼長廉恥也。」〔註 14〕可見，在整個西漢一代，從總體上看，禁止商人為宦為吏的法律精神是前後一致的。

當然，我們也注意到，雖然從具體條文規定與操作層面上來看，似乎政府不是禁止所有類型的商賈為官，證據之一在於，前所言及的禁止為官之令，都是面向「市井之子孫」、「賈人」而來，這一名稱還不足於涵蓋所有的商人（關於這一點，將在後面專門論述）。證據之二就是，在武帝朝有很大一部份商人轉為了官員。但即便是這樣，我們說，它也只是一種特殊性，因為這些由商而官者一直為社會所不齒，得不到主流認同。如最能為商人說一些好話的司馬遷也在《史記·平準書》中，就「除故鹽鐵家富者為吏」，發出感歎道：「吏道益雜不選，多賈人矣。」再如桑弘羊因為是「洛陽賈人子」〔註 15〕，即便官都做到御史大夫了，在鹽鐵會議上，還免不了被人罵為「賈豎」，影射他是在「吏道雜而不選，富者以財賈官」的狀況下，「累功積日，或至卿相。」〔註 16〕言語間滿溢著輕蔑之情。這也從反面印證出，西漢時商人在吏道選拔上之艱難。事實上，對商人而言，在作官這一點上，其所受待遇是不平等的，仕進之途極為狹窄。

尤為重要的是，武帝時期看起來似乎成為一特殊期，慣例在這一時代被打破，商人終於可以為官。但揆之於史，具體情形要比這複雜得多。我們知道，漢武帝往往不拘常規選拔人物，如衛子夫為皇后，衛青為大將軍，他們本為奴婢，地位遠在商人之下，卻一個可以母儀天下；另一個統帥三軍。這樣的例子還有很多，如金日磾、李延年等，皆是如此。難道說武帝時期等級制度已經破壞殆盡了？當然不是。我們以衛子夫、衛青為例來加以說明，可以看到，他們姐弟二人的超拔，並不代表他們所屬的階層有絲毫的地位提升，

〔註 13〕《漢書》卷 11《哀帝紀》，第 336 頁。
〔註 14〕《後漢書》卷 28 上《桓譚傳》，第 958 頁。
〔註 15〕《史記》卷 30《平準書》，中華書局，1959 年，第 1429 頁。
〔註 16〕《鹽鐵論·除狹》，參見王利器校注：《鹽鐵論校注》，中華書局，1992 年，第 410 頁。

而是他們作為個體已脫離了這一低賤階層，躋身於權貴之列。同理，武帝時期雖然有大量的商人為官，但他們的身份早已改換，從商人階層中脫離了出來，所以史載，他們是「故鹽鐵家」，一個「故」字，就清晰表明了身份的轉換。當然，「故鹽鐵家」畢竟是從過商的，在那時，算是一個很不光彩的過去。毫無疑問，在社會結構和身份構成未發生革命性變革的狀態下，嚴格說起來，商人的做官資格是極為狹隘的，漢武帝時代應該也不例外。個別商人為官的意義只在於，作為個體，只要報效和服務國家，就可脫離這一階層，躋身於權貴，由此產生強大的激勵和示範的作用。但這種脫離，絕不可能是大規模的群體性轉換，而只能是由政治所把控的非常態舉措。

其次，在禁止商人擁有私有土地方面，漢政府也有明確的法律規定。《史記・平準書》載：「（武帝時）賈人有市籍者，及其家屬，皆無得籍名田，以便農。敢犯令，沒入田僮。」《索隱》曰：「賈人有市籍，不許以名占田也。」同時由前引「（哀帝時）賈人皆不得名田。」也可以知道，至少從武帝時代開始，至西漢末期，政府一直有著對商人的占田限定。

習漢史者皆知，漢武帝曾實施了十分嚴厲的抑商政策，在這樣的背景下，對商人占田進行限定，是不難理解的事實。而且，這一措施的出臺，其背景就在於商人佔有了大量的田地，《史記・貨殖列傳》曰：「以末致財，用本守之。」可見，佔有田地是那時商人致富後的首要而普遍的選擇。但問題是，此前為何不對商人實行田地的限定呢？這一寬鬆舉措是漢立國以來的傳統政策嗎？要解答這一問題，需回到前面所論及的軍功爵制及「貴粟拜爵」中去尋找答案。

一般來說，所謂的「名田」或「以名占田」，指的是在政府的允許下，將田地歸於私人名下的一種產權認定。它是私有制性質，但同時由於在國家管控下進行，又是一種有限的私有化。揆之於史，它的直接起點是從「商鞅變法」開始的。而所謂「變法」，當然要有與前不同甚至是劃時代的顯著變化。我們以為，商鞅變法後，有兩大變化特別值得注意，一是依託軍功爵制打造的軍國主義集權體制；二是資源分配中的私有化趨向。具體言之，「變法」之後的秦漢社會，一方面是將所有資源統歸於上，中央集權日益加深，反映出軍國主義及專制主義的走向；另一方面則是通過控制各種社會資源，以其為賞罰載體，並賦予較為充分的私有性質，激發出社會各階層服務集權國家的熱情與欲望。就本論題出發，需注意的重點是，田宅或田地作為一種重要物

品，它的擁有或私有化，也被納入了軍功爵系統，需政府承認或賦予。《史記‧商君列傳》載：「明尊卑爵秩等級，各以差次名田宅，臣妾衣服以家次。有功者顯榮，無功者雖富無所芬華。」按照這樣的制度精神，一般來說，沒有軍功，就失去了獲得田地的資格，從一定意義上來說，田地是賞給有軍功者的酬勞。基於此，朱紹侯指出：「名田制始於商鞅變法，名田制是軍功爵制的經濟基礎。」〔註17〕

眾所周知，漢代制度脫胎於秦制，加之漢王朝是在戰爭中建立的一代新朝，軍功爵制在漢初有著非同凡響的意義。無論傳世文獻，還是出土文獻，如「張家山漢簡」等之中，都能看出這一點，在此無須贅言。順此理路，可以看到的是，漢高祖五年（前202年），楚漢戰爭剛剛結束，天下重歸統一。在當年五月的一封詔令中，就已出現了「且法以有功勞行田宅」〔註18〕的詔令，高祖要穩定天下，酬勞軍功，明確宣佈按照「功勞」，這「功勞」就是軍功爵系統下的排序，來進行田地的賦予工作。而在張家山漢簡的《二年律令》中，《戶律》列出了每一級所佔的田宅數，並明確規定：「未受田宅者，鄉部以爲戶先後次次編之，久爲右。久等，以爵先後。」〔註19〕而一般來說，除個別例外，普通商人既然是排除在軍功爵系統之外的，那麼，在漢立國之初，應該就沒有獲得田地的政治資格，所以在此時，甚至根本用不著以法令來限制其擁有田地。

轉折點發生在文帝時代，此前軍功與田宅有著對應關係，是否佔有，以及佔有數量的多寡，有著明確的身份要求，不可隨意僭越，而此後則不加限制，土地兼併問題由此顯現。《漢書‧食貨志上》載西漢後期師丹之言道：「孝文皇帝承亡周亂秦兵革之後，天下空虛，故務勸農桑，帥以節儉。民始充實，未有併兼之害，故不爲民田及奴婢爲限。」師丹將文帝時代放開對田地的限制，歸因於「未有併兼之害」，是一種錯誤的認知，誠如楊振紅所指出的：「這種說法顯然難以成立，劉邦、惠帝、呂后時期較之文帝時應該更加沒有『併兼之害』，但是它作爲一項法令制度卻長期存在。」她還接著指出，是「爵的輕濫」動搖了「以爵位爲基礎的田宅名有制度」「文帝以後廣泛地賜爵更爲

〔註17〕 朱紹侯：《論漢代的名田（授田）制及其破壞》，氏著：《軍功爵制考論》，第285頁。

〔註18〕 《漢書》卷1下《高帝紀下》，第54頁。

〔註19〕 張家山漢簡二四七號漢墓竹簡整理小組：《張家山漢墓竹簡〔二四七號墓〕（釋文修訂本）》，文物出版社，2006年，第52頁。

興盛」，然而，「爵可以無限制地賜予，但土地資源卻是有限的，它不可能源源不斷地供給。」「文帝時鑒於名田宅制已名存實亡，索性不再加以限制，聽之任之。」〔註20〕

就本論題而言，可以看到的是，在文帝朝所謂的「爵的輕濫」，很多一部份原因在於對商人拜爵的放開，這一人群總體上處在爵位系統之外，有著強大的購買力和擁有欲望，體制一旦放開，如沖決的洪水，難以遏制。《漢書·食貨志上》載有董仲舒關於限制「名田」的主張，面對著「富者田連仟伯，貧者亡立錐之地」的危局，董氏認為，這是「民得賣買」的後果，雖結論尚可商榷，但當時的經濟力量對土地的身份限定所帶來的衝擊，是不難想像的。由前已知，在西漢，商人的經濟實力遠在一般農民之上，他們在進入軍功爵系統後，不但有了對田地擁有的合法性，更加之買賣的放開，可由此實現「以末致財，用本守之。」最終帶來了嚴重的社會問題。由於土地兼併問題不在本文的探討範圍之內，在此不加以展開，但特別要加以提出的是，武帝後禁止名田的是「賈人」或「賈人有市籍者」，它較為複雜，涉及到商人分層問題，在下文我們會具體展開。但在此可以推斷的是，總的來說，在禁止商人，尤其是市籍賈人擁有私有土地方面，西漢政府有一個禁止，放開，再最終禁止的過程。

第三，關於強制商人另立戶口，即市籍問題，在史書中有如下記載，《漢書·武帝紀》：「（天漢）四年春正月，朝諸侯王於甘泉宮。發天下七科謫及勇敢士，遣貳師將李廣利將六萬騎、步兵七萬人出朔方。」在《漢書正義》中，對於七科謫，張晏曰：「吏有罪一，亡人二，贅婿三，賈人四，故有市籍六，大父母有市籍七，凡七科也。」謫戍其實是一種罪犯式的強迫性軍役，在秦時已有此例，《史記·秦始皇本紀》載：「三十三年，發諸逋亡人、贅婿、賈人略取陸梁地，為桂林、象郡、南海，以適遣戍。」對此，晁錯解釋道：「秦民見行，如往棄市，因以謫發之，名曰：『謫戍』。先發吏有謫及贅婿、賈人，後以嘗有市籍者，又後以大父母、父母嘗有市籍者，後入閭，取其左。」〔註21〕可見賈人不但有市籍，而且在特殊情況下，有市籍的賈人還要徵發苦役，淪為與罪犯同等的地位！其地位之低是自不待言的。此外，《漢書·何武傳》

〔註20〕楊振紅：《秦漢「名田宅制」說》，《中國史研究》2003年第3期，第68～69頁。
〔註21〕《漢書》卷49《晁錯傳》，第2284頁。

中還有這樣的記載：「武弟顯家有市籍，租常不入，縣數負其課。」可見，有市籍者還得納稅，等等。由於這一問題牽扯面較廣，我們將在後面展開具體論述，在此不再贅論。總之，以上三方面是相輔相成的，在一系列身份地位的法律限定中，共同構成了貶斥商人的條件。

通過前引材料，我們對西漢時商人身份地位的法律限定，得到了一個總體上的粗略瞭解，但如果仔細考察，又會產生更多的疑問。在此需要鄭重提出的是，爲了論述方便，以上所給出的，都是整體上的歷史表現及狀態，倘具體化，則可以發現，法令所針對的，往往是商人中的某一特定階層，在文獻解讀中，往往會由此產生疑點，甚至是衝突。所以，既然以上所論只是一般事實，如再具體化，商人是怎麼分層的，有哪些權利和限制？實際的具體情形如何呢？等等。對於這些問題，有作細緻分析的必要。下面，就來具體探討這些問題。

三、西漢商人的分層與身份限定

關於商人，尤其是西漢商人的分層問題，在學界已有所討論，也產生了一些有啓發性的成果。但總的來說，泛論者居多。筆者以爲，要對當時的商人分層獲得更爲細緻的瞭解，深入到秦漢法令系統中，對商人進行身份解析，是不可迴避的路徑。而從身份法的角度來討論歷史上的商人分層，又特別需要注意如下的問題：1、不能以後世的眼光來加以裁割；2、一般泛稱與法令上的稱謂要加以嚴格的區分。將這樣的意識移之於本論題，就可以提出如下的問題：在西漢人看起來，哪些人才算是商人？他們的身份定位在哪？與今天的意識有何不同？在法律上可如何細分？等等。

習文史者皆知，今日的身份轉換與古代大不相同。概而言之，今日的身份流轉，一是自由而頻繁，尤其是商人階層，可能昨天還是學生，工人或者教師，明日就成爲了一名商人，只要你願意，你就可以，也會得到社會的承認。二是身份的兼顧及多面，就商人問題而言，除了公職人員有嚴格限制，一些人在從事商業活動之外，很可能是一名作家或者演員，也或者是居家的男女，但他（她）們只要有自己的商業實體或從事專門性的商業活動，就可以被視之爲商人，至於是什麼類型的商人，可另當別論。

而這樣的狀況，移之於古代中國，尤其是西漢，則圓鑿方柄，難以融通。

因為身份的自由流轉與頻繁，說明了政治控制上的鬆弛，代表的是今天的情形。而在古代，尤其是早期帝制的西漢，雖然已擺脫了先秦時代的世官世業，身份流動具備了相當的自由性，但總的來說，國家對各級人群的身份控制是較為嚴格的。具體說來就是，控制行業間的流轉，身份呈現單一特點，所以在那時，「禁人二業」成為了重要的政治手段。在士、農、工、商四民階層之中，你是什麼行業，處在哪個位置，不是說想換就可以換的。國家有嚴格的戶籍管理制度，不得到允許，尤其是由「農」轉「商」，往往會受到嚴厲的懲處，《史記·商君列傳》載：「事末利及怠而貧者，舉以為收孥。」正反映了這種制度精神。西漢承襲秦制，以及「重農抑商」的推出，都是為了防止農民轉為商人，更不用說由「士」或由「官」轉為「商」了。在這樣的背景下，我們注意到，西漢時代的商人身份，有著單一性和穩定性。所謂的單一性，就是你屬於商人階層，就是商人階層，而不能兼顧其它，而所謂的穩定性，則是在戶籍管理中，標示為商人身份，就不易轉換。前已論及，「故鹽鐵家」遭人鄙視；「故有市籍」者歸於七科謫之中，從而淪為苦役。一方面說明，即使擺脫原身份也遭到歧視，另一方面，正說明身份擺脫之難，穩定度之高。不僅如此，那時是以「家」或「戶」來實行人事管理的，一入商籍，不僅個人難以擺脫這一身份，後代也受牽連，在七科謫中，因「大父母、父母嘗有市籍者」而遭苦役就說明了這一點。

由此，考察那一時代的商人階層，不僅要看他們是否從事了商業活動，更要看他們在戶籍管理及法律身份上，是否歸屬於商人階層。有些學者不明白這個道理，用今天的行業標準來劃定身份，遂使得和古代理念難以契合。如有學者在討論先秦兩漢的商人分層時，這樣論道：「按照經營方式將古代商人分為：政商（依靠政治勢力經營商業）、儒商（知識型理論型商人）、素商（依靠自身的辛勞勤奮致富）、黑商（以不法手段斂財）四個層次。」具體到西漢，甚至張安世、霍禹這樣的大官僚都被其視之為商人。〔註22〕然而，由法理及戶籍管理視角來看，在那樣一個身份制的社會，「士」、「農」、「工」、「商」之間界限分明，有著嚴格的國家控制與法律限定。如果嚴格一點看，那時哪有什麼「政商」、「儒商」，政界中人及儒門中人，由於實際利益或其它原因，

〔註22〕嚴清華、方小玉：《先秦兩漢商人分層之變遷及其政策分析》，《武漢大學學報》（人文科學版）2009 年第 3 期，第 346、347 頁。

可能會介入商業活動，但那畢竟是「賈豎之事，污辱之處。」要給他們加上一個「商」的名義，那真是極盡侮辱之事。也就是說，在那時的觀念中，「政」是「政」，「儒」是「儒」，「商」是「商」。「政」、「儒」與「商」之間，高下不同，不能混淆。

職是故，在西漢時代，從事商業活動者雖涉及各種人群，但由於「禁人二業」，身份先定，它高於商業活動本身，其它人群固然不宜從事商業活動，但即使介入，也並不會被時人界定為商人。就官員及高層人員而言，它可以被視之為越界的不當或違法行為。如《漢書·貢禹傳》載：「欲令近臣自諸曹、侍中以上，家亡得私販賣，與民爭利，犯者輒免官削爵，不得仕宦。」「近臣」們參與買賣，但不是商人身份無疑。而普通百姓只要不是將商業活動作為專門性的職業行為，零散的商業交易是允許的。如劉秀在讀書時通過租賃毛驢而獲得資金，再如史書載：「元始四年，起明堂、辟廱，長安城南北為會市，但列槐樹百行為隊，無牆屋。諸生朔望會此市，各持其郡所出貨物及經書、傳記、笙磬、器物，相與賣買，雍容揖讓，或議論槐下。」〔註 23〕他們以儒生身份作生意，但在當時的身份認定上，並不作為商人看待。

要之，在商品經濟發達的西漢時代，商業活動與商人身份是不同的兩個層面，前者作為經濟活動，雖主要由商人參與，但其它人群也可以介入；後者雖以商業活動為依託，但它的落腳點及合法性則來自於法律上的規定。也就是說，西漢時代身份具有固定性，並由法律承認和規定，時人不會因為商業活動而認定某人為商人，而事實上恰恰是反過來的，先認定你的身份，再以此資格從事這一行業。如果你不是商人，卻長期固定地從事商業活動，使其成為職業或類職業行為，就會受到指責甚至是懲罰。因為在那樣一個身份制的社會裡，身份決定行為，而不是行為決定身份。所以，如果回到西漢時代，就可以看到，在身份社會中，國家嚴格控制著各種人群，商人是有著明確身份指向的法律概念，而不僅僅是對從事商業活動的人群進行泛稱。由嚴格的身份而言，「商」就是「商」，它可以滲入「政」與「儒」，但它終歸不是「政」與「儒」。而就社會分層的角度來看，在「士農工商」的「四民」社會

〔註 23〕《後漢書·光武帝紀上》注引《東觀記》：「資用乏，與同舍生韓子合錢買驢，令從者僦，以給諸公費。」《太平御覽》卷 826 引《三輔黃圖》，本文中所引用版本俱為陳直校正的《三輔黃圖校正》（陝西人民出版社 1980 年），但此節文字今本中無，故引自於《太平御覽》。

中,「商」不僅屬於「民」,而且是「民」的最低端。也所以,商人們不管如何財勢薰人,只能是「素封」;不管如何欺凌農民,在法律上卻是「賤商人」,「尊農夫」。〔註24〕

當然,我們也注意到,就語義及實際狀態來看,「商」或者「商人」只是一個整體性的總稱,與「士」、「農」等社會層級相較,商人階層在內部份化上,似乎更為複雜與細碎。簡單說來,西漢時代的商人階層為三加一的結構,就主流商人群落而言,有三個層次,即商人、賈人、有市籍者,一層套一層,每一層身份地位都低於前一層。商人範圍大於賈人,賈人大於有市籍者,其中賈人為核心,不僅在概念上常與商人互換,也是法令所貶斥的有明確指向的第一層級群落。至於「一」,則是較為邊緣的逆旅。下面,具體論之。

先從商人與賈人的問題說起。

翻檢資料,「富商大賈」、「商賈」、商人等稱謂頻繁出現,「商」與「賈」常常互通互訓,「商賈」也由此成為了一種專稱,如《周禮‧天官‧大宰》曰:「六曰商賈,阜通貨賄。」但分而言之,「商」、「賈」又有所不同。鄭玄注曰:「行賣曰商,坐販曰賈。」則從狹義上說,商人為行走之商,賈人為市場經營者。但我們注意到,在西漢,商人一般都用其廣義,不僅包含了行商,賈人等皆包含在內。如晁錯在討論商人問題時,曾有這樣的表述:「商賈大者積貯倍息,小者坐列販賣,操其奇贏,日遊都市,乘上所急,所賣必倍。」這段話中包括了狹義的商和賈,但晁錯對這種身份之人最後使用了商人的總稱,認為以上情況造成了「此商人所以兼併農人也,農人所以流亡者也。」〔註25〕

而「賈人」雖然由於語義的互訓,有時可以與商人概念互通、互換,如《左傳》昭公十六年有:「韓子買諸賈人,既成賈矣,商人曰」,云云。又如,西漢的鹽鐵商人勢力強大,司馬遷在《史記‧平準書》中就「除故鹽鐵家富者為吏」,發出感歎道:「吏道益雜不選,多賈人矣。」將這些鹽鐵商人稱之為「賈人」。但總的來看,賈人是相對次一層級的商人群體。除了範圍小於商人,還在於作為市場經營者,其地位低於非市場經營商人。揆之於史,可以發現,漢代的大商人們並不在市場上從事經營活動,《史記‧貨殖列傳》載:「此其人皆與千戶侯等,然是富給之資也,不窺市井,不行異邑,坐而待收,

〔註24〕《漢書》卷24上《食貨志上》,第1133頁。
〔註25〕《漢書》卷24上《食貨志上》,第1132頁。

身有處士之義而取給焉。」這樣的人與賈人及地位更低的有市籍者相比較，
不可同日而語。所以在《史記‧司馬相如列傳》中，司馬相如與卓文君私奔
後，在臨邛市場中賣酒，其丈人「卓王孫聞而恥之，爲杜門不出。」卓王孫
自己是大商人，可是他對司馬相如的坐賈行徑卻深以爲恥，商人地位上的分
化可見一斑。《史記‧貨殖列傳》引當時的民諺：「千金之子，不死於市。」
亦可見大商人的確是不同於賈人的，如果政府在法律政策等方面對商人、賈
人沒有區別對待，僅靠民間風尚是難於達到這種效果的。

由此，我們就可以發現，如果嚴格一點去看，在傳世文獻中，就西漢的
法律條文而言，對商人的種種限定，其具體指向一般都是賈人及其下一層級
的有市籍者。質言之，後世之人在論述這一事實時，雖往往概而言之，但西
漢的法律條文，卻是明確而具體的。

例如，前引桓譚的話中有「先帝禁人二業，錮商賈不得宦爲吏」之語，
但此處商賈是指全部商賈還是指一部份呢？《漢書‧高帝紀下》載：「（八年
春三月令）賈人毋得衣錦繡、綺、縠、絺、紵、罽，操兵，乘騎馬。」《史記‧
平準書》曰：「天下已平，高祖乃令賈人不得衣絲乘車，重租稅以困辱之。孝
惠、高后時，爲天下初定，復弛商賈之律，然市井之子孫亦不得仕宦爲吏。」
我們注意到，史書中所出現的限定都是針對賈人的，雖高祖時對賈人的法律
限定，至惠帝、高后時，有一次重大的改動，然而賈人不能作官的法令並未
廢除，而這個不能作官的賈人群範圍有多大呢？《漢書‧景帝紀》中載有一
則景帝後元二年五月的詔書：「今訾算十以上乃得官，廉士算不必眾，有市籍
者不得宦，無訾不得宦，朕甚愍之。訾算四得官，亡令廉士久失職，貪夫長
利。」可見，不准作官的是指有市籍的賈人。〔註26〕而其它賈人雖宦道艱難，
但在理論上或許是可以作官的，如前引《史記‧平準書》中就有「吏道益雜
不選，多賈人矣」的記載，即爲證明。當然，他們做官，是在脫離商籍之後，
實現換籍才能實現，但有市籍者連這一可能或許都被堵死了。關於這一問題，
有學者以爲：「這是漢景帝繼惠帝、高后『弛商賈之律』之後，復開『市井之
子孫亦不得仕宦爲吏』之禁也。……這實在是給商賈與廉士這種人大開利祿
之途的嚆矢。」〔註27〕但我們從以上材料，再比照景帝前後的史料所反映的

〔註26〕 高敏在《關於秦漢時期商賈的市籍制度》中亦持此觀點，見《秦漢史論集》，
第373頁。
〔註27〕 王利器：《鹽鐵論校注》前言，中華書局，1992年。賀昌群亦持類似觀點，賀
氏觀點轉引自高敏：《關於秦漢時期商賈的市籍制度》。

情況，可以看出，它們是連貫統一的，中間沒有大的變化，在景帝詔書中也根本看不出他對「有市籍不得宦」的改動，他所改變的不過是「訾算四得宦」，即降低以貲為官的財產標準而已。

總之，從高祖起，漢政府一直針對賈人（史書中出現的不是商人字眼）下達抑商令，而惠帝、呂后時的變革底線，則是「市井之子孫不得仕宦為吏」。而結合以上材料，對於此句，我們又不難得出以下兩點看法：一是既然高祖所頒法令，一開始就是針對「賈人」的，則呂氏時所言「市井之子孫」應在賈人範圍之內；二是從《景帝紀》中，既已看到「有市籍者不得宦」的字句，則「市井之子孫」是指「賈人」中有市籍者。進一步理由還在於，在前引材料中，可以發現，史書中市籍都是與賈人（沒有出現商人字眼）聯繫在一起的，即在市場中，那些販賣者登記入冊，另立一籍，謂為市籍。此外，《漢書‧武帝紀》載：「初算緡錢。」臣瓚曰：「《茂陵書》諸賈人末作貰貸，置居邑儲積諸物，及商以取利者，雖無市籍，各以其物自占，率緡錢二千而一算。」據此，我們可以映證推出，有市籍者是賈人；同時，不是所有賈人都是有市籍的，也即：有市籍者為賈人，賈人不一定為有市籍者。

關於市籍問題，在下文集中討論，此處不再展開。下面，主要看看與賈人形成比照的非賈人型的商人。徵之史籍，西漢政府對他們還是相對較客氣的。如「（高祖九年）十一月，徙齊楚大族昭氏、屈氏、景氏、懷氏、田氏五姓關中，與利田宅。」〔註28〕這些人中有很大一部份就是富商大賈，太史公說：「關中富商大賈，大抵盡諸田，田嗇、田蘭。」〔註29〕即指上述的田氏，對於他們，不但不像對賈人那樣苛酷，而且在他們遷徙之後還給予了田宅等以為補償。當然，他們可能是特例，又或許有軍功，但不管怎麼說，與有市籍者被謫發相比，有著天壤之別！但為何要遷徙他們呢？被遷徙者是不是又一定是富商呢？《史記‧貨殖列傳》曰：「漢興，海內為一，開關梁，弛山澤之禁，是以富商大賈周流天下，交易之物莫不通，得其所欲，而徙豪傑諸侯強族於京師。」這是為上述疑問作下的最好注腳。請注意，「而徙豪傑諸侯強族於京師」，是由於「富商大賈周流天下，交易之物莫不通，得其所欲。」兩者間關係極為緊密，「而徙豪傑諸侯強族於京師」不是突兀而來的，其作為前者，後者是它的起因和條件。

〔註28〕 《漢書》卷1下《高帝紀下》，第66頁。
〔註29〕 《史記》卷129《貨殖列傳》，第3261頁。

當然，我們不是說，所有被遷徙者都是富商，但其間富商佔了很大一部份，以及此舉與富商這一階層間的關係，則是不可忽略的。《漢書‧地理志》曰：「漢興，立都長安，徙齊諸田，楚昭、屈、景及諸功臣家於長陵。後世世徙吏二千石，高訾富人及豪傑併兼之家於諸陵，蓋亦以強幹弱枝，非獨爲奉山園也。」這裡面，吏、功臣等且不去講它，「高訾富人」中很多是富商，而「併兼之家」一語，我們在《鹽鐵論‧禁耕》中亦可以找到相似的文句，針對鹽鐵商人，文中論道：「夫權利之處，必在深山窮澤之中，非豪民不能通其利。」又說：「私門成黨，則強禦日以不制，而併兼之徒奸形成也。」所以在很大程度上，它也是指富商。但是，西漢政府並不會也不可能給商人崇高的地位，前引材料中所反映的情況不過是經濟上的坐大所帶來的連鎖反應，作爲一個抑商政策盛行的時代，商人政治上的地位高不到哪裏去。前面，我們談到了賈人和市籍者，在「法律賤商人」的社會裏，在賈人身份之外的商人，雖然情形好一些，但法律上也不會不有所反映，否則「法律賤商人」就無從談起了。《史記‧李將軍列傳》中在說到「良家子」時，《索隱》引如淳曰：「（良家子）非醫巫、商賈、百工也。」這是漢法律上賤商的明證，當時的法律條文，已將商人打入了「賤民」的行列，這就不是單單對賈人而言了。既非「良家子」，也就難怪商人即便爲官，也會爲人所瞧不起。

所以，如前所述，西漢時商人的主流層級分爲三個層次，即商人、賈人、有市籍者，其中商人包括賈人；賈人包括有市籍者，一層套一層。對有市籍者而言，其地位如同罪犯，不能作官、占田，還有可能被謫戍；無市籍的賈人好一點，法理上而言，可爲官、占田，但備受歧視，穿衣乘馬等都受限制，以示與其它民眾的區別；非賈人的商人無以上限制，但作爲整個商人群在法律上都淪爲「良家子」以外的人群，其地位在法律上也是低的。以上三層次，一層比一層權利少；一層比一層限制多。

但在商人群體中，還有一種邊緣人群比之他們地位更低，那就是行走於外的商旅，在秦漢時代被稱之爲逆旅。在睡虎地秦簡所引的《魏戶律》中，它首次出現，具體文字爲：

> 告相邦：民或棄邑居壄（野），入人孤寡，徼人婦女，非邦之故
> 也。自今以來，叚（假）門逆呂（旅），贅婿後父，勿令爲戶，勿鼠
> （予）田宇。

關於逆旅或叚「（假）門逆呂（旅）」，竹簡整理小組解釋爲：「假門，讀爲賈

門，商賈之家。逆旅，客店。」並據此認爲：「經營商賈和客店的，……都不准立戶，不分給田地房屋。」〔註30〕但這個說法是不準確的。回到我們的論題，漢承秦制，西漢的商業或商人政策就承自於秦，雖然對商人百般限定，但還看不出對他們不立戶籍的規定，而且據《史記·汲鄭列傳》，武帝時期，賈人們曾因出售商品給少數民族而獲罪，大臣汲黯爲之辯解道：「愚民安知市買長安中物而文吏以爲闌出財物於邊關乎？」應劭注曰：「律，胡市吏民不得持兵器出關，雖於京師市買，其法一也。」研究者指出：「秦漢時期還常以『吏民』指稱『戶籍民』。」〔註31〕則由此可以明瞭的是，賈人地位雖低，但還是被納入了「吏民」範疇，是戶籍民。而「假門逆旅」與「贅婿後父」一起，是被排斥在國家主流系統之外的人群，不立戶籍，地位明顯低於一般商賈。而且，它排在「贅婿後父」之前，按常理，地位應該更低。

關於「假門逆旅」，在學術界多有討論，至今很難說有完全統一的意見。限於論題，在此不作具體展開，容待以後專文論述。僅就本論題而言，筆者認爲，「假門」可先存而不論，但「逆旅」明顯就是商人群體。但這一商人群體不是所謂的客店經營者，理由在於他們居於墅（野），是城外的居民，而開店是要在人流密集之地，不要說未處鬧市，自己都是棄邑野居。荒郊野外的，怎麼開店？我們同意楊禾丁的說法，他們是販運商。〔註32〕理由在於，《易·復》曰：「商旅不行」。《左傳》襄十四年則有：「『商旅於市」杜注曰：「旅亦是商」。《周禮·考工記》總目說：「通四方之珍異以資之，謂之商旅。」鄭注曰：「商旅，販賣之客也。」可見在古文獻中，「旅」就有販運商的意思。

但爲什麼逆旅的身份更低呢？這與國家的社會控制政策有關。根據有關研究，漢代的居民大多住在城郭之內，城郭內設立鄉里等基層管理機構，張繼海指出：「『城郭』與『鄉里』是同義的。所謂『鄉里』，似乎應該理解爲具有城郭形態的鄉邑中的里。」〔註33〕之所以如此，一方面固然延續了先秦以來的國野制度而加以擴展；另一方面，顯然是爲了控制民眾。由於「逆旅」

〔註30〕 睡虎地秦墓竹簡整理小組：《睡虎地秦墓竹簡》，文物出版社，1990年，第175頁。
〔註31〕 袁延勝：《懸泉漢簡「戶籍民」探析》，《西域研究》2011年第4期，第9頁。
〔註32〕 楊禾丁：《論秦簡所載魏律「叚門逆旅」》，《四川大學學報》（哲社版）1993年第1期，第107頁。
〔註33〕 張繼海：《漢代城市社會》，社會科學文獻出版社，2006年，第73頁。

起居不定，不能「地著」，他們的特點應該是風餐露宿，不居於城內，流動性大。作爲國家難以控制的力量，受到打壓，也就在情理之中了。

四、市籍問題

前已論及，賈人中的有市籍者，地位偏低。爲什麼會產生這一狀況呢？具體情形到底如何？關於這一問題，雖已有學者展開過相關研究，給了我們很好的啓發，但就筆者看來，還存在著若干缺失，甚至一些誤讀，故而還有研究的空間與必要。爲了更深入地瞭解西漢商人的身份限定問題，下面，我們就在相關史料及前人成果的基礎之上，補缺糾偏，從四個方面加以討論。

（一）性質與範圍

由詞義來看，所謂「市籍」，就是市場經營者所特有的名籍。但這一名籍，其性質如何、範圍多大呢？在學界，很大一部份學者認爲，市籍具有戶籍的性質，商人們一般都有市籍。如朱紹侯說：「由於秦漢政府執行著重農抑商政策，對於商人仍不承認其與一般編戶有同等的社會地位，而特別規定商人入市籍（商籍）。」〔註34〕而陸建偉則論述道：「『籍』是針對於人身的。表面上，所有經商之人都必須登錄市籍，用市籍來有效地控制住商賈的人身，使商品生產和交換活動處於封建國家的監控之下。」〔註35〕

由於市籍與人的身份地位密切相關，加之秦漢按照戶籍來分派田宅，由前已知，在這種分配中，有市籍者爲例外，由於這種特別說明是針對有戶籍的編戶民來說的，這就恰恰證明，市籍很可能具有戶籍性質，故而，筆者審愼地接受學界的這種一般認知。但是，筆者不同意的是市籍的適用範圍。也就是說，我們不認爲市籍是可以覆蓋整個商賈階層的。前已論及，主流商賈階層，由商人而賈人；賈人而有市籍者，範圍層層遞減，有市籍者不僅不能覆蓋整個商人階層，甚至賈人階層中都有無市籍者，所以，法令中才會規定：「賈人有市籍者，及其家屬，皆無得籍名田。」如果所有的賈人，甚至商人階層都有市籍，這樣的強調就沒有任何必要了。也所以，市籍只適用於特定人群。〔註36〕

〔註34〕朱紹侯：《秦漢土地制度與階級關係》，中州古籍出版社，1985年，第204頁。
〔註35〕陸建偉：《秦漢時期市籍制度初探》，《中國經濟史研究》1999年第4期，第24頁。
〔註36〕在本文修訂過程中，筆者注意到陳乃華在《論漢代的市》（《山東師範大學學報》（人文社科版）2001年第2期，第93頁）中，也指出：「不是所有經商的人都有市籍。」比筆者在原文中提出這一點，在時間上稍晚。

　　那麼，他們是些什麼特定人群呢？答案是居住在「市里」的商人，「里」就是那時的居住單位。這應該溯源於管仲時代的「四民分業」，士農工商各自分離，按照行業聚居在一起，《國語・齊語》載：「四民者，勿使雜處，……昔聖王之處士也，使就閒燕；處工，就官府；處商，就市井；處農，就田野。」延續到秦漢，大部份百姓居住於「鄉里」，一部份市場經營者因要「就市井」，統一居住於「市里」。陳乃華指出：「在漢代，作為一個行政區劃的市，它應該包括從事商業活動的『市』和環繞著市的，並在行政上附屬於市的建制的商人家居的『里』。而這種商人家庭集中居住的里，正是市籍制度的基礎。」〔註37〕

　　就詞義而言，我們還注意到，市籍主要出現在西漢，東漢未見。後世雖有「市籍」名義，但一則已然十分少見，二則它指的不是居住於市里之人，如在《隋書・李諤傳》中雖有「錄附市籍」之說，但所針對的是「臨道店舍」，與西漢時代在意義上已微有不同。故而，學界有人認為，市籍在東漢後就被廢除，如高敏認為，其廢於王莽時。〔註38〕關於這一問題，有兩條材料值得注意，一是《史記・平準書》：「（武帝時）賈人有市籍者，皆無得籍名田，以便農。」另一則是《漢書・哀帝紀》：「賈人皆不得名田、為吏，犯者以律論。」細繹這兩段不許賈人占田的法律，可以發現，哀帝時已無「賈人有市籍者」的說法，或許哀帝時市籍已廢，故無須再區別賈人有無市籍。

　　不管這一觀點是否成立，但我們可以由此推定的是，西漢是對市籍最為看重的時代。之所以如此，大概應該是三大因素互動結合的結果。一是西漢去春秋戰國未遠，所沿襲的四民分業、分居政策及理念依然存在；二是承接秦以來的專制主義，在人身控制和戶籍管理方面還很嚴；三是商品經濟發達，商品市場和城市經濟有很不錯的發展空間。所以，如果審視中國古代的商品經濟史，就可以發現，唐宋以來雖然商品經濟或城市經濟有很大的發展，但人身及戶籍控制，至少是居地控制，已經開始鬆弛；而東漢以來商品經濟開始走下坡路，自然經濟的發展成為主流形態，故而，它們都缺乏了支撐市籍的某些養分。也所以，市籍盛於西漢一朝，而不是其它時代。

〔註37〕陳乃華：《論漢代的市》(《山東師範大學學報》(人文社科版) 2001 年第 2 期，第 93 頁。
〔註38〕關於這一點，可參看高敏：《關於秦漢時期商賈的市籍制度》，氏著：《秦漢史論集》，中州書畫社，1982 年。

（二）市籍的意義

我們以為，就商品經濟的發展來看，西漢時代很重要的特點就是市場和交換的發達，從而使得城市經濟成為當時的一大亮點。何茲全曾指出：

> 我國秦漢時期，是城市支配農村的時代。城市商品交換經濟的發達、發展，把農村生活、農業生產也捲入商品交換經濟中來。農業是交換經濟的附庸，農村是城市的附庸。在經濟發展道路上，是農村跟著城市走，不是城市跟著農村走。支配，是決定性力量。
> 〔註39〕

如揆之於史，何氏所論的狀況，其典型表現應主要體現在西漢時代。習經濟史者應知，兩漢之間是經濟社會發展的一個分水嶺，傅築夫曾說：「到了西漢末年，便隨著那時一次巨大的經濟波動，所有在西漢年間發展起來的商品經濟和貨幣經濟都一起崩潰下去。」〔註40〕此論的具體觀點或可商榷，但所揭示的深刻變化，卻是不爭的事實。與此同時，我們也知道，西漢的商品經濟是由政治所拉動，看似發達，其實是一種變態的商品經濟。〔註41〕這種變態的商品經濟，從本質上來說，就是要使得在政治對商品經濟實現完全控制的前提下，取得發展平衡。而這種控制要落到實處，就在於必須控制住市場及市場經營者。而市籍，則是控制住市場經營者的重要手段。

這種控制中的具體情形如何，就現有材料已難以做出直接的回答，但由於漢承秦制，可以從秦制開始進行合理的推斷。睡虎地秦簡《金布律》載：「賈市居列者及官府之吏，毋敢擇行錢布，擇行錢布者，列伍長弗告，吏循之不謹，皆有罪。」有學者根據這一條文，提出：「文中提到了『賈市居列者』和『列伍長』，表明秦已把商賈編入市籍，並建立起五家一伍的什伍之制。以便控制、管理工商業人口，徵收各種稅目。」〔註42〕遵照一般通識，西漢在市籍及相關問題上，應該也是遵循著這一辦法。需要指出的是，這一管理模式雖與市籍相關，但未必是市籍之下的制度舉措。理由在於，列是市場單位，不是居住單位，指的是鋪設的店面或攤位，呈現的是

〔註39〕 何茲全：《戰國秦漢商品經濟及其與社會生產、社會結構變遷的關係》，《中國經濟史研究》2001 年第 2 期，第 5 頁。

〔註40〕 傅築夫：《中國經濟史論叢》，第 20 頁。

〔註41〕 關於這一點，可參看本書中的拙文《試析秦漢重農抑商的幾個問題》第二部份，本文不再展開。

〔註42〕 張弘：《戰國秦漢時期商人和商業資本研究》，齊魯書社，2003 年，第 365 頁。

一種市場管理方式。在秦漢文獻中，「列」或者「列肆」是常見語，如《漢書‧食貨志上》有「商賈大者積貯倍息，小者坐列販賣」之語，《史記‧平準書》則曰：「今弘羊令吏坐市列肆，販物求利」。而市籍則與居住的「市里」有關，其人群範圍，除了商業經營者本身之外，所謂「市井之子孫」一併在內。而《金布律》中所揭示的，應該只是一種經濟管理行為，進一步言之，不見「市井之子孫」的存在，加之有「官府之吏」涵蓋在內，它應該是面向經營者、管理者，甚至所有人群的法律規範，因而，與確定特定身份的「市籍」層面不能劃上等號。

雖不能畫上等號，但前已論及，這一管理模式與市籍相關。簡單地說，「列伍長」應該是有市籍者。我們知道，在秦漢時代，這種什伍之制主要在商鞅變法之後逐次推開。它的主要適用面在戶籍管理上，通過五家一伍，兩五一什，互相糾察告發。既然市里之中的商戶們是以什伍之制加以控制和編排的，市場中的列伍長，應該就是從這種家庭的什伍之制發展而來。但市場中的什伍與市里中的什伍會是合一的嗎？也就是說，他們是否是按照在市里的戶籍安排，在市場上擺攤設點呢？限於材料所限，無法確證這一點。然而，什伍之制的要害，在於固定與控制，也就是說，列伍長們應該是職業商人，而不應該是臨時商販，由此，以有市籍者擔當最為合理。為了管理的方便，很可能在不打散市里建制的基礎上，原則上將其移之於市場管理。

而就管理層面而言，我們注意到，戰國秦漢以來，對於市籍商人有兩套管理系統，一是居住地的管理；二是市場上的管理。西漢的具體狀態如何，限於材料，已無法直接論證，但我們完全可以參考相關戰國材料加以佐證，那就是 1972 年在山東臨沂銀雀山出土的西漢簡牘。其中特別引起我們注意的，是齊國法律《守法守令等十三篇》五《市法》。由於商人分業聚居模式來自於齊，且不說在研究市籍問題時，齊地法律有著當然的參考價值，這套齊律能受到西漢人的重視，從而成為今天的出土文獻，也從側面證明了它對漢代法律有著重要的影響。基於這樣的原因，它對我們研究西漢問題，應該有著重要的參考價值。翻檢材料，我們以為，有三條簡文特別關鍵：

2441……利之市必居邑（守‧五）

2066……□也市嗇夫使不能獨利市邑嗇夫……（守‧五）

2353……□職於肆列間（守‧五）〔註43〕

〔註43〕吳九龍：《銀雀山漢簡釋文》，文物出版社，1985 年，第 134、119、130 頁。

根據 2441 簡，可知市場經營者集中聚居。陳乃華說：「這可以理解為：在市中從事商業謀利的人必須要在邑中獲得居住權。」他還進一步指出：「在齊國的《市法》中，商人集中居住地點叫作『邑』。」〔註44〕而根據 2066 簡，可知當時管理居住地的稱為「邑嗇夫」；而管理市場的則為「市嗇夫」。2353 簡所言的「職於肆列間」，則應該是市嗇夫的職責所在。

揆之於秦漢歷史，與之大多吻合。我們看到，雖然漢以後，在基層管理中，鄉、亭、裏等名稱更為盛行，但「邑」也沒有完全消失，而且作為居住單位的名稱，並不限於商人。如《漢書·高帝紀上》載：「沛豐邑中陽里人也。」顏注曰：「豐者，沛之聚邑耳。方言高祖所生，故舉其本稱以說之也。此下言『縣鄉邑告喻之』，故知邑繫於縣也。」而《史記·平準書》則曰：「廢居居邑，封君皆低首仰給」，「諸賈人末作貰貸賣買，居邑稽諸物。」當然，隨著「邑」作為基層行政單位的逐漸棄用，西漢以後的管理人員是否有邑嗇夫這樣的名號，已經不得而知。但是，市嗇夫這一官稱在漢代文獻中卻可以發現。《漢書·何武傳》載，宣帝時，「（何）武兄弟五人，皆為郡吏，郡縣敬憚之。武弟顯家有市籍，租常不入，縣數負其課。市嗇夫求商捕辱顯家，顯怒，欲以吏事中商。」市租是什麼？作為商業稅的一種，它並不是經營稅，而是一種市場管理稅，關於這一點，筆者已有專文論述，此處不再展開。〔註45〕但問題是，市嗇夫是市場管理人員，市籍是一種戶籍管理，市嗇夫又為什麼可以根據戶籍去徵稅呢？這樣就回到了前面所論述的問題，市場的列伍很可能與市里的什伍是一致的，為了管理的方便，很可能在不打散市里建制的基礎上，原則上將其移之於市場管理。

（三）市籍的功能

陸建偉認為，有四大功能：「首先，市籍是商賈的戶籍。」「其次，市籍是商賈經商的許可證。」「其三，市籍是國家向商賈徵收市租的依據。」「其四，市籍是官府管理商業貿易活動的工具。」〔註46〕這四條中，第一條已經在前文中加以論述了，不再贅論；關於第三條市租問題，筆者有專文討論，

〔註44〕陳乃華：《論漢代的市》(《山東師範大學學報》(人文社科版) 2001 年第 2 期，第 93 頁。

〔註45〕拙文：《漢代「市租」新探》，《中國社會經濟史研究》2000 年第 4 期，已收入本書，題為《漢代「市租」探論》，敬請參看。

〔註46〕陸建偉：《秦漢時期市籍制度初探》，《中國經濟史研究》1999 年第 4 期，第 24～26 頁。

後文有必要涉及的，將簡要加以討論，不作具體的展開；而第四條不僅較爲虛化，而且也容易獲得理解，不存在太多歧異，在此也不再討論。下面，我們要討論的主要是第二條：「市籍是商賈經商的許可證。」

市籍是商賈經商的許可證嗎？對此，筆者持保留意見。我們的基本觀點是，由常理而言，有了市籍，當然具備了經營的合法性；但沒有它，也可以從事經營活動，這一點在前面已經作過論述，筆者在此再次重申這一觀點。我們注意到，陸建偉所持觀點的依據主要在於《漢書·酷吏傳·尹賞》中的一段材料，說的是長安令尹賞對「長安中輕薄少年惡子」痛下殺手，以整肅治安。史載：「雜舉長安中輕薄少年惡子，無市籍商販作務，而鮮衣凶服被鎧捍持刀兵者，悉籍記之。」師古曰：「籍記，爲名籍以記之。」這些被記上名籍的人最後遭到慘烈的殺戮，「皆相枕藉死。」由於材料中有「無市籍商販作務」的記載，陸氏認爲：「從法律上講，有市籍方可經商，無市籍則不准經營，否則視爲違法行爲。」「在管理嚴格時，無市籍經商者會被清理出市場。」〔註47〕

但我們注意到，尹賞所要嚴厲懲處的並不是商業經營，而是治安問題，再次檢視《酷吏傳》，可以發現，事情的起因在於，「長安中輕薄少年惡子」在市場周圍爲非作歹，「城中薄暮塵起，剽劫行者，死傷橫道，旗鼓不絕。」最後給他們定的罪名是「皆劾以爲通行飲食群盜。」也就是說，這一行爲與有無市籍，是否具備經營資格沒有關係。我們以爲，所謂的「無市籍商販作務」，應該指的是，這些人在進行違法活動時，利用市場，及以市場經營爲掩護。所以，不能據此得出「市籍是商賈經商的許可證」的結論。或者也可以說，不能因爲市場上的經營者以有市籍者爲主體，就否定非市籍者的經營權利。

那麼，同是市場經營，有市籍與無市籍的差別在哪呢？

首先，在賦稅方面，有市籍者在時限等方面可能有所寬容。在漢代，商業經營是需要納稅的，無市籍者也不例外，《後漢書·和帝紀》載永元六年三月詔：「流民所過郡國皆實稟之，其有販賣者勿出租稅。」皇帝親自下令，流民進行商業經營可以不納稅，反過來則證明，常規下需要納稅。那麼，沒有市籍者，具有臨時性和難控性，其賦稅應該是當即就要繳納的。而有市籍者

〔註47〕陸建偉：《秦漢時期市籍制度初探》，《中國經濟史研究》1999 年第 4 期，第
24～25 頁。

則或許可以在時間上得以寬容，或一次性繳納。所以，在前引何武的故事中，就有拖欠租稅之事，正可證明這一點。

其次，有市籍者雖然在做官、占田等方面受到限制，但與此同時，也能得到政府所賦予的一些特殊權利。具體說來，他們的居住地可能由官府出資，在建城時，與官府衙門一併修建，所以《漢書·平帝紀》載：「起官寺市里，募徙貧民，縣次給食。」而他們的居住地市里貼近「官寺」，既有利於達官貴人的消費，同時也可以對商人們起到保護作用。我們知道，市場經營一個很重要的特點就是低價買進，高價賣出。《史記·平準書》稱之為：「廢居居邑」，「居邑稽諸物。」《集解》引徐廣曰：「廢居者，貯蓄之名也。有所廢，有所畜，言其乘時射利也。」如淳曰「居賤物於邑中，以待貴也。」由此，在市場及市里中，囤積了大量的貨物，如得不到必要的保護，則商人受損，物質受損，並可能引起災難性的後果。如《漢書·王莽傳下》載：「赤眉遂燒長安宮室市里，害更始。民飢餓相食，死者數十萬，長安為虛。」所以，無論是出於商業利益，還是國家經濟社會穩定的角度來說，都需要給這些商人提供必要的保障與保護。也所以，傅築夫指出：「城是一個有效的安全保障，那些擁有財貨的工商業者，更有必要寄居在有防禦設備的城內，以保護他們的『良貨』。」〔註48〕

要之，嚴格說起來，市籍不能算是「商賈經商的許可證」，如果要加以歸納，它應該就是一種身份憑證，有此資格，商人們在受到限定的同時，也可獲得一些自己特有的權益。

（四）市籍的時效性及所涉及的人群

「市籍」是市場經營者的身份憑證，但它可以不是終身制的，也就是說，只要你不再從事這一職業，就可以脫籍。由前引七科謫中：「吏有罪一，亡人二，贅婿三，賈人四，故有市籍六，大父母有市籍七，凡七科也。」以及「先發吏有謫及贅婿、賈人，後以嘗有市籍者，又後以大父母、父母嘗有市籍者，後入閭，取其左。」可以看到，既然市籍人群中出現了「嘗有」和「故有」，就證明擁有「市籍」可以成為過去和歷史，在獲得新的身份之後，可以與之揮手告別，「市籍可以通過一定途徑轉換成普通戶籍。」〔註49〕但即使轉換，

〔註48〕傅築夫：《中國經濟史論叢》，第 347 頁。
〔註49〕陸建偉：《秦漢時期市籍制度初探》，《中國經濟史研究》1999 年第 4 期，第 26 頁。

這段歷史卻不允許抹殺，而且影響此後的身份權益。估計在此後的戶籍登記中，這一信息要特別注明，一直影響終身。否則，「嘗有」、「故有」的身份認定就容易失去依憑。

歷史上的身份尚且如此，在當下擁有市籍者，當然更是苛刻。就本人而言，固然特立戶籍，身份不言自明，但他的親屬在戶籍登記中，估計也一樣要特別注明，以示與普通人群的區別。在前文，我們已經知道了有市籍者不能爲官、占田，而且「及其家屬，皆無得籍名田。」〔註50〕這些家屬既然連田都沒有，自然更不可能作官了。毫無疑問，這種注明是限定甚至是歧視性的。那麼，涉及的人群範圍有哪些呢？由縱向而言，是三代。在前引七科謫的材料中可見，大父母、父母有市籍都要受到打壓，也就是說，即使轉爲普通戶籍，但在登記時祖輩、父輩有市籍的信息應該都要加以顯現，從而三代之內皆受牽連。而從橫向來看，則是「三族」之內的人群被捲入其中。下面，我們通過前引何武的故事來加以分析。

由前已知，何武之弟何顯「家有市籍」，對於這一段文字，很多學者認爲何武的弟弟何顯爲市籍賈人，如高敏就持這種觀點，由於何顯爲郡吏，高敏就此推斷道：「有市籍的賈人不得爲官的規定，宣帝時似乎有所放寬，故何顯也可以爲郡吏。」〔註51〕但仔細審讀上文，不難發現，文中所說的是「顯家有市籍」，即其家裏人有市籍者，而不是何顯有市籍。顯然，這裡並不存在有市籍者不得爲官這一規定的被放寬，但文中所謂的何顯家裏人與何顯關係如何呢？首先，他不可能是何武父母這一支，因爲如果是的話，爲何不徑直講「何武家」，而說「武弟顯家」呢？從其與何顯及何武兩者間不具備共同親屬關係這一層面而言，它應和何顯妻室有關的那一支親屬，即其妻族。在漢代，在法律上親屬所牽涉的範圍主要爲「三族」。《漢書‧高帝紀》載：「貫高等謀逆發覺，逮捕高等，並捕趙王敖下獄。詔有敢隨王，罪三族。」在注文中，張晏曰：「父母、兄弟、妻子也。」如淳曰：「父族、母族、妻族也。」師古曰：「如說是也。」即肯定三族爲父、母、妻三族。從這一關係推斷，則作爲何顯妻族之人，從法理上看，可說是「顯家有市籍」了；但倒過來推，則這

〔註50〕 《史記》卷30《平準書》，第1430頁。

〔註51〕 高敏：《關於秦漢時期商賈的市籍制度》；此外，賴華明：《西漢商人社會地位的演進》（《四川師範大學學報》社科版1992年第6期）也講：「有市籍商人何顯」，等等。

個妻族或爲何顯妻子之父、之兄，以父族、母族、妻族來套，則何顯又算不上他的「三族」之列，也因而不違背法律中市籍者親屬不作官、占田的規定，因爲我們知道，何顯是郡吏。而且，文中明明白白寫著求商捕辱的是「顯家」，而不是何顯，否則，作爲捕辱對象自身難保，也不會出現「顯怒，欲以吏事中商」的情景了。

總之，在西漢，市籍作爲一種戶籍管理模式，適用於特定人群，在對其身份確定的基礎上，在貶抑的同時，也提供了一些特有的國家保障及權益。並很可能以其爲樞紐，將市場與市里的什伍之制結合起來，在國家的嚴格管控之下，連帶涉及三代及三族人群，它反映了時代的基本精神，是抑商政策的重要工具和手段。

五、結論

西漢在對商人進行法律限定方面，爲今後的帝制時代開創了範例，同時它的種種表現，又是那一時代的各種歷史因素互動所致，體現了濃厚的時代性格。總體上看，西漢對商人地位身份在法律上是多有限定的，這既是當時抑商精神的體現，同時也反映著歷史的內在邏輯。分而言之，筆者認爲：

一、西漢作爲早期帝國時代的開創期，在大一統政治建構的同時，商人的特點最爲鮮明，與政治的衝突最爲尖銳。作爲有力量的獨立階層，西漢商人試圖以其財勢深度介入到了當時的政治之中，構成了對權力秩序的挑戰。專制政治爲了加強控制，對其進行身份限定就成爲了題中應有之義。

二、總的來說，在對商人進行身份限定方面，雖因不同的時段，呈現出嚴與弛的差異，但貶抑性的特性一直貫穿其中。表現在基本面，爲對商人「乘車衣絲」的身份待遇進行褫奪，進而擴展，在爲官、占田等方面進行限定，並另立市籍，從而構成西漢抑商政策的重要組成部份。

三、在法律規定下，西漢商人處於國家掌控下，具有單一性和穩定性的特點。質言之，在身份社會中，國家嚴格控制著各種人群，商人是有著明確身份指向的法律概念，而不僅僅是對從事商業活動的人群進行泛稱。在討論西漢商人分層問題時，必須以政治或法律層面的身份意識爲核心，商業活動反倒次之。而就內在分層而言，西漢時代的商人階層爲三加一的結構，就主流商人群落而言，有三個層次，即商人、賈人、有市籍者，一層套一層，每一層身份地位都低於前一層。商人範圍大於賈人，賈人大於有市籍者，其中

賈人爲核心，不僅在概念上常與商人互換，也是法令所貶斥的有明確指向的第一層級群落。至於「一」，則是較爲邊緣的逆旅。

四、市籍作爲一種國家控制手段，是一種身份憑證，具備戶籍類型及性質，適用於特定人群，他們居住於「市里」，一方面有著各種限定，另一方面也可由此獲得一些自己特有的權益，並很可能以其爲樞紐，將市場與市里的什伍之制結合起來，在不打散市里建制的基礎上，原則上將其移之於市場管理，在國家的嚴格管控之下，連帶涉及三代及三族人群。

總之，討論西漢及中國古代的商業問題，商人身份是一個重要的研究點，它對我們理解那一時代的商業政策、政治與經濟的關係等，提供了重要的切入口。筆者希望以這樣一個討論，來推開中國古代商品經濟研究的一扇窗口，以點帶面，以面窺體，從而有助於加深對傳統經濟社會的認識和理解。

主要內容原刊於《上饒師範學院學報》2000 年第 5 期，一、二、三節爲主體部份，第四節爲增訂部份，以《漢代市籍問題再探》爲題刊於《南都學壇》2016 年第 3 期，全文於 2016 年 5 月改訂完成。

從債務問題看西漢商品經濟狀況

　　西漢是中國歷史上商品經濟最為興盛的時代之一，史載「富商大賈周流天下，交易之物無不通，得其所欲。」〔註1〕在此背景之下，當時產生了許多的債務關係，對其進行探討，無疑對於經濟史研究有著十分重要的作用。近年來，許多學者在這一方向展開了有益的研究〔註2〕，本人擬在此基礎上，不揣淺陋，略抒管見，以就正於方家。

一、西漢債務的基本特點

　　西漢時期，社會各階層中債務十分頻繁，這其間既有高利貸盤剝，也有賒欠買賣等。如《史記‧貨殖列傳》中記有專門放貸的「子錢家」，而在居延漢簡等文書中，我們則可以看到大量的「貰買」、「貰賣」等債務糾紛，如《居延漢簡釋文合校》〔註3〕（下簡稱《合校》）117‧30 簡：「故候史礫得市陽里寧始成貰買執胡隧卒☒」；206‧3 簡：「自言貰賣系一斤直三百五十；又麴四斗直卅八，驚虜隧長李故所」，等等。在這些債務中，錢是主要的債物品，秦暉曾對 47 例漢簡債務文書進行了列表分類後，分析道：

〔註 1〕《史記》卷 129《貨殖列傳》，中華書局，1959 年，第 3261 頁。

〔註 2〕如秦暉：《漢代的古典借貸關係》（《中國經濟史研究》1990 年第 3 期，後收入氏著：《市場的昨天與今天：商品經濟‧市場理性‧社會公正》，廣東教育出版社，1998 年）；王彥輝：《漢代豪民私債考評》（《中國史研究》1994 第 2 期）等，都對這一問題有深入的探討，此外，李均明：《居延漢簡債務文書述略》（《文物》1986 年第 11 期）；連劭名：《漢簡中的債務文書及「貰賣名籍」》（《考古與文物》1987 年第 3 期）等，則對當時的債務狀況作了細緻的分析，等等。

〔註 3〕謝桂華、李均明、朱國炤編校，文物出版社，1987 年。

　　　　賒買占 7 例，欠付占 5 例，賠償占 1 例，其餘 34 例都以直接借
　　　貸方式成立。……在債務形態方面，除 9 例不詳外，在可考的 38
　　　例中純貨幣債務達 35 例之多。此外尚有 1 例是借實物還貨幣，1 例
　　　是借實物而以貨幣計值（可以想見其多半也是以貨幣形式償付的），
　　　而眞正的實物債務僅有 1 例。換言之，貨幣借貸在這裡佔了絕對優
　　　勢，甚至可以說是唯一的借貸形態。」〔註4〕

的確，貨幣化是漢代尤其是西漢債務中極爲顯著的一個特點。在居延簡中，
雖說有大量涉及物品的債務關係，但幾乎都是折爲錢來計算，從而形成了「借
債不一定借錢，但還債必須還錢」的有趣現象。如《合校》3・4 簡：「燧長徐
宗：自言故霸胡亭長寧就捨錢二千三百卅，數責不可得」；3・6 簡：「隧長徐
宗：自言責故三泉亭長石延壽茭錢少二百八十，數責不可得」；69・1 簡：「貰
買皁練復袍一領，賈錢二千五百今子算☒」，等等。我們可以看到，在居延簡
中，雖然債物品中有布匹、刀劍、穀物等範圍十分廣泛的實物，但錢在其中
所佔據的核心地位則是不言而喻的〔註5〕，不管你用什麼去放債，總之，只要
還錢就行。

　　太史公說：「天下熙熙，皆爲利來；天下壤壤，皆爲利往。」〔註6〕債務
關係的頻繁，其實本質上是一個「利」在起著作用。對於貰賣，雖然據現有
材料，還不能十分清楚其是否有利息、具體情況如何，但至少它對買賣雙方
都有好處。對賣主而言，貰賣一般都有債券，如《合校》155・13A 簡：「廉敞
貰縑三匹，券在宋始☒」；262・29 簡：「七月十日鄣卒張中功貰買皁布章單衣
一領，直三百五十塢史張君長所，錢約至十二月盡畢已，旁人臨桐史解子房
知券□☒。」可見賣主不但持券在手，而且還有見證人，賴帳是賴不掉的，所
以在居延簡中，有許多向官府告狀的討債文書，正是這一現象的反映。《漢書・
高帝紀》中也有漢高祖年輕時，在賒帳貰酒後，賣主「歲竟，此兩家折券棄
債」的記載，也由此可見，秦時已有賒賣，漢只是沿襲這一做法而已，且賒
賣後在年底收一次總帳，〔註7〕而這對於賣主的銷售量有利。總之一句話：最
終可以賺錢。當時甚至政府都有賒欠購物的時候，如《漢書・汲黯傳》的「縣

〔註4〕秦暉：《漢代的古典借貸關係》，氏著：《市場的昨天與今天：商品經濟・市場
　　　理性・社會公正》，第 51 頁。
〔註5〕此類材料不加俱引，可參看《居延漢簡合校釋文》。
〔註6〕《史記》卷 129《貨殖列傳》，第 3256 頁。
〔註7〕對於此點可參看陳直：《漢書新證》天津人民出版社，1979 年，第 3 頁。

官無錢，從民貰馬」，即爲證明。另外在債務關係範圍內，放貸則更是有大利可圖的事情，漢初以來的貸息率是較高的。如七國之亂時，「無鹽氏出捐千金貸，其息什之。」〔註8〕就攫取了 1000% 的高息；這雖說是特殊情景下的息率，但一般情況下，也是如漢人晁錯所說「當具，有者半賈而賣；亡者取倍稱之息，於是有賣田宅鬻子孫以償債者矣。」〔註9〕此處的「倍稱之息」爲 100%，也可算地地道道的高利貸，然而這卻是晁錯所形容的當時農民的一般生活狀況。雖說武帝以後在法律上開始限制息率，但其獲利依然很厚，東漢初的桓譚說：「今富商大賈多放錢貸，中家子弟，爲之保役，趨走與臣僕等勤，收稅與封君比入，是以眾人慕傚，不耕而食。」〔註10〕這同時也反映的是西漢的情況。中等人家子弟能爲他們跑腿催債，不是大有好處，從中分得一票，誰會去幹呢？有錢則有勢，列侯對他們也要讓三分，《漢書・食貨志下》曰：「封君皆低首仰給。」顏師古注曰：「封君受封邑者，謂公主及列侯之屬也；低首猶俯首也，時公主列侯雖有國邑，而無餘財，其朝夕聽領，皆俯首而取給於富商大賈，後方以邑入償之。」不僅如此，國家有時還要向富商借貸，如《史記・平準書》曰：「又募豪富人相貸假」，等等。

豐厚的利益加劇了債務市場的發展。所以不僅「子錢家」要放貸，其它人，只要有錢，誰不想從中獲利呢？貧民圍於財力實現不了，地主官僚放貸則普遍起來了，如 1974 年出土於漢金關烽火臺遺址的《永始三年詔書》簡冊中就有「豪黠吏比復出貸」的文句〔註11〕，類似記載在其它材料中也可以發現。而商賈們也絕不會單單從事一種營生，從而放過發財的機會，如《史記・貨殖列傳》中曹邴氏「以鐵冶起，富至鉅萬」，同時又「貰貸行賈遍郡國。」就是極有代表性的一個事例，所謂利之所在，焉何不爲？因而當時只要是有資金，不管身份如何，皆有從事貰貸者，同時如前所述，債務人中，有國家、封君、普通農民，可算是遍及各色人等了。在這種債務關係中，雖說政治身份的高下各各不同，但受衝擊最大的依然是農民。前已論及的「倍稱之息」的狀況，就是西漢時農民生活的一種常態，所以《鹽鐵論・未通》說：「農夫悉其所得，或假貸而益之，是以百姓疾耕力作，而飢寒遂及己也。」而且，

〔註8〕《史記》卷 129《貨殖列傳》，第 3281 頁。
〔註9〕《漢書》卷 24 上《食貨志上》，中華書局，1962 年，第 1132 頁。
〔註10〕《後漢書》卷 28 上《桓譚傳》，中華書局，1965 年，第 958 頁。
〔註11〕簡冊釋文登於《西北師院學報》1983 第 4 期。

特別需要指出的是，放貸及放貸者在當時並沒有被人視爲非常痛恨的現象，也沒有遭受後世那樣的憤怒與譴責。在上引史料中講到「倍稱之息」，主要是針對商人的「無農夫之苦，有仟伯之得」〔註12〕，認爲其所得過多，對於放貸本身而言，其實並無太大的異議，《鹽鐵論》中的論述傾向也與此類似。放貸在西漢人的觀念裏已成爲一種司空見慣之事，出錢、放貸、收息，只要不違反法定限度，誰也不會覺得有違倫理道德，如西漢末的樊重爲世人所推崇，但「其素所假貸人間數百萬。」〔註13〕卜式在武帝時被作爲「尊顯以風百姓」的尊厚長者，但就是這麼一個人，在回答皇帝使者的提問時，卻十分自豪地說：「邑人貧者貸之，不善者教順之。」〔註14〕一點也不認爲放貸是什麼不好的事情，甚至將其作爲一種功德來看了。賈誼在他的《新書・憂民》中也論道：「未獲平，富人不貸，貧民且饑。」在漢武帝時，針對災荒，皇帝甚至要求「舉吏民能假貸貧民者以名聞」〔註15〕，《史記・平準書》則曰：「(武帝時)郡國頗被災害，⋯⋯陛下損膳省用，出禁錢以振元元，寬貸賦。」另外，《漢書・宣帝紀》中的「恤民」詔書中有「今歲不登，已遣使者振貸困乏。⋯⋯輸長安倉，助貸貧民。」災荒之下尚以貸救急，可見在時人看來，放貸實在是無可厚非的事情，只要不得息太過份，所謂「寬貸賦」是也。

總之，以貨幣爲中心的債務問題在漢時已滲入每一階層的日常生活之中，其影響大，涉及面廣，對當時商品經濟的發生、發展有著極爲重要的關聯。

二、國家對債務的管理

西漢政府的債務管理主要體現在兩方面，一是對不合理的債務加以限制；二是保護債權人的利益。如前所述，西漢初期，貸息極重，既有「倍稱之息」，還有十倍之債，可見當時對此還無統一的管理，後來政府對債務逐漸有了法律上的規範，《漢書・王子侯表》載：「旁光侯殷，元鼎元年，坐貸子錢不占租，取息過律」。顏師古注曰：「以子錢出貸人，律合收租；匿不占，取息利又多也。」另外，書中還有陵鄉侯劉訢在「建始四年，坐使人傷家丞，

〔註12〕《漢書》卷24上《食貨志》，第1132頁。
〔註13〕《後漢書》卷32《樊宏傳》，第1119頁。
〔註14〕《史記》卷30《平準書》第1432、1431頁。
〔註15〕《漢書》卷6《武帝紀》，第177頁。

又貸穀息過律，免」的記載。顏師古注曰：「以穀貸人而多息也。」《史記·高祖功臣侯年表》則載「（河陽嗣）侯信不償人責過六月，奪侯，國除。」《補注》引沈欽韓曰：「《潛夫論·斷訟篇》永平時，諸侯負責，輒有黜削之罰，其後皆不敢負民，蓋沿舊制。」從以上材料，結合前所論及，我們可以就西漢政府對放貸管理得出如下幾點認識：一、西漢政府對放貸有具體的法律規定，程序上是嚴格的，無論是誰，從法理上而言一視同仁。關於法律規定，不僅在正史中有零星體現。由前引《永始三年詔書》，還可知當時有《貸錢它物律》，以直接材料證明了這一點。二、政府對放貸數額有法律限度（具體數字，我們在下文加以討論），並且放貸人需向官府彙報，交納稅款，即「占租」，如果「不占租，取息過律」，則要嚴肅追究法律責任。占租納稅的數額為多少史無明文，故難於考實，雖有學者推斷武帝時此項稅律為6%，但並無充分證據〔註16〕。三、政府對放貸有正式的文書管理，上引的「占租」並不僅僅為納稅要求，《史記·平準書》中「各以其物自占」一句，《索隱》引郭璞云：「占，自隱度也，謂各自隱度其財物多少，為文簿送之官也。」可見「占租」即是要求向政府自報所貸數額，政府立為文書，以照章納稅。四、放貸種類不僅僅是錢，上引文中既然有穀物，其它的物品也應可作為放貸物，所以也才會有《貸錢它物律》的出臺。但是，當「錢」與「它物」相提並論之時，可以得出的結論是，「錢」是首要的貸品，其它物品歸為一類，正說明它們的不常用性。五、對官員在法律上放貸不加限制，上引兩名列侯放貸獲罪，不是因為其不可放貸，而是由於「取息過律」，這恰恰從反面證明了西漢法律允許官員放貸。六、欠債不能超過期限，否則必受法律懲處，上引「不償人責（債）過六月」，是否可以認定六個月為還債的必然期限，尚不能遽下定論，但欠債有歸還期限，則是有法可依的。

此外，對利息的法律限度，歷來眾說紛紜，王彥輝以為：「制定法定利率應當依據商品經濟正常運營形成的一般利息率，據此推測，這個法定利率也應當在百分之二十左右。」〔註17〕這個推定是來自《史記·貨殖列傳》：「子貸錢千貫，節馹儈，貪賈三之，廉賈五之，此亦比千乘之家。其大率也。佗

〔註16〕黃今言：《秦漢賦役制度研究》（江西教育出版社 1988 年）166 頁說：「貰貸稅的稅率未見明文規定，可能各個時期不同。武帝元狩、元鼎年間，正在進行緊張的算緡、告緡，故當時的貰貸稅率，應是二千錢放債本金出稅一算，即百分之六，其徵課量是較重的。」

〔註17〕王彥輝：《漢代豪民私債考評》，《中國史研究》1994 第 2 期，第 72 頁。

雜業不中什二，則非吾財。」但這是太史公的一個概述性表達，說明一種平均利潤率的趨勢。〔註 18〕對於利息率的具體數字，史書中倒是有兩個，一是《漢書・食貨志》中的「（王莽時）民或乏絕，欲貸以治產業者，均授之，除其費，計所得受息，毋過歲什一。」即 10% 的年利率；一是《漢書・王莽傳》中的「賒貸與民收息百月三」，即 36% 的年利率，彭信威以為這是「對於消費放貸與生產放貸，實行差別利率。」〔註 19〕秦暉在《漢代的古典借貸關係》中引用其文，並提出：「這兩項利率平均起來恰與司馬遷說的『什二』之利相等。」但問題是，「消費貸款」與「生產貸款」之說並沒有真正有力的史料支持，10% 的利率是一個固定政策，還是王莽的一時沽名之舉，對於斂財如王莽者，是不能不頗費思量的，史載：「（王莽）禁列侯以下不得挾黃金，輸御府受直，然卒不與直。」〔註 20〕對大臣們的錢財尚能貪則貪，能賴則賴，10% 的利率作為一個固定政策實在可懷疑，而且就是在現代商品經濟發達的條件下，10% 也是一個較低的貸款利率，而我們知道，一般來說，商品經濟與市場程度愈發達，貸款率愈低。茲將 1980～1995 年世界主要資本主義國家的貸款利率情況列表如下：

主要資本主義國家貸款利率情況表　　　　　　　　　　單位：%

國別	最高利率	最低利率	備　註
美國	15.27（1980 年）	6.00（1993 年）	10 上下徘徊
日本	8.35（1980 年）	3.40（1995 年）	基本穩定在 5 以上
英國	16.17（1980 年）	5.92（1993 年）	基本在 10 以上
韓國	18（1980 年）	8.50（1994 年）	同上
法國	18.73（1980 年）	7.89（1994 年）	同上
意大利	19.03（1980 年）	11.22（1994 年）	10～20 之間

材料來源：國際貨幣基金組織 1996 年《國際金融統計年鑒》

通過上表，我們可以看到，10% 的利率已達到甚至超過了當今發達資本主義國家的水平，如果西漢在法律規定上能達到這個程度，那只能讓人感到

〔註 18〕 對於當時是否有一般利潤率的問題，有些學者尚有不同意見，本文不展開論述，可參看秦暉：《漢代的古典借貸關係》一文。
〔註 19〕 彭信威：《中國貨幣史》，上海人民出版社，1965 年，第 211 頁。
〔註 20〕 《漢書》卷 99 上《王莽傳上》，第 4087 頁。

不解與困惑，因為利率的高低與商品市場的發達是成反比的，我們總不至於說，那時的商品經濟水平超過現在吧。中國在遵循經濟規律上並沒有特殊性，另一個古代生產力發展的高峰期「唐朝法定的官高利貸（公廨錢）月利為 40%～70%，相當於年利 480%～840%！法定私高利貸月利 40%～60%，而現存文契竟有高達 100%的。」〔註21〕前引材料中西漢的「倍稱之息」、十倍的利息等等也大致屬於這個範圍，那麼，我們就不禁要問：這條 10%的孤證就一點也不值得懷疑嗎？對於這一息率，或許有人在史書中可以找到一條佐證，即武帝時「官假馬母，三歲而歸，及息什一，以除告緡。」〔註22〕但我們說這與放貸根本不是一回事，它是經濟極為凋敝的狀態下，為恢復生產而採取的暫時性措施，或許從這點上講，它們還有一定的相似性。但我們在《九章算術・衰分》中發現有一道題：「今有貸人千錢，月息三十。今有貸人七百五十，九日歸之，問息幾何？」這一息率恰好是 36%，與《漢書・王莽傳》所載完全吻合，大大超過 10%，這一記載代表了民間的情況，由此推測，西漢息率限定不會是 10%以下，而至少在 36%以上（這個數字在古代世界其實還是較低的），這個數字或許是當時較規範的限度。

除了放貸管理，西漢政府對於其它債務的管理也是很嚴格的，如居延漢簡中有大量關於賒買的債務文書，它是官府的文檔記錄，當時官府有專門的債務管理文簿，這點與放貸的管理並無二致，也證明了當時債務關係的興盛，如《合校》44・23 簡：「日病傷汗未視事，官檄曰：『移卒貰賣名籍會☒。』」67・6 簡：「償及當還錢簿，□九石值錢廿三萬三千□百冊。」等等。此外，政府還保護債權人，經常為債權人追債，即使是官員亦不能逃避，如無錢則從官俸中扣除，如《合校》6・17 簡：「臨桐燧長□仁，九月奉錢六百以償朱子文，文自取。」123・31 簡：「☒十二月奉留責錢五百六十。」官府對於債務問題總體上是認真負責的，債務人可以就債務問題向官府告狀，如當地官府不能或不好解決，還可將文書移交再行處理，在居延簡中，可見許多「自言」、「數責」等字句，即自告某某人數次欠債不還，請求官府強制執行；而「一事一封」、「二事二封」等則為文書封好轉交再行處理的反映。如《合校》35・4 簡：「第廿三候長趙傭責居延騎士常池馬錢九千五百，移居延，收責重

〔註21〕 王永興：《隋唐五代經濟史料彙編校注》，轉引自秦暉：《漢代的古典借貸關係》，《市場的昨天與今天：商品經濟・市場理性・社會公正》，第 58 頁。
〔註22〕 《史記》卷 30《平準書》，第 1438 頁。

●●●●●●一事一封，十一月壬申令史同奏封」，45・24 簡：「☑候長候史十二月日跡簿，戍卒郭利等行道貰賣衣財物，郡中移都尉府，二事二封，正月丙子令史齊封」，等等。

當時還債，還有一套程序，首先當然是先還錢，然後出具憑證，主要是以印章爲憑信，以了結相互的債務關係，如《合校》282・4B 簡：「七月奉錢千，付乾，卿以印爲信。」即反映了這種情況。或可能還有加作其它標誌的，以證明已還了債。如《新簡》E.P.T51：225A 簡：「范卿錢千二百，願以十二月奉償，以印爲信，敢言之。」此簡右邊側中部就有刻齒，很可能是還錢的標誌之一，此外《新簡》E.P.T52：88A 簡內容與此相似，簡側也有齒。如果民間的債務在官府立過案的，收完債後還應報告，如《合校》279・19 簡：「□自收責敢言之。」可能就是收債後，向官府報告，以立文書。除了民間的債務關係，官府還經常向民間放債，如《合校》455・14 簡：「□□取償故候長朱平入所負官錢。」而《合校》276・14 簡：「□□詣官還責錢，十一月甲戍番食入」，則是一則非常典型地記載還官債情況的簡文，甚至還記錄下了還債的準確時間。放貸的不僅僅是錢，還可以是物，如牲畜等，並收有利息。《居延新簡》﹝註23﹞E.P.T10：13 簡載：「□府記日收小畜息□□□□」，可能正與《史記・平準書》中所載的：「（武帝時）官加馬母，三歲而歸，及息十一」的情況相符。此外，官府還要經常查問收債之事，《合校》190・30 簡：「□官移甲渠候官，驗問收債」可爲證明。不還債當然是要處罰的，除了上述所引的簡文中體現出的強制還債外，還不起債的必須要以其它方式抵債，所以一些老百姓被迫出賣土地財產，甚至賣兒賣女，乃至賣身爲奴者也並不鮮見，這一點在前面已經有所闡述，並爲大家所熟識，不需展開。此外，當時還存在著以勞役抵債，如《論衡・量知》載：「貧人負官重債，貧無以償，則身爲官作，責乃畢竟。」《張家山漢簡》﹝註24﹞之《二年律令》254 簡：「貧弗能償者，令居縣官。」更是從實物上爲我們提供了以勞役抵債務的證明。而且如果本來就還不起債，還要借貸的話，政府可能要以刑法治之。其罪名放在現在來說可能屬於惡意借貸一類。《居延新簡》E.P.T51：199 簡：「貰賣候史鄭武所，貧，毋以償。坐詐□□，名籍一編，敢言之。」說的就是這麼一回事，

﹝註23﹞ 甘肅省文物考古研究所等編校，文物出版社，1990 年。
﹝註24﹞ 見《張家山漢墓竹簡（247 號墓）》，張家山漢簡整理小組，文物出版社，2001年。

簡文中懲辦的理由是「坐詐」，即明知沒錢還，還要借，最後實施「坐」，即下牢獄。

在特殊情況下，西漢政府對債務問題也有一些特別規定，如公家財物不能隨便買賣，《合校》213‧15 簡：「毋得貰賣衣財物，大守不遣都吏循行☒，嚴教受卒官長吏各封臧☒」，即不允許士卒長吏等貰賣官方所發財務以牟利，在災荒等情況下，政府還往往下令不許收貸息，以緩解危機，保障貧民生活，但這如同武帝時的算緡，是一時之策，而非長久性的規定。如《永始三年詔書》中，就要求「除貸錢它物律」，命令「縣官還息與貸者，必不可許，必別奏」，等等。但不管如何，總體上看，西漢政府在處理各種債務問題時，是有嚴格的法律規定，照章辦事，並且認真保障債權人的利益的。

三、西漢商品經濟狀況的探討

西漢無疑是中國歷史上商品經濟發展極為興盛的一個時代，傅築夫甚至認為在這一時期，「戰國以來一個新興的工商業資產階級即所謂富商大賈，一直在壯大發展之中。」〔註 25〕而且「貨幣經濟一直在累進發展，到了西漢時期，就達到了高峰階段。」〔註 26〕傅氏對當時的資本主義經濟因素評價是甚高的，在這裡，我們不想展開討論，而只想僅以西漢債務問題的討論為一個基礎，從專門的視角，看看當時商品經濟的狀況，希望從中能得到一些認識。

如前所述，西漢債務關係中牽扯到各種身份的人，但從前引材料中，我們可以發現，債務人中少有商人，商人主要是放貸者，如曹邴氏等。也就是說，生息資本在西漢並沒有大量地轉為商業資本，這一點從當時商人致富後大量地購買田宅，而不是充分擴大生產也可以看出，司馬遷曾指出，雖然「用貧求富，農不如工，工不如商」，但最後卻要「以末致財，用本守之。」〔註 27〕雖然說「高利貸資本的發展，和商人資本的發展，並且特別和貨幣經營資本的發展，是聯繫在一起的」〔註 28〕，但這一點在西漢表現得非常不典型，由生息資本轉為商業資本的，僅有的一則材料來自於《史記‧酷吏列傳》，武帝時寧成「貰貸，買陂田千餘頃，假貧民，役使數千家」，即通過借貸對田地

〔註 25〕 傅築夫：《中國古代經濟史概論》，中國社會科學出版社，1981 年，第 191～192 頁。
〔註 26〕 傅築夫：《中國古代經濟史概論》，年 172 頁。
〔註 27〕 《史記》卷 129《貨殖列傳》，第 3281 頁。
〔註 28〕 《資本論》第 3 卷，人民出版社 1975 年，第 671 頁。

進行資本性經營。〔註 29〕此外，在前引材料中，我們看到借貸者中雖然有許多的官僚權貴，甚至還有些因債務而陷入窘境，但由於古代專制政府的自身內在特點，它不能代表全部，總體上看，他們的權勢與財勢對於民間的「素封」而言，還是難於動搖的，所以當時也有許多的官僚直接放貸，甚至還有許多商人爲求依託，與官僚勾結，借其名以放貸牟利的，這就是所謂的「至爲人起責，分利受謝。」〔註 30〕再如商人羅褒「舉其半賄遺曲陽、定陵侯，依其權力，賒貸郡國，人莫敢負。」〔註 31〕而如此一來，最受生息資本盤剝的，就只有那些無錢無勢的小農了。

但在前引資料中，我們看到的是一種矛盾景象，一方面借貸的普遍性在很大程度上引起了小農的被兼併，正如晁錯所說的「此商人所以兼併農人，農人所以流亡者也」〔註 32〕；另一方面卻是農民對借貸的依賴性，即《新書·憂民》所謂：「富人不貸，貧民且饑」。前已論及，晁錯貶斥商人主要並不是針對放貸本身，充其量譴責利息過重，但借貸的確易產生入不敷出，人口、田地被兼併，流民增加等社會問題，西漢時一系列嚴厲的抑商舉措，從這個角度上去看，不能說與此沒有重大的關聯。然而問題是，明明會招致破產，爲何還要借貸？爲何在這種債務關係中這些小農甘作撲火飛螢呢？這裡面有一個十分關鍵性的問題，甚或可以說是所有問題的關節點，那就是賦稅的貨幣化。對秦漢史熟悉的人都知道，漢時尤其是西漢賦稅是要交納貨幣的，農民必須把自己的產品拿到市場上去賣，轉爲貨幣，然後才能完成賦稅。然而正是這種做法，將農民被動地捲入了市場，市場上貨物的交換空前活躍，從而也帶動了其它商品與商業的發展。

過去，我們大多盛讚西漢商品經濟的發達，但眞實情況到底如何呢？眾所周知，商品經濟是圍繞著商品而展開的，馬克思說：「在商品生產者的社會裏，一般的社會生產關係是這樣的：生產者把他們的產品當作商品，從而當

〔註 29〕 對於此條，從作爲大地主的角度看，是否爲商業資本運營，固然可懷疑，但寧成就賃貸經營一事已有一個定位，認爲「仕不致二千石，賈不致千萬，安可比人？」（《史記·貨殖列傳》）他是以商賈自居的。但即便如此，亦有學者認爲寧成不是借貸經營，而是通過放貸方式先發財，後買田，這一觀點見於馬大英：《漢代財政史》（中國財政經濟出版社 1983 年）第 95 頁。

〔註 30〕 《漢書》卷 85《谷永傳》，第 3460 頁。

〔註 31〕 《漢書》卷 91《貨殖傳》，第 3690 頁。

〔註 32〕 《漢書》卷 24 上《食貨志》，第 1132 頁。

作價值來對待。」〔註33〕而且「商品所有者的商品對他沒有直接的使用價值，否則他就不會把它拿到市場上去。他的商品對別人有使用價值，他的商品對他來說，直接有的只是這樣的使用價值：它是交換價值的承擔者，從而是交換手段。」〔註34〕然而西漢時雖有所謂古代中國最爲興盛的商品經濟，但從內涵上來看，與馬克思所講的一般性的規律很有一些差異。小農根本不願但又不得不將自己的產品轉爲商品，他們並不是農產品多了，「對他們沒有直接的使用價值」了，有時恰恰相反。飢寒之下，小農還要痛苦地將農產品轉爲商品，因爲他們必須通過商品交換來換錢！而這種狀態之下的市場則又往往是：「萬物並收則物騰躍，騰躍則商賈伴利，自市則吏容奸豪，而富商積貨儲物以待其急，輕賈奸吏收賤以取貴。」〔註35〕一方是急於要將產品出手換錢，另一方則壓價以取暴利，這實在難於保證商品交換的平等性與市場的公正，規範的商品經濟也就無以保證。而這又勢必造成大部份小農根本無法以自己的全部產品，保證所有賦錢的交納，因而借貸也就勢在難免。在這種特殊的以貨幣爲中心的經濟關係中，如前所述，以折合錢爲核心的物品貰賣也隨之繁盛起來了。所以，在某種程度上，我們完全可以說，西漢時所謂商品經濟的「繁榮」，其實是一種不完全的變態的商品經濟，是一種虛假、脆弱的市場交換。由於賦稅貨幣化的刺激，它建立在小農被剝奪得極端貧困甚至破產的基礎上，與其說是一種商品經濟，倒毋寧說它始終在農業經濟學的範疇內，而且是一種窮人經濟，當然，我們不否定西漢市場上大量奢侈品的存在，但擁有這種購買力的權貴或「素封」們，誰又不是奠基於小農的血汗之上呢？所以不管我們對當時的經濟結構怎麼定義，自然經濟、小農經濟，或者地主制經濟，等等，總之，商品經濟不是那個時代的經濟結構的內容中最本質內涵的東西。

從商品交換角度來看也是如此，商品交換的準則是「爲買而賣」〔註36〕，然而，西漢的小農主要卻不是爲交換而生產，而是爲生產而交換，即通過賣、貸等方式，用交換而來的貨幣主要用於納稅，所以農民將產品轉爲商品時，其在市場上的轉換關係爲 W——G；再 W——G，即商品——貨幣；再商品—

〔註33〕 《資本論》第 1 卷，第 96 頁。
〔註34〕 《資本論》第 1 卷，第 103 頁。
〔註35〕 《鹽鐵論·本議》，王利器：《鹽鐵論校注》，中華書局，1992 年，第 5 頁。
〔註36〕 《資本論》第 1 卷，第 124 頁。

一貨幣，而不是正常的 W——G——W，即商品——貨幣——商品的轉換，這就是西漢時的所謂商品經濟。當然我們不是說農民一點物品也不買，如鹽鐵等必需品是非買不可的。但能省則省，因爲購買商品時，也貫穿著一個「利」，無利可圖，何必非要求諸市場？農產品到市場上去，那是沒有辦法的事情。而且隨著小農的日漸破產，或爲流民「亡逃山林」，「或耕豪民之田」〔註37〕，或成爲奴婢，上述情況都使得到市場上去將農產品轉換大量的錢以納稅的情況減少，從而對這種商品經濟有致命的打擊，所以我們說這種經濟是脆弱的。秦暉曾計算西漢時小農生產的商品率爲36.4%，而「時至1978年，我國農業中糧食生產的商品率也只有20%。」〔註38〕如果我們不是僅驚詫於所謂的「經濟繁榮」，從另一角度加以思考，不難得出結論：這絕不是一種正常的經濟發展狀況。而這一狀況無疑得利於賦稅貨幣化，請看《漢書·貢禹傳》中的一段話：「貧民雖賜之田，猶賤賣於賈，窮則起爲盜賊。何者？末利深而惑於錢也。是以姦邪不可禁，其源皆起於錢也。疾其末絕其本，宜罷採珠玉金銀鑄錢之官，亡復以爲幣。市井勿販賣，除其租銖之律，租稅祿賜皆以布帛及穀。」這個建議在當時雖未採納，但自魏晉以來，賦稅用穀帛，卻在事實上部份地與這一意見相合拍，興盛的商品經濟也就衰微了。

所以準確地說，西漢商業的繁榮，很大程度上不是商品經濟發展所帶來的本質性後果，它是國家賦稅貨幣化特定政策刺激下形成的一種變態經濟。當小農群體萎縮，或這種賦稅的特殊性消失後，這種繁榮也就走到盡頭了。

原刊於《安徽史學》2003年第3期，2016年5月改訂。

〔註37〕《漢書》卷24上《食貨志上》，第1137頁。
〔註38〕秦暉：《漢唐商品經濟比較研究》，《市場的昨天與今天：商品經濟·市場理性·社會公正》，第121頁。